나는 경매로 연봉만큼 번다

나는 경매로 연봉만큼 번다

지은이_ 황지현·송창섭 지음

1판 1쇄 발행_ 2011. 5. 16.
1판 6쇄 발행_ 2012. 12. 27.

발행처_ 김영사
발행인_ 박은주

등록번호_ 제406-2003-036호
등록일자_ 1979. 5. 17.

경기도 파주시 교하읍 문발리 출판단지 515-1 우편번호 413-756
마케팅부 031)955-3100, 편집부 031)955-3250, 팩시밀리 031)955-3111

저작권자 ⓒ 황지현·송창섭
이 책의 저작권은 저자에게 있습니다. 저자와 출판사의 허락 없이
내용의 일부를 인용하거나 발췌하는 것을 금합니다.

값은 뒤표지에 있습니다.
ISBN 978-89-349-5051-6 13120

독자의견 전화_ 031)955-3200
홈페이지_ http://www.gimmyoung.com
이메일_ bestbook@gimmyoung.com

좋은 독자가 좋은 책을 만듭니다.
김영사는 독자 여러분의 의견에 항상 귀 기울이고 있습니다.

실전 사례에서 배우는 대한민국 경매부자들의 투자 이야기!

나는 경매로 연봉만큼 번다

황지현·송창섭 지음

김영사

 **프롤로그** |

《나는 경매로 반값에 집 산다》라는 책을 출간한 뒤 강연을 다니면서 많은 질문을 받았다. 그중 가장 많이 받은 질문은 "딱딱한 이론보다는 실제 경매를 통해 내집 마련에 성공한 사례 혹은 수익을 올려 재미를 본 사람들의 이야기를 소개해 달라"는 것이었다. 이는 메일을 통해 궁금한 점을 묻는 사람들에게서도 나타나는 요청이었다.

그래서 나는 서점으로 가 경매 관련 책들을 찾아보았다. 과연 다른 저자들은 어떤 내용들을 책에 담았는지 궁금해서였다. 그렇게 몇 권을 읽은 후 독자들의 요구가 잘못된 것이 아님을 어렵지 않게 알 수 있었다. 아쉽게도 현재 서점에 출간되어 있는 경매 관련 책들은 대부분 법률적 이론에 치중한 것들이 많았다. 아무리 경매가 민법을 기반

으로 만들어졌다 해도 실제 이를 활용하는 사람들은 보통사람들이다. 경매에 참여하는 사람들은 대부분 법률에 문외한들인데 시중에 나와 있는 경매 책들은 법률 이론서가 태반이었다.

경매를 진행하는 과정도 딱딱한 법률 용어를 나열하다 보니 열심히 읽어도 하품만 나오고 결국은 얼마 읽지 못하고 덮는 경우가 대부분이다. 전문가인 내 관점에서도 기존의 경매 책들은 보통사람들의 눈높이와는 너무도 괴리가 있었다.

사례 위주의 경매 책, 이것이 내가 이 책을 집필하면서 가장 염두에 두었던 핵심이다. 사실 어찌 보면 경매를 하는 데 있어 법률적인 이해는 그다지 깊지 않아도 되며 경매의 기초 과정만 알고 있어도 큰 문제가 없다. 물론 단기 속성으로 자신이 직접 경매의 모든 과정에 참여하는 것 이상으로 경매를 빨리, 쉽게 공부하는 방법은 없다. 그러나 현실이 그렇지 못한 상황에서는 기존의 사례를 공부하는 것이 효과적이다. 그것이 바로 이 책의 첫 번째 집필 목표였다.

기존 경매 책들이 사례 위주로 전개되기 어려웠던 것은 사례 취합이 쉽지 않다는 측면도 있다. 사실 경매로 성공한 사람들의 이야기를 듣는 일은 말처럼 쉬운 일이 아니다. 나 역시 경매에 성공한 사람들(혹은 투자자들)을 만나는 일이 그렇게 쉽지만은 않았다. 책을 쓰기 위해 인터뷰를 요청하면 대부분의 사람들은 완곡히 거절하기 일쑤였다. 그러나 나는 포기하지 않고 수없이 많은 사람들을 만나 경매 참여의 동기와 계기, 과정, 우여곡절, 실패와 성공담 등을 낱낱이 들을 수 있었다.

그들의 솔직하고 드라마틱한 이야기를 들으면서 전문가인 나조차 새로운 지혜를 얻을 수 있었고 덧붙여 엄청난 자신감도 가질 수 있었다.

나도 모르고 지나쳤던 경매의 초절정 노하우를 바로 그들이 갖고 있었던 것이다. 그리고 그들의 이야기를 바로 앞에서 들었던 나는 첫 독자의 심정으로 그 내용을 받아 적어 이 책에 고스란히 담았다. '전문가의 눈높이'에서가 아니라 '보통사람들의 눈높이'에서 말이다.

사례 위주의 조사는 꽤 오랜 시간이 걸렸다. 기획 의도를 설명하자 많은 사람들이 "시도는 좋지만 과연 그게 가능할까?"라는 반응이었다. 그러나 시간이 지나면서 자료가 쌓였고, 결국 '아! 이렇게 하면 되는구나' 라는 노하우가 생겼다. 그리고 드디어 책을 출간하면서 지금까지 만난 경매 고수들의 이야기를 종합할 수 있었다. 그것은 바로 희망이었다. 누구든지 내집 마련을 할 수 있다는 가능성이었다.

이 책에 등장하는 사람들 중에는 태어날 때부터 은수저를 입에 물고 태어난 사람도 있다. 얼떨결에 물려받은 재산이 많은 부자도 있다. 그러나 그보다 나의 머릿속에 깊은 인상을 심어준 사람들은 한결같이 역경을 딛고 내집 마련의 꿈을 이룬 사람들이었다. 경매라는 수단을 통해 그들은 그 희망을 실현시켰다. 굳이 내가 그런 사람들을 만나기 위해 힘들게 노력한 이유도 부디 이 책이 천정부지로 치솟는 전셋값 때문에 내집 마련의 꿈을 이루지 못하는 서민들에게 가능성의 희망을 주겠다는 바람에서이다. 이것이 두 번째 집필 목적이다.

사실 그동안 우리나라 국민들은 너무 오랜 세월 부동산에 휘둘려

지내왔다. 국회 청문회를 보면 단골 메뉴로 나오는 이야기도 부동산이고, 재산 형성 과정에서 불미스러운 부동산 문제로 낙마하는 고위공직자가 한두 명이 아니었음은 누구나 알고 있다.

경매컨설팅이라는 직업 특성상 나는 수많은 부동산 부자들을 만났으며 그와 반대로 부동산 때문에 눈물을 흘린 사람들도 수없이 만났다. 희한한 것은 두 부류의 사람들 모두 한 가지 공통점을 가지고 있다는 사실이다. 그것은 부동산을 너무도 사랑한다는 것이다. 그들은 자신의 직업에 충실하고 국가와 가정을 위해 열심히 일을 하는 것이 아니라 삶의 모든 초점을 부동산에 맞추어 놓고 인생 전부를 부동산에 올인한다. 하지만 이를 질타할 수만은 없다. 부자들의 재산 형성 과정 또는 부의 축적 과정을 살펴보면 부동산이라는 마술피리의 힘을 무시할 수 없기 때문이다.

두 가지 사례를 통해 이를 살펴보자. 곽노현씨는 1994년 우연한 계기로 개포동 주공아파트를 샀다. 형에게서 빌린 1500만원과 자신의 돈을 합쳐 개포동 주공아파트 49.5㎡(15평형)를 9200만원에 매입했다. 이사하고 보니 집이 너무 작아 다시 이사를 가려 했다. 그러나 집값이 서서히 오르기 시작하더니 1997년에는 1억 7000만원이 됐고 2010년 현재 매매가 12억원을 호가한다. 거의 매년 1억원씩 값이 올랐으니 부동산 대박은 결코 거짓이 아니었다. 이런 횡재를 잡은 사람이라면 누구나 부동산투자에 인생을 걸지 않을 수 없다.

2001년 서울 서초구 반포동 삼호가든아파트 148.7㎡(45평형)를 4억

7000만원에 구입해 살고 있는 이은희씨의 경우를 보자. 그녀는 부동산 시세에는 아무런 관심이 없었다. 그러던 어느 날 무심코 인근 부동산에 최근 시세를 알아보았다. 시세는 무려 13억원을 호가했다. 그녀는 입이 쩍 벌어질 수밖에 없었다.

이러한 부동산 현실에 어찌 고위공직자라 해서 외면하기 쉽겠는가. 현재까지는 전 국민의 부동산 사랑은 이런 횡재 사랑으로 이어졌음은 부정할 수 없다. 주변에서 돈을 벌었다는 사람의 이야기를 들어보면 일을 열심히 해서 부자가 되었다는 이야기보다 토지 보상을 받아 갑자기 부자가 되었다거나 시골 땅이 아파트 부지로 편입되어 하루아침에 수십억원을 벌었다는 등 온통 부동산으로 떼돈을 번 이야기가 많다.

하지만 이는 사회 국가적 차원에서 지극히 불안한 무용담이며 결코 바람직한 사례도 아니다. 샐러리맨이 월 200만원을 1년 동안 모으면 2400만원을 저축한다. 단순 계산해서 10년을 저축해야 2억 4000만원으로 불어난다. 정상적인 사회라면 이렇게 고생해서 돈을 모은 사람들이 대우받아야 한다. 그가 2억 4000만원을 모으기 위해 지난 10년간 그와 가족들이 얼마나 모진 인고의 세월을 보냈을지는 우리가 너무 잘 안다. 당연히 그러한 사람들이 행복한 삶을 누려야 한다.

나는 평생 부동산 관련 업종에 종사하고 있지만 아파트와 땅값의 급등은 원치 않는다. 오직 자신만의 부를 위해 시장을 교란하는 사람은 공공의 적, 사회악이라고 규정한다. 수많은 서민들이 좌절하지 않는 공정한 사회가 되기 위해서는 부동산 가격 안정이 최선이다. 내가

지금도 늘 마음속으로 생각하고, 또 강의실에서 강조하는 바람은 딱 하나이다. "본인이 부담할 수 있는 대출금으로 가능한 한 빨리 내집을 소유해 더 이상 집값 폭등의 광풍에 흔들리지 않기를 바란다." 그러기 위해서는 성공한 투자자들의 구입 과정을 잘 살펴보는 것이 중요하다. 다시 한 번 강조하지만, 나는 결코 이 책이 경매로 한방에 대박을 터트리고 싶어 하는 사람들의 지침서가 되지 않기를 바란다. 평범한 서민들의 내집 마련 노력에 도움이 된다면 더 바랄 것이 없다. 그래서 이 책에는 결코 성공 스토리만 담겨 있지 않다. 반면교사로 삼기를 바라는 마음에서 소탐대실하는 사람들의 실패 이야기도 담았다.

전작 《나는 경매로 반값에 집 산다》에 많은 독자들이 호응한 까닭은 어려운 법률 이야기를 쉽게 썼고 평범하게 낙찰 받은 사람들의 이야기를 들려줬기 때문이라고 생각한다. 그 원칙은 이 책에도 여전하다. 또 하나 경매시장의 투명성을 위해 경매 도식을 보충해 넣었다. 여러 번 강조하지만 경매는 학원에서 특별히 배울 필요가 없는 학문이다. 간단한 투자원칙만 있으면 낙찰 받는 것은 그다지 어렵지 않다.

경매는 머리로 투자하는 것이 아니다. 성실함이 첫째 덕목이다. 부지런히 현장을 다니고 많은 사람들의 조언을 구하는 것이 경매 성공의 제1원칙임을 잊지 말아야 한다. 부디 이 책이 모든 독자들을 내집 마련의 길로 인도해주기를 바란다.

2011년 봄 황지현

— 목차 —

프롤로그 • 4

★ 7000만원으로 12억원 내집 갖기 • 13
★ 세 번의 도전 끝에 이룬 내집 마련 • 27
★ 7전 8기 부동산경매 • 43
★ 사람의 정을 잊지 말라 • 52
★ 서울이 어려우면 지방으로 가라 • 60
★ 입찰 전 반드시 현장 방문을 하라 • 69
★ 여성을 위한 맞춤 경매 • 78
★ 매각물건명세서에 답이 있다 • 87
★ 선순위 임차인이 있더라도 검토해야 하는 이유 • 94
★ 직접 조사가 힘들다면 간접 조사라도 하라 • 101
★ 확신과 인내로 이뤄낸 66억 신화 • 111
★ 맹지를 활용하는 방법 • 120
★ 현재 장사를 하고 있는 상가를 노리라 • 126
★ 연 15% 수익 올리는 수익형 부동산 • 133
★ 고수익을 보장하는 특수 물건의 허와 실 • 141
★ 다가구주택과 건물은 명도 비용까지 계산하여 입찰하라 • 151
★ 모텔은 손님수와 주변 상권을 꼼꼼히 살피라 • 161
★ 재매각물건을 낙찰 받기 어려운 이유 • 172

★ 사찰을 낙찰 받으려면 마음을 비우라 • 178

★ 까다로운 명도를 쉽고 빠르게 하는 방법 • 187

★ 경매를 할 때는 강제집행까지 염두에 두라 • 197

★ 평범했던 농지가 노다지로 바뀐다면 • 201

★ 경매를 취하는 방법 • 207

★ 토지거래허가제도의 예봉을 피할 수 있는 경매 • 214

★ 허위 임차인에 대처하는 법 • 219

★ 아파트 단지와 인접한 상가를 노리라 • 226

★ 신문을 꼼꼼히 훑어 경제의 흐름을 읽으라 • 230

★ 부동산경매 투자에서 손꼽히는 행운아들 • 238

★ 뛰는 고수 위에 나는 강남부자들 • 246

★ 50억원 수익을 올린 3인의 공동입찰기 • 260

에필로그 • 272

 부록

꼭 알아야 할 경매 용어 • 278 ǀ 등기부등본 보는 법 • 291 ǀ 경매 권리분석 다이어그램
• 295 ǀ 경매 절차 다이어그램 • 296 ǀ 한눈에 보는 경매의 모든 것_경매 성공 8계명
• 298 ǀ 한눈에 보는 명도의 모든 것_명도 성공 6계명 • 301 ǀ 가상입찰 • 305

★ 캐릭터 설명 ★

경매 멘토 '날자'
경매 초보자들을 위한 전문가의
경매 가이드를 제공합니다.

경매 멘티 '빨간모자'
흥미진진하면서도 실용적인
낙찰 사례를 소개합니다.

7000만원으로 12억원 내집 갖기

요즘 서점에 출간되는 증권, 부동산 등 투자·재테크 가이드북은 대부분 지나치게 과장된 면이 있다. 우리가 잘 아는 것처럼 "이 세상에 공짜 점심은 없다"라는 말은 가감이 전혀 없는 진실이다. 혹여 로또라도 당첨되면 모를까 하루아침에 부자 되는 사람은 없다. 그러나 로또에 당첨되는 것은 확률로 치면 너무 작고, 경우에 따라서는 많은 대가를 치러야 한다.

나는 이 책을 쓰면서 성과나 결과뿐만 아니라 실패와 과정에도 심혈을 기울였다. 경매 선배들의 치밀한 분석과 부지런함 그리고 눈물어린 실패를 타산지석 삼고자 함이다. 좋은 투자 가이드는 실패를 거울삼아 성공의 노하우를 알려주는 것이다. 절대 과장하지 않고 사람들에게 올바른 투자정보를 알려주는 것이 이 책의 가장 중요한 목표이다.

그 목표를 달성하기 위해 대부분의 사례를 평범한 우리네 주변 이야기로 구성했다. 이 과정을 통해 부동산투자가 몇몇 돈 있는 사람들만의 전유물이 아니라 누구나 도전할 수 있다는 동기를 부여한다. 물론 부자들의 도전과 성공 사례도 있다. 언젠가 우리도 부자가 된다면 더 높은 목표를 향해 도전하기 위해서이다.

누구나 한번쯤 몇 백만원의 돈으로 수억원을 버는 '한방' 투자를 꿈꾼다. 그러나 분명히 밝혀두지만 그러한 성공은 말 그대로 꿈일 확률이 높다. 지금까지 내가 만난 부동산 부자들은 쌈짓돈까지 아껴가며 종잣돈을 마련해 시작한 사람들이다. 그만큼 투자와 경매는 철저한 계획과 준비가 필요하다. 준비 없이 부자의 대열로 뛰어드는 행위는 나침반 없이 사막을 여행하려는 것과 똑같다. 그렇다면 돈을 어떻게 마련하고 벌어야 하는지 구체적인 사례를 통해 살펴보자.

인생에 있어 가장 중요하고 아름다운 전환점은 결혼이다. 그러나 부모가 부자여서 집 한 채 떡하니 사주시지 않는 한 결혼에서 우리를 가장 슬프게 하는 것은 집이다. 그렇다한들 부모의 가난을 원망하거나 좌절하지 마라. 두드리면 문은 열린다. 결혼을 준비하는 과정에서 경매에 뛰어든 당찬 예비신부의 실제 경험을 통해 경매가 무엇인지 알아보자.

2001년 중소기업에 다니던 김은실씨는 같은 직장에서 예비신랑을 만나 결혼을 약속했다. 달콤하고 아름다운 결혼을 앞두고 그녀가 고

민한 첫 번째 문제는 집이었다. 대부분 신혼살림은 월세나 전세로 시작하지만 그녀의 생각은 달랐다. 내집에서 결혼생활을 시작하고 싶다는 포부를 가진 것이다. 하지만 포부만으로 집 문제를 해결할 수는 없었다.

그녀와 예비신랑이 가지고 있는 돈은 모두 6500만원. 이 돈으로 전세생활을 시작하기로 결정했다. 신혼집으로 생각한 곳은 강남구 수서동 일대이다. 둘 다 직장이 역삼동 근처이기에 회사에서 가까운 곳에 전셋집을 얻고 싶지만 강남구 내에서 전세를 구할 수 있는 곳을 찾기란 쉽지 않았다. 결국 강남구의 맨 끝자락 수서동에 위치한 79.3㎡(24평형) 아파트를 전세로 얻기로 결정했다. 수차례 부동산 중개소를 다닌 끝에 다행히 마음에 드는 집을 구할 수 있었다. 회사에서 저금리로 대출 받은 돈까지 합쳐 7000만원을 마련한 부부는 공인중개사 사무실에서 집주인과 계약을 하기로 약속하고 기다렸다. 그러나 약속된 시간이 한참 지났는데도 집주인은 올 기미가 보이지 않았다. 부동산 중개소를 처음 가본 그녀는 '주인은 원래 좀 늦나보다' 생각하고 기다렸다. 더 이상 기다리게 하기가 미안한지 이윽고 중개인이 입을 열었다.

"오늘 안 오실 건가 봐요. 무슨 사정이 있나본데, 내일 계약하시는 게 어떨까요?"

그녀는 기분이 상했지만 어쩔 수 없었다. 그때 집주인에게서 전화가 왔다. 중개인은 잠시 이야기를 나눈 후 전화를 끊더니 황당하고 미안한 표정으로 그녀에게 말했다.

"어이구, 이거 어쩌죠? 누가 8000만원에 그 집을 얻고 싶다고 연락이 왔다네요. 저도 방금 연락을 받아서 어쩔 수 없네요."

그녀는 너무 당황하고 슬퍼서 눈물부터 나왔다. 돈의 힘에 밀려 신혼의 꿈이 처음부터 어긋난 것이다. 그녀의 부동산과의 첫 만남은 그렇게 슬프고도 억울한 기억으로 남았다.

그녀는 문득 법률사무소에 근무하는 친구가 떠올랐다. 경매 업무를 맡고 있는 친구의 도움을 받을 수 있을 것 같은 생각이 들었다. 경매의 '경'자도 모르지만 지푸라기라도 잡고 보자는 심정으로 친구를 찾아갔다.

"나, 너무 힘들어서 결혼하기 싫어."

이렇게 푸념을 늘어놓으면서 수다를 떨다가 드디어 집 문제를 꺼냈다. 친구는 집을 구입하는 문제가 수다로 해결될 수 있는 것이 아님을 잘 알기에 경매전문가를 소개해주었다. 며칠 후 그녀는 경매전문가 황실장을 만나 저간의 사정을 모두 털어놓았다.

이야기 끝에 그녀는 경매에 대한 자신의 생각을 들려주었다.

"사실 친구에게 경매에 대해 이야기를 많이 들었지만 그다지 느낌이 좋지는 않았어요. 어찌됐든 망한 사람 집에 들어가는 거잖아요. 왠지 찝찝하기도 하고…. 남 못할 짓 하는 건 아닌지 하는 생각도 들고요. 그러나 여기서 무언가 결단을 내리지 않으면 평생 집 때문에 끌려 다니겠구나 생각이 들더군요."

경매전문가는 그런 말에 익숙한 듯 고개를 가볍게 끄덕이고는 질문

을 던졌다.

"결혼할 남자친구에게 경매로 신혼집을 구한다고 하니까 이해를 하던가요?"

"그렇지 않죠. 상당히 보수적이거든요. 그 점에선 저랑 비슷해요. 경매 이야기를 꺼냈더니 무슨 소리냐며 펄쩍 뛰었죠. 하지만 계속 설득해서 지금은 저와 같은 생각이에요. 결혼한 부부들이 사는 모습을 가만히 살펴보면 오른 전셋값에 고민하고 그러다보면 40대나 되어서야 내집을 마련하잖아요. 전 그렇게 살기가 싫어요. 그래서 두렵지만 경매에 꼭 도전해보고 싶어요. 일찍 시작하면 일찍 열매를 맺을 수 있으니까요."

그녀의 말처럼 일찍 도전하면 일찍 성공할 수 있다. 이제 그 성공의 길로 나아가보자.

그녀가 처음 도전한 물건은 강동구 길동에 위치한 A아파트였다. 76.0㎡(23평형)인 이 아파트는 감정가 1억 1250만원에서 시작해 1회 유찰하고 2회차 경매 입찰가는 9000만원이었다. 경매는 1회 유찰시마다 20%씩 가격이 떨어진다. 부동산 중개소에서 알아본 시세는 1억 3000만원 내외이다.

여기에서 경매 투자금에 대해 잠깐 살펴보자. 모든 부동산투자가 그렇듯이 경매에도 종잣돈이 꼭 필요하다. 특히 부동산투자는 절대로 0에서 출발하는 상품이 아니다. 기반이 있어야 더 큰 수익을 거둘 수 있는 투자 상품이다. 그래서 힘이 들더라도 종잣돈을 반드시 준비해야 한다. 소도 비빌 언덕이 있어야 한다는 말을 명심하라.

경매에서 종잣돈은 무엇일까? 바로 보증금 명목으로 법원에 내는 건물 입찰금의 10%다. 부동산 거래 시 계약금과 유사한 방식이다. 입찰 보증금 10%를 내고 나머지 잔금은 1개월 이내에 법원에 납부해야 소유권이 이전된다. 이 과정이 일반적인 경매투자 방식이다. 하지만 그렇다고 해서 모든 절차가 다 끝나는 것은 아니다. 소유권이 이전된다고 해도 낙찰 받은 아파트에 바로 들어가 살 수 없는 게 부동산경매의 단점이다.

그 이유는 세입자나 현 거주자 때문이다. 소유권이 이전됐다고 해도 현재 살고 있는 소유자나 세입자를 합법적으로 내보낸 후에 입주해야 한다. 이를 '명도'라고 한다. 그렇다면 명도 시간은 얼마나 걸릴까. 대체적으로 1-2개월이 소요된다.

신혼집을 경매로 구입하는 것은 그래서 더더욱 힘들다. 만약 신혼살림을 경매로 산 집에서 시작하려 한다면 이 점을 반드시 명심하라. 이는 경매의 기본 속성이기 때문이다. 아파트를 낙찰 받는다 해도 그 집에 바로 들어갈 수 없는 상황이 발생할 수도 있다. 그렇게 되면 인생의 첫 출발부터 어긋나는 셈이다.

낙찰을 받고, 잔금을 다 치렀다 해도 명도가 쉽지 않아 최악의 경우 부모 집에서 수개월 동안 얹혀살아야 할 수도 있다. 신혼부부가 경매로 집을 살 경우 이 점을 꼭 기억하라.

그녀는 최악의 경우 신랑과 떨어져 살거나 친정집에서 몇 개월 신세를 질 각오를 하고 떨리는 마음으로 경매에 참여했다. 권리분석에는 큰 어려움이 없었다. A아파트 2회차 경매에는 총 6명이 참여했다. 그녀가 쓴 금액은 1억 1000만원이었으며 즉시 낙찰되었다. 흔히 경매에서 '권리분석에 어려움이 없다'는 이야기는 집에 소유자나 혹은 최초근저당권보다 후에 전입 신고한 세입자만 있다는 뜻으로 고민해야 하는 법률적 문제가 없다는 뜻이다.

경매 물건의 80%는 이런 '권리분석에 어려움이 없는 물건'이다. 부록에 있는 '권리분석 다이어그램'을 이용하면 쉽게 권리분석을 할 수 있다. 첫 경매에 참여해 어렵지 않게 낙찰을 받았지만 그녀가 가진 돈은 7000만원이 전부였다.

하지만 이 문제로 고민할 필요는 없었다. 그녀는 낙찰 후 바로 은행을 찾아가 경락자금 대출을 신청했다. 연 4%의 이자로 4000만원을 대출 받아 잔금을 모두 치렀다. 복병은 기존 소유자에게 있었다. 그녀는

> **경락자금 대출** ★ 낙찰을 받으면 법원에서 10% 입찰보증금에 대한 영수증을 발급한다. 이 영수증을 가지고 경락잔금 대출을 취급하는 은행을 찾아가면 낙찰대금의 60~80%를 대출 받을 수 있다. 예를 들어 1억원에 낙찰 받았을 경우 입찰보증금 10%는 법원에 이미 입금되었고, 나머지 90% 잔금 중 6000~8000만원 정도를 대출 받을 수 있다는 것이다. 하지만 너무 대출에 의존하여 부동산을 매입하지 말라. 자신이 이자를 부담할 수 있을 정도만 대출 받는 것이 좋다.

신혼으로 살 집이어서 되도록이면 강제집행은 피하고 싶었다. 또 앞으로 오랫동안 그 집에서 살아야 했기에 이웃들에게도 좋은 인상을 주고 싶었다.

그러나 소유자의 저항은 완강했고 도무지 말이 통하지 않았다. 1000만원을 들여 수리를 했으므로 그 돈을 별도로 달라는 억지를 부린 것이다. 그러나 누구든 그 돈을 지불할 의무는 없다. 그러는 동안 시간은 2개월이 흘렀다. 두 사람은 결혼을 하고 신혼여행을 다녀왔지만 집 문제는 여전히 해결되지 않았다. 그녀는 결국 법원에 소유자를 강제집행으로 내보내달라는 인도명령신청을 하고 법원으로부터 승낙을 받았다. 이를 토대로 소유자에게 집을 비워줄 것을 요구했으나 되돌아오는 답은 언제나 '노'였다. 그렇게 또 2개월이 지났다.

5개월째로 접어들자 양가 집안에서 불만의 목소리가 터져 나왔다. 특히 시댁의 반발은 예상보다 거셌다. "전셋집으로 시작해 그냥 평범하게 신혼생활을 했으면 이런 일은 없었을 것 아니냐"는 질타였다. 그녀는 더 이상 참을 수 없어 법원의 집행관실에 강제집행을 접수했다. 그리고 나서 집행관을 데리고 가 강제집행을 실시했다. 일이 마무리된 후 그녀는 경매에 도움을 준 황 실장을 찾아가 한바탕 하소연을 늘어놓았다.

"정말 아무리 양보를 해도 전 소유자가 왜 그렇게 버텼는지 이해가 안 가요. 막무가내로 나오는 데는 어쩔 도리가 없었어요. 사실 집이 경매로 넘어간 것도 소유자가 집을 담보로 은행에서 돈을 빌렸기 때문이

고, 그 돈을 제때 갚지 못했으니 은행은 채권 회수를 위해 강제로 경매를 신청한 거잖아요. 그리고 제가 법원에 낸 낙찰금은 소유자 대신 돈을 갚아주는 건데 왜 그렇게 완강하게 집을 안 비워주는지…. 물론 그 사람 입장에서는 집이 싸게 팔리는 게 억울하겠죠. 그래도 그건 본인 책임이잖아요. 주변 사람들은 제게 이사비 정도는 주고 내보내는 게 순리라고 하더군요. 이사비는 얼마든지 줄 수 있어요. 제가 그 아파트를 숱하게 찾아가 사정도 하고 하소연도 하고 그랬어요. 그런데 마치 저를 강도나 범법자 취급하더군요. 그런 사람에게 무슨 이사비를 주고 싶겠어요. 내 돈 내고 내집을 샀는데…. 법원에 낸 강제 집행비용을 이사비로 주면 서로 웃으면서 헤어질 수 있는 거잖아요."

그렇게 일은 모두 끝났다. 그녀는 강제집행 후 도배, 장판을 새롭게 하고서야 입주했다. 5개월의 고달팠던 이산가족 생활도 마무리가 되었다.

2년을 살다가 그녀는 분당신도시로 이사를 가기로 결정했다. 주변의 이야기나 언론 등 여러 부동산 정보를 종합한 결과 분당의 부동산이 좋아질 것이라 예상한 것이다. 그동안 그녀의 아파트는 가격이 올라 1억 6000만원에 거래되었다. 은행에서 빌린 돈을 갚고도 2년 만에 5000만원의 차익을 남겼다. 당시만 해도 부동산경기가 워낙 침체된 상황이라 양도세가 한시적으로 면제되던 시기였다. 그녀는 경매에 재도전하기로 했다.

위치	서울 강동구 길동	물건의 형태	아파트, 76.0㎡ (23평형)
시세(감정가격)	1억 3000만원 내외	최종낙찰가	9000만원
2년 후 매매가	1억 6000만원	비용 공제 전 수익	7000만원

그렇게도 고생을 했지만 싼값에 집을 사는 데는 경매만한 게 없다는 것이 그녀의 생각이었다. 그녀는 다시 황 실장의 사무실을 방문해 물건을 살펴보았다.

그녀와 황실장이 함께 찾은 물건은 분당시 야탑동 99.1㎡(30평형)짜리 화성빌리지였다. 감정가격 2억 1000만원에서 시작하여 1회 유찰된 물건이다. 입찰가가 현재 그녀가 가진 돈보다 많은 것이 마음에 걸리기는 했지만 그 부족액 때문에 물러설 그녀가 아니었다. 첫 번째 경매에서 낙찰 받은 경험이 있기에 그녀는 자신 있게 경매에 참여했다. 1회 유찰된 물건의 시작 금액은 1억 6800만원이었다. 입찰자는 2명이었고 1억 8000만원을 쓴 그녀가 최종 낙찰됐다. 너무 쉽게 낙찰을 받아 그녀는 어안이 벙벙할 지경이었다.

집값으로 번 돈 1억 2000만원에 그동안 맞벌이해서 모은 돈 2000만원을 합해 1억 4000만원을 마련했고, 모자라는 4000만원은 이번에도 은행 경락잔금을 더해 잔금을 냈다.

이제 남은 일은 현재의 거주자(소유자)를 내보내는 것이었다. 그녀는 첫 번의 고달픈 경험이 있기에 각오를 단단히 하고 만났지만 소유자는 진실한 인상을 지닌 사람이었다.

"죄송하지만 3개월만 시간을 주세요. 딱 3개월 후엔 집을 빼드릴게요. 제 명예를 걸고 약속합니다."

그녀는 첫눈에 소유자가 거짓을 말하지 않는다는 것을 느꼈다. 그를 믿고 3개월 동안 친정집으로 들어가 살았다. 3개월에서 1주일을 앞둔 어느 날 그에게서 전화가 왔다.

"내일 이사 갑니다. 오셔서 열쇠 받아가세요."

그녀는 너무 기쁘고 홀가분해서 열쇠를 받으면서 이사비를 건네주었으나 끝내 받지 않았다. 그렇게 쉽게 명도를 끝낸 그 집에서 1년 반을 살고 2억 6000만원에 매각했다.

위치	성남시 분당구 야탑동	물건의 형태	빌라, 99.1㎡(30평형)
시세(감정가격)	2억 1000만원 내외	최종낙찰가	1억 8000만원
1년 6개월 후 매매가	2억 6000만원	비용 공제 전 수익	8000만원

두 번의 경매를 경험하자 그녀와 남편은 경매의 매력에 흠뻑 빠졌다.

"경매가 이렇게 좋은 줄 미처 몰랐어. 다 당신 덕분이야."

"당신이 날 믿고 따라와 준 것도 큰 힘이 되었어요. 이제 여기서 멈추지 말고 세 번째 집도 경매로 사도록 해요."

"오케이. 당연하지."

남편의 응원에 힘을 얻은 그녀는 여동생에게 3000만원을 빌려 2003년 가을 용인시 죽전에 소재한 H아파트 105.7㎡(32평형)의 경매에 참여했다. 당시에는 인기 없는 아파트로 감정가 2억 1500만원에 1회 유찰하여 1억 7200만원에 시작하는 아파트를 입찰보증금 1800만원을 내고 1억 8000만원에 낙찰을 받았다. 낙찰 받은 영수증을 가지고 평소 거래가 많았던 저축은행에서 집을 전세 놓아 대출금의 일정 부분을 갚는 조건으로 낙찰 가격의 90% 수준인 1억 6000만원을 대출 받아 곧바로 잔금을 치렀다.

이 아파트의 명도는 두 번째보다 더 쉬웠다. 낙찰과 동시에 만난 집주인은 1개월 후에 집을 빼준다고 약속했으며 이사비용으로 300만원을 요구했다. 300만원은 예상보다 큰돈이었지만 그녀는 쾌히 응낙했다. 집이 비워지자 곧바로 1억 3500만원에 전세를 놓았다. 전세금으로 저축은행에서 빌린 대출금 중 1억원을 갚고 나머지 3000만원으로는 남은 대출금 6000만원의 이자를 갚아나갔다.

그녀가 3000만원으로 1억 8000만원의 아파트를 살 수 있었던 것은 경락잔대금 대출에 대한 자신감과 이자를 내는 동안의 아파트 가격 상승률을 감안했기 때문이다. 대출 받은 당시 이자는 연 5%. 나머지 대출금 6000만원에 대한 이자는 1개월에 채 30만원이 나가지 않아 1년에 300여 만원이면 충분했다. 2년이라 해도 700여 만원만 이자로 내면 된다. 그 2년 동안 아파트 가격은 수천만원은 뛸 것으로 예측했다. 과연 결과는 어땠을까? 그녀의 예상은 적중했다. 3년 후 그녀가 산 아파트는 3억 4000만원으로 상승했다. 그동안 낸 이자는 대략 1000만원이었다.

위치	분당구 구미동	물건의 형태	빌라, 159㎡(59평형)
시세(감정가격)	3억 6000만원 내외	최종낙찰가	4억원 내외
4년 후 매매가	8억원	비용 공제 전 수익	4억원

더 놀라운 사실은 그녀의 경매 행진이 여기서 멈추지 않았다는 것이다. 당시 그녀는 야탑동 빌라를 팔아 친정부모를 모시고 살 계획이었다. 그래서 부모가 살던 인천 집을 팔고, 남은 여윳돈 1억원에 대출을 1억원 더 받았다. 또 야탑동 빌라를 팔아 남은 돈 2억원을 합하여 분당구 구미동에 195㎡(59평형)의 빌라를 어머니 명의로 4억원에 낙찰 받았다. 그 덕분에 용인아파트를 3년 동안 보유할 수 있었고 양도세 비과세기준(1가구 1주택 3년 보유)을 충족시킬 수 있었다. 그 후 어머니 명의로 된 구미동 빌라를 2007년 8억원에 매매했다.

위치	용인시 죽전 H아파트	물건의 형태	아파트, 105.7㎡(32평형)
시세(감정가격)	2억 2000만원 내외	최종낙찰가	1억 8000만원
3년 후 매매가	3억 4000만원	비용 공제 전 수익	1억 6000만원

작은 눈송이가 커다란 눈덩이로 변하는 모습이었다. 처음 7000만원으로 시작한 재산이 6년 사이에 무려 10배가 넘는 8억원으로 수직 상승한 것이다.

그녀는 선택과 집중이 탁월했다. 그리고 나이에 걸맞지 않게 실행력이 굉장히 빨랐다. 그녀는 그런 선택력과 실행력을 발휘해 분당

중심에 있는 B 랜드마크 아파트를 11억 5000만원에 경매가 아닌 급매로 구입했다. 현재 그녀는 인천 송도의 한 상가를 친구와 공동으로 4억원(은행대출 포함)에 매입했다. 그녀의 부동산 사랑은 지금도 진행 중이다.

> **은행경락잔금** ★ 이 사례를 가만히 들여다보면 시작부터 끝까지 은행경락잔금 대출을 이용한 재테크가 핵심 열쇠라는 것을 알 수 있다. '은행 대출을 이용한 부동산 매입'과 '시간이 지나면서 발생하는 가격 상승'은 그동안 부동산투자의 정석으로 통했다. 그러나 은행 대출을 기반으로 움직이는 지렛대효과(레버리지)를 이용하는 것도 중요하지만 그러한 결정을 내리는 결단력이 더 중요하다. 무언가를 이루려 할 때는 반드시 강한 믿음과 실행이 뒤따라야 한다. 그녀가 경매를 시작한 원인은 처음 전세를 계약하러 간 부동산 중개소에서 집주인이 나타나지 않았기 때문이다. 그때 집 없는 서러움을 톡톡히 받은 그녀는 마음을 단단히 먹고 경매에 뛰어들었다. 만약 그녀가 그 서러움을 잊고 신혼생활을 전셋집에서 시작했다면 지금과 같은 부를 쌓을 수 있었을까.
> 경매 시세는 모든 부동산 중에서 가장 저렴하다. 급매물보다 더 싼 것이 바로 경매 낙찰가다. 부동산을 싸게 산다는 것은 그만큼 기회가 많다는 이야기다. 그러므로 무리하지 않은 한도 내에서 '내 가슴속에 지렛대'를 가져야 한다.

세 번의 도전 끝에 이룬 내집 마련

오민자씨의 삶은 고달픔과 힘겨움 그 자체였다. 결혼한 지 18년이 지났지만 여전히 전세살이였고 그나마도 여덟 번의 이사를 다녔다. 딸 둘이 무럭무럭 자라 곧 성인이 될 나이인데도 삶은 나아질 기미가 보이지 않았다.

그녀의 첫 살림은 남양주시 오남읍에서 보증금 500만원의 월세로 시작되었다. 그 후 구리시로 옮겨 전세 3000만원에 살다가 드디어 서울로 진입한 곳이 광진구 중곡동이었다. 그곳은 전세 8000만원짜리 주택이었다. 그녀는 죽도록 돈을 벌어 전세금에 모든 삶을 바쳤다 해도 과언이 아니었다. 그녀의 이야기를 듣고 있노라면 '집'이 개인의 삶에 얼마나 많은 영향을 미치는지 알 수 있다.

그녀의 직업은 재단사이다. 월 급여는 예전이나 지금이나 120만원에서 150만원 수준이다. 아침 9시에 일을 시작해 야근이 없으면 7시에 퇴근하지만 일주일에 평균 3일은 야근이 걸린다. 그런 날은 보통 10시까지 일한다. 토요일은 5시까지 근무이다.

남편은 인테리어 공사를 한다. 목공이 주 업무로 아침 6시에 출근해 밤새도록 일을 해도 월 150만원에서 200만원의 수입을 올리는 게 고작이다. 그나마 일이 없을 때는 3개월씩 쉴 때도 있었다. 그녀가 돈을 모으는 유일한 수단은 계(契)였다. 위험하다는 것은 알지만 그래도 마지막 순번으로 곗돈을 타면 쏠쏠하게 돈이 모였다. 하지만 말이 쉽지 수입의 대부분을 곗돈에 부으려면 짠순이 중에서도 왕짠순이가 되어야 한다. 그렇게 한푼 두푼 모아 1년이 지나면 1000만원이 된다. 몇 년 모은 후 '이제는 집을 사야겠다' 생각하고 부동산 중개소를 방문하면 돌아오는 것은 좌절과 실망감뿐이다. 때로는 울분마저 느낀다. 도저히 집을 살 수 없을 정도로 집값이 치솟아 있기 때문이다.

월세에서 전세로 옮겨오고, 전세금이 늘어나기는 했지만 내집 마련은 아직도 갈 길이 멀었다. 남보다 더 열심히 일을 하고, 늘 구두쇠 생활을 하는데도 내집 마련의 목표는 거의 불가능해 보였다. 특히나 아이들을 키우면서 원하는 만큼 풍족하게 써본 기억이 없고 늘 절약만을 강요했는데도 치솟는 집값을 감당하기에는 역부족이었다.

그러나 우연한 기회에 전혀 불가능하지는 않다는 것을 알게 되었다. 2009년 산악회 멤버들과의 뒤풀이에서 닉네임을 '울림'이라 쓰는 한

회원의 경매 이야기를 들은 것이 인생 전환의 계기가 되었다.

"글쎄, 내가 전세로 살고 있는 집이 경매로 나왔지 뭐예요. 그 말을 듣는 순간 이제 꼼짝없이 쫓겨나는구나 생각이 들어 한순간 정신이 멍하더라구요. 그런데 누가 귀띔을 해줘서 경매에 참여하게 됐어요. 운이 좋아서 그 집을 내가 인수하게 됐지요. 전세를 살다가 그 집의 주인이 된 걸 생각하면 이게 꿈인가, 생시인가 하는 기분이 들어요."

오민자씨는 처음에는 무심히 듣다가 귀가 솔깃해 그 회원을 붙잡고 이것저것 꼬치꼬치 캐물었다.

그는 서울 은평구 역촌동에 위치한 빌라 2층, 59㎡(18평)의 집에 전세 5000만원에 살고 있었다. 2006년 전세로 이사 왔을 때 빌라 등기부에는 아무런 저당도 없고 깨끗한 상태였다. 전세 계약을 맺자마자 바로 전입신고를 하고 계약서에 확정일자까지 모두 받았다. 그러나 2008년 7월, 법원에서 그 집을 경매에 붙인다는 통지서가 날아왔다. 깜짝 놀라 등기부를 발급 받아보니 가압류가 3000만원이 되어 있었고 그 가압류에 대한 강제경매가 실시된다는 내용이었다. 처음에는 무조건 쫓겨나는 줄 알고 걱정이 이만저만이 아니었다. 여기저기 물어보고 하소연을 하던 중 친구의 소개로 '날자'라는 닉네임의 친구를 알게 되었다. 그는 법률사무소에 다니는 직원이었다.

"그리 걱정할 필요 없어요. 그 집을 사면 되니까요. 경매를 통하면 돼요."

"경매요? 돈이 이 정도밖에 없는데 집을 살 수 있을까요?"

"충분히 가능하죠. 울림 님은 전입신고와 확정일자가 경매신청채권 기일보다 앞서 있기 때문에 전세보증금 전액을 법원에서 배당을 받아요. 그러니 걱정 말고 우선 법원의 배당요구종기(終期) 안에 배당신청서를 제출하세요. 그리고 낙찰 받은 후 배당 받을 전세금은 상계(相計) 신청으로 처리하고 나머지 잔금은 경락잔대금으로 대출 받아 해결하면 돼요."

빌라의 감정가격은 1억 3000만원이었다. 2008년 12월, 1차 경매가 유찰되어 1억 400만원으로 떨어졌고 2회차도 유찰되어 8320만원으로 하락했다. 울림은 날자 회원의 판단을 믿고 입찰가격을 8840만원으로 써냈다. 입찰자는 2명이었는데 2등은 8500만원을 적었다. 340만원 차이로 울림이 새 주인이 된 것이다.

일주일 안에 배당 받을 전세금을 낙찰대금으로 상계해 달라는 상계

배당(賠償) ★ 경매에서 1등한 사람, 즉 낙찰자가 매각대금을 법원에 납입하면 법원이 그 돈으로 채권자, 세입자, 가압류권자 등 돈 받을 사람들에게 나누어주는 행위.

상계신청 ★ 배당 받을 권리가 있는 사람, 즉 근저당권자, 세입자 등이 입찰에 참여해 낙찰자가 된 경우 배당 받을 금액과 법원에 납부할 잔금을 서로 맞교환하자는 신청서. 위 사례에서 보면 입찰가격 8840만원 중 전세금 5000만원을 뺀 3840만원만 법원에 내겠다고 신청하는 것이 상계신청이다. 낙찰 후 7일 이내에 신청서를 법원에 제출해야 한다.

신청서를 제출하고 나머지 잔금은 농협에서 3000만원을 대출 받았다. 그렇게 집을 경매로 산 후 소유권을 이전했다. 내집 마련의 숨 막히는 드라마가 그렇게 끝난 것이다.

자금 계획을 철저히 세우라

한 편의 소설 같은 이야기가 끝나자 오민자씨는 날자 회원의 전화번호를 얻어 다음날 전화를 걸었다. 며칠 후 법률사무소를 방문한 그녀는 처음 만난 사람인데도 전세의 서러움을 한바탕 풀어놓은 후 경매를 통한 내집 마련의 방법을 물었다.

"전세로 살고 있는 사람이 경매로 내집 마련을 할 수 있는 방법을 먼저 설명해 드릴게요."
첫째, 경매는 내가 사고자 하는 금액의 10%의 보증금이 있어야 한다. 가령 1억원짜리를 사려면 1000만원의 보증금이 필요하다.

둘째, 경매는 낙찰 후 90%의 잔금을 한 달 이내에 납부해야 하기 때문에 현금이 필요하다. 즉 지금 살고 있는 집의 전세금을 받아 잔금으로 납부하기에는 시기적으로 턱없이 부족하다. 그러므로 현금이 없으면 경매를 할 수 없다.

셋째, 만약 잔금이 부족하면 경락잔대금 대출을 이용하면 되지만 대출금은 낙찰금의 60-80%선이다. 가령 1억원에 낙찰을 받으면 7000만-8000만원을 대출해준다. 단 이율이 6-7%대에 이르므로 이자를 상환할 능력이 있는가를 판단하고 대출 받아야 한다. 너무 무리한 대출은 나중에 이자를 감당하지 못해 큰 곤경에 처할 수 있다.

넷째, 잔금을 납부한다 해도 낙찰 받은 집에 곧바로 들어가는 것은 아니다. 현재 그 집에 살고 있는 사람을 내보내야 하는데 그 일이 짧게는 1-2개월, 길게는 3-4개월 걸릴 수도 있다. 이 기간을 염두에 두어야 한다.

다섯째, 경매의 시작부터 끝까지 자금 계획을 철저히 세우고 경매에 임해야 한다. 계약금, 잔금, 등기비용, 이사비용, 집수리비 등 소요비용을 정확히 예측해야 한다.

오민자씨는 그의 설명을 들은 뒤 경매라는 것이 쉬운 일은 아니지만 전혀 못할 것도 아니라는 생각이 들었다. 집으로 돌아와 차례대로 검토했다. 먼저 자금계획. 그녀가 가진 돈은 현금 4000만원과 전세금 8000만원이 전부였다. 하지만 그녀가 필요한 집은 최소한 52㎡(16평)였다. 현금과 전세금 1억 2000만원에 대출 6000만원(이자가 월 40만원을 넘으면 부담이 되기에 이 금액을 넘으면 안 된다)을 합하면 낙찰가격은 최고 1억 8000만원이라는 계산이 나온다. 그 이상의 돈은 현실적으로 무리였다.

"보증금은 되는데 나머지 잔금은 어찌해야 하나?"

그녀의 고민은 혼자 해결할 수 없었기에 남편과의 토론으로 이어졌다. 처음에 남편은 경매라는 말에 의아해 했으나 아내의 요령 있는 설명을 듣자 고개를 끄덕였다.

"우선 시간이 필요하군. 이 전셋집을 내놓고 계약이 되면 그때부터 경매를 시작하면 어떨까?"

"여차하면 내가 지금 인테리어 공사 중인 빌라에 잠시 거처를 마련해도 되지."

"아니면 염치불구하고 큰형님 댁으로 잠시 들어가 신세를 지는 수밖에."

남편은 여러 방안을 이야기했으나 그 무엇도 탐탁지 않았다. 하지만 마음은 매우 흡족했다. 비록 지금 돈이 많지는 않아도 조금만 더 노력하고 계획을 잘 세우면 내집을 마련할 수 있다는 가능성이 충분히 보였기 때문이다.

"그때는 집안에 생기가 돌았어요. 가족이 서로 뭉쳐 내집 마련을 이루고자 하는 목표가 있었으니까요. 그런 희망을 안고 이리저리 뛰어다녔죠."

그렇게 뛰어다닌 덕분에 큰형님이 1억 원 정도는 도와줄 수 있다는 도움의 손길을 내밀었다. 그 큰 손길에 힘입어 일단 경매를 시작하기로 결론을 내렸다.

드디어 첫 번째 도전 물건이 나왔다. 서울 금천구 독산동 빌라로 등기평수가 62㎡(19평)였다. 3층이었으며 세입자는 없고 처음 시작하는 감정가격이 2억원이었다. 권리분석에는 아무런 문제가 없었다. 집주인은 신용협동조합에서 1억원을 대출받았으나 원금과 이자가 회수되지 않자 경매를 신청한 것이다. 건축연도는 1995년으로 전체적으로 양호한 수준이었다. 시세 역시 2억원을 호가해 낙찰만 받으면 들어가 살든, 전세를 놓든, 되팔든 여러 가지로 유리했다.

위치	서울 금천구 독산동	물건의 형태	빌라 3층, 62㎡(19평형)
건축연도	1995년	세입자	없음
대출상황	1억원(신용협동조합)	감정가격	2억원
최종낙찰가	1억 7400만원		

　1회에는 입찰자가 없어 1억 6000만원으로 내려갔고, 2회차에도 아무도 입찰하지 않아 1억 2800만원으로 가격이 하향됐다. 오민자씨는 집에 대한 여러 상황을 꼼꼼히 살펴본 뒤 두근거리는 마음을 안고 남부지방법원 경매법정에 나갔다.

　아침 10시인데도 사람들로 북적거렸다. 저 많은 사람들을 제치고 과연 내가 집을 낙찰 받을 수 있을지 자신이 없었다. 그러나 첫술에 배부를 수 없다는 것을 잘 알기에 침착한 마음으로 2000만원을 올린 1억 4800만원을 기재해 투명한 입찰함에 넣었다.

　11시 10분에 입찰 마감벨이 울리고 순서대로 사건번호가 호명되었다. 한참을 기다린 끝에 그녀가 도전한 물건의 번호가 호명되었다. 법정 앞에 놓인 책상(법대)으로 나가니 놀랍게도 앞에 모인 입찰자만 38명이

었다. 사람들이 '우와'하는 탄성을 올렸다. 그녀도 마찬가지였다. '이게 웬일이람. 다른 물건들은 고작 4-5명인데 내가 도전한 집은 38명이나 몰리다니.'

법원 서기가 입찰금액을 불렀다.

"최종낙찰금액은 1억 7400만원입니다."

오민자씨는 고개를 내저었다. 자신이 쓴 금액보다 2600만원이나 더 많았으며 2회차 입찰금액인 1억 6000만원보다 1400만원이 더 많았다.

"역시 첫술에 배부를 수는 없구나."

그렇게 그녀의 첫 번째 도전은 보기 좋게 실패했다. 하지만 마음이 쓰리거나 아프지는 않았다. 미래를 향해 첫발을 내딛었다는 것이 중요했으며 하나의 경험을 쌓았다는 사실이 그녀를 격려했다. 그러나 경험을 둘, 셋까지는 쌓을 수 있으나 넷, 다섯까지 늘려갈 수는 없었다. 그런 마음으로 그녀는 두 번째 경매에 도전했다.

다시 도전한 부동산은 서울 구로구 오류동에 위치한 5층 빌라의 5층으로 2003년 준공된 깨끗한 집이었다. 등기평수는 72㎡(22평), 분양평수는 99㎡(30평)로 무척 컸다. 감정가격은 2억 2000만원에서 시작했으나 1회 유찰되어 1억 7600만원, 2회 역시 유찰되어 1억 4080만원에 시작했다. 세입자는 없었으며 은행돈을 갚지 못해 경매에 나왔다.

금액이 예상을 초과한 물건이지만 그녀는 약간 무리해서라도 입찰가를 높여야겠다고 마음을 먹었다. 1회 유찰된 금액에 버금가는 1억 7080만원을 적었다. '너무 많이 썼나' 하는 걱정도 들고 '2등과 너무 차이가 나면 어쩌나' 하는 조바심도 났다. 사건번호가 호명되고 법대 앞으로 나가니 입찰자는 모두 17명이었다. 그녀는 '왜 내가 도전하는 물건마다 사람들이 이다지 많은 거지? 아무래도 난 경매로 집 사기는 틀렸나봐' 하는 실망감이 들었다. 그녀의 실망감을 아는지 모르는지 법원 서기가 최종 금액을 불렀다.

"1억 8400만원입니다."

위치	서울 구로구 오류동	물건의 형태	빌라 5층, 99㎡(30평형)
건축연도	2003년	세입자	없음
감정가격	2억 2000만원	최종낙찰가	1억 8400만원

그의 말이 끝나기도 전에 여기저기에서 한숨과 푸념이 새어나왔다. 1회 유찰금액보다 훨씬 높은 금액이었기 때문이다. 오민자씨는 그 한숨과 푸념을 뒤로 하고 총총히 법원을 빠져나왔다. 버스에 올라 창밖으로 스치는 풍경을 바라보자 역시나 한숨이 절로 나왔다. '내 팔자에 집이란 없나 보다'라는 생각이 들었다. 첫 번째 도전은 배움으로 넘길 수 있었으나 두 번째 도전은 실망감이 이만저만이 아니었다.

한두 번 실패했다고 실망하지 말라

그리고 한동안 그녀는 경매에 참가하지 않았다. 실망감도 실망감이었지만 무언가 방법이 잘못되지는 않았나 하는 생각이 들어서였다. 무

작정 도전하기보다는 경매에 대해 더 공부를 하고 철저하게 준비를 한 뒤 도전하는 것이 빠르고 올바른 방법이라는 생각이 들었다.

"떨어진 원인 분석이 필요했어요. 그 이유를 알아야 다음에 성공할 수 있으니까요."

2010년이 되어 그녀는 경매 멘토 격인 날자를 찾아갔다. 날자는 그녀의 실패기를 모두 들은 뒤 빙긋 웃으며 입을 열었다.

"우선 명심해야 할 것은 경매에서 낙찰 받기란 그리 쉽지 않다는 사실입니다. 쉬운 정도가 아니라 무척 어려운 일입니다. 만약 경매에 10번 입찰해 1번만 된다고 해도 그 사람은 큰 부자가 됩니다. 매일 경매에 참여해 10일에 1번꼴로 낙찰된다면 한 달에 2~3건에 달하니 엄청난 것이죠.

그러나 그런 일은 절대 없습니다. 어떤 사람은 1년을 들어가도 낙찰

> **TIP**
>
> 경매는 보통 한 달에 한 번 정도 실시한다. 이번 달 1억원에 경매를 시작해서 입찰에 참여하는 사람이 아무도 없으면 다음 달에 20% 떨어진 8000만원에 재경매를 실시한다. 이때도 입찰자가 나서지 않으면 다시 20%가 떨어져 6400만원에 경매가 실시된다. 물건을 조사하는 입찰자는 처음 1억원에 시작할 때는 적지만 8000만원, 6400만원까지 떨어지면 많이 몰리기 마련이다. 그래서 시작가가 6400만원이라고 하더라도 매각금액이 8000만원을 넘기는 예가 많다. 그러므로 만약 8000만원대에 혼자 낙찰 받았다고 하더라도 크게 실망하지 말라.

이 되지 않습니다. 때를 기다리고 차분히 경매에 임해야 합니다. 또한 경매는 부지런하고 돈을 소중히 여기는 사람이 하는 것이지 단순히 돈 많은 사람이 하는 게 아닙니다."

그녀는 알듯 모를 듯한 이야기에 그저 고개만 끄덕였다.

"경매에서 낙찰을 받기란 아주 쉽지요. 입찰가를 많이 쓰면 1등이 됩니다. 내일 당장 1등할 수 있습니다. 입찰자가 50명이나 몰린 경매에서 1등을 했다고 해서 그것이 잘했다는 뜻은 결코 아닙니다. 무조건 높은 금액만 쓰면 되니까요. 반대로 떨어졌다고 해서 실망하거나 창피해 할 이유도 없습니다. 다음에 또 기회가 주어지니까요. 그러나 꼭 자기 것으로 만들고 싶은 물건이 나오면 약간 무리해서라도 입찰가를 올려야 되죠. 핵심은, 무조건 높은 금액을 써서는 안 되지만 정말 갖고 싶은 물건이 나왔을 때 주저하다가 놓치면 안 된다는 말입니다."

그녀는 경매의 중요한 원칙을 깨달은 후 새로운 마음으로 경매물건을 찾았다. 신문과 인터넷에는 경매에 관한 소식이 늘 올라왔다. 그녀는 그러한 물건들을 검색하면서 조건을 살핀 뒤 가상(假想) 입찰가를 적는 방식으로 낙찰가 요령을 배워나갔다(가상입찰 방법은 부록 '가상입찰'에 자세히 설명했다). 그러던 중 눈에 번쩍 띄는 빌라 하나를 발견했다. 집에서 멀지 않은 서울 노원구 월계동의 빌라로 등기평수는 49㎡(15평)로 조금 작지만 2009년 준공된 새집이라는 점이 마음에 들었다. 층수는 4층의 3층이었다.

위 치	서울 노원구 월계동	물건의 형태	빌라 3층, 49.5㎡(15평형)
건축년도	2009년	세입자	있음(선순위전세권자 8500만원)
감정가격	2억 500만원	최종낙찰가	1억 6880만원

   무엇보다도 외관의 디자인이 멋있었다. 일반 빌라와는 달리 독특한 유럽풍 디자인으로 3층에는 넓은 베란다까지 있어 더 마음에 들었다. 인터넷에 올라온 사진을 본 두 딸 역시 무척이나 좋아했다.

   "엄마, 이 집은 우리를 위해 만든 집 같아. 그러니 꼭 사야 해."

   감정가격은 2억 500만원이었으며 1회 유찰 후 1억 6400만원, 2회 역시 유찰되어 1억 3120만원이었다. 그러나 이 빌라는 등기부상 1순위가 선순위전세권자로 8500만원이 있었다. 그 세입자는 법원의 배당요구종기 이전에 배당요구를 한 상태였다. 선순위전세권자가 배당요구를 종기 안에 했다면 임차금 전액을 법원에서 배당 받는다. 그렇다면 명도가 필요 없는 상황이다. 낙찰만 받으면 세입자는 법원에서 임차금 전액을 돌려 받은 후 나가면 끝인 것이다.

   이제 남은 문제는 얼마를 쓰느냐다. 앞서 두 번의 경험을 떠올리면, 사람들이 선호하는 물건은 꼭 앞전 입찰금액을 넘기며 낙찰이 되었다. 이번에도 그렇게 될 확률이 높을까? 아니면 앞의 금액보다 떨어질까? 과연 얼마를 써야 낙찰을 받을 수 있을까?

   그녀는 1주일 내내 고민을 했다. 이 사람 저 사람에게 물으면 도움을 받을 수는 있겠으나 결국 결정은 자신이 내려야 했다. 경매 요령에 대해서는 조언을 들을 수 있으나 금액에 대해서는 자신의 판단이 가장 중요했다.

그녀는 당일 한편으로는 담담하고 한편으로는 떨리는 마음을 억누르며 1억 6880만원을 적었다. 경매에 참여한 세 번째 만에 '내 것으로 만들려면 좀 쓰라'는 말을 떠올려 1회차 유찰금액을 넘긴 금액을 적은 것이다.

"그때 얼마나 떨렸는지 말도 못해요. 그 집을 꼭 내집으로 만들고 싶었거든요. 그런데 묘하게도 왠지 될 것 같은 느낌이 들었어요."

사건번호가 불리자 8명이 일어섰다. 지금까지 가장 적은 숫자였지만 그녀는 8명도 많다는 생각이 들었다. 물론 단 두 명만 참여해도 떨어지는 경우가 있으니 어떤 의미에서 8명은 많은 숫자였다. 그녀는 '틀렸구나' 하는 생각이 스쳐지나갔다.

그러나 곧 그녀의 이름이 불렸다. 1등을 한 것이었다. 그녀는 순간 어리둥절해서 아무런 생각도 나지 않았다. 어떻게 입찰이 끝나고 어떻게 영수증을 받아 법원 밖으로 나왔는지 정신이 없을 지경이었다. 그러나 기쁘고 설레는 마음으로 영수증을 손에 꼭 쥐고 나왔다. 드디어 내집을 마련한 것이다. 단 세 번의 도전 끝에 꿈을 이룬 것이다.

"마치 과거시험에 장원급제한 기분이랄까. 사람들이 몰려들면서 명함을 주는데 무슨 스타 같은 기분이 들었어요. 여기저기서 대출해준다고 난리더군요."

낙찰 후 1주일이 지나자 대법원 홈페이지에 낙찰허가 결정이 실렸

다. 며칠 후 멘토인 낙자에게서 전화가 왔다.

"낙찰 받으신 것을 축하드립니다. 낙찰된 지 14일이 지났으니 이제부터는 낙찰자가 언제든지 낙찰잔대금을 납부할 수 있습니다. 혹시 소유자가 경매를 취하할 수도 있으니 법원에서 대금납입통지서가 올 때까지(낙찰 후 30일 정도) 기다리지 말고 가능하면 빨리 대금을 납부하도록 하세요."

그녀는 낙찰 당시 모아놓은 대출 명함을 통해 상담을 받았다. 대부분의 대출은행은 법원 감정가격의 60% 또는 낙찰가격의 80% 중에서 낮은 금액을 선택해 대출을 해주는 조건이었다. 이율은 연 5-6%대였다. 낙찰이 1억 6880만원이기에 대출은 1억 200만원까지 가능했으나 그 돈을 전부 대출 받을 필요는 없었다. 무리한 대출로 아까운 이자를 납입할 이유가 없었기 때문이었다.

처음의 자금계획에 따라 큰형님에게서 1억원을 빌리고 은행에서 5000만원을 빌리니 가지고 있는 돈만으로도 오히려 돈이 남았다. 큰형님에게는 전세계약서를 담보로 맡기고 전세가 나가면 그 돈을 갚는다는 각서를 써주었다. 비록 형제간이지만 금전거래는 깨끗하고 철저해야 했기 때문이었다.

낙찰 후 가족과 함께 세입자가 살고 있는 집을 방문해 집 상태를 살폈다. 거의 새집이어서 내부는 깨끗하고 멋졌다. 주방도 일체형이었고 인터넷에서 본 것처럼 베란다(33㎡, 10평)가 넓어 마음에 들었다. 세입자는 신혼부부였다.

"전세보증금만 법원에서 받으면 곧 이사 갈 계획이에요."

새집으로 들어가는 데 아무런 걸림돌이 없었다. 잔금은 대출을 알선한 은행에서 처리하고, 나머지 일은 법무사에게 일임해 일사천리로 해결했다. 일주일 후, 꿈에 그리던 소유권이전등기부등본이 도착했다. 그리고 한 달 후 법원에서 배당기일이 잡혔다는 통보가 왔다. 그 날짜에 법원으로 가니 완전하게 내집으로 만드는 절차만 남아 있었다. 법원에서 세입자가 배당을 받은 것이다. 그리고 며칠 후 세입자는 이사를 갔고 집의 열쇠는 오민자씨의 손에 쥐어졌다.

"열쇠를 건네받고 집에 들어섰던 순간은 지금도 잊을 수 없어요. 정말 꿈만 같았지요. 영원히 내집은 갖지 못할 거라 한탄하며 살았는데 이렇게 기쁜 날이 올 줄은 몰랐어요. 가족 모두 고생한 보람이지요. 이제는 더 열심히 일해서 빨리 원금을 갚을 거예요. 그래야 진정하고 완전한 내집이 되니까요."

> **TIP**
>
> 배당요구종기 이후에 법원에 배당신청을 한 임차인은 한 푼도 배당 받을 수 없으며, 낙찰 후 세입자가 법원에서 배당 받을 금액이 있을 때는 낙찰자의 '명도확인서와 인감증명서'를 법원에 제출해야 돈을 받을 수 있다. 그러므로 낙찰자는 이때 세입자와 언제 어떻게 이사갈 것인가 확인서를 서로 작성해 주고받는 것이 안전하다. 배당요구종기는 법원 경매계에 문의하거나 인터넷 대법원 경매 사이트에 공고되어 있다.

7전8기 부동산경매

이번 이야기는 경매 지식을 가장 잘 이해할 수 있는 이야기이며, 기본에 충실한 경매낙찰 사례이다. 경매의 시작과 끝을 보여주는 교과서적인 사례라 할 수 있다.

2008년 서울 목동의 A학원 강사 김 선생은 늘 고민이 있었다. 학원 강사가 된 지 5년이 지났건만 수중에 모아둔 돈이 그리 많지 않기 때문이었다. 펀드에도 투자하고 주식도 해봤지만 별 재미를 보지 못했다. 무엇보다 학원강사로서 불투명한 미래가 가장 힘들었다. 남들처럼 재테크를 하긴 해야겠는데 주식으로 손해 본 경험이 있어 겁이 났던 것이다.

그러다가 '안 되면 농사라도 짓자'는 심정으로 부동산에 투자하기로 결정했다. 그가 평소에 관심을 가졌던 분야는 경매투자였다. 명색이 선생님인 그는 뭐든지 개념부터 공부해야 한다는 신념으로 경매 또한 열심히 공부를 했다. 경매 책을 몇 번이나 읽고 실습차 법원에 다니면서 나름대로 '필'을 받아 경매의 매력에 빠져들었다. 그러던 중 신문에서 우연히 임대사업에 대한 기사를 읽고 임대사업이 안정적인 수익을 올릴 수 있을 것이라고 판단했다.

그는 가격이 저렴한 빌라 5개를 구입해 임대사업을 시작하겠다는 야심찬 계획을 세웠다. 하지만 경매로 돈을 벌겠다는 계획은 명확하게 세웠으나 실전 경험은 전혀 없었다. 종잣돈도 8000만원이 전부였다. 이 돈으로 빌라 5채를 구입하기란 거의 불가능했다. 서울에서는 꿈도 꾸기 어려웠다. 결국 인천을 투자 대상지로 삼았다.

"전세나 월세를 놓고 시간이 흐르면 부동산 가치도 상승할 것이라고 생각했어요. 레버리지효과(지렛대 원리)를 기대할 수 있다는 마음에 대출을 통해 방법을 모색했죠."

그가 경매를 하면서 가장 먼저 시작한 것은 정보를 얻는 일이었다. 모든 부동산투자가 그렇지만 가장 중요한 것은 바로 정보 습득이다. 인터넷과 신문 매체마다 다양한 경매정보기업들이 소개되고 있지만 문제는 정보이용료를 내야 한다는 점이다. 그는 정보의 충실성과 다양함을 고려해 대법원 경매 사이트가 아닌 민간 경매정보 사이트를 활용키로 했다. 가장 저렴한 사이트를 3개월 이용하는 선에서 경매 도전기는 시작됐다.

여기에 한마디 덧붙이고 싶은 것은 민간기업의 정보 못지않게 대법원 경매 사이트도 정리가 잘돼 있다는 점이다. 경매 대중화를 위해 대법원은 최대한 신속하게 온라인에서 다양한 경매정보를 제공한다. 당연히 민간 기업들은 대법원의 자료를 참고로 한다. 따라서 돈 안들이고 좋은 정보를 얻기를 바란다면 대법원 경매 사이트(www.courtauction.go.kr)를 이용하는 것이 좋다.

그가 선택한 물건은 인천 중구 율목동 3층에 위치한 빌라였다. 실평수는 23.1㎡(7평)로 원룸이었으며 감정가는 2500만원, 경매 시작가는 1750만원이었다. 서울은 1회 유찰되면 매각가격이 20%씩 떨어지지만 인천은 30%씩 내려간다. 그 점이 인천지법 산하 경매물건의 매력으로 2회 이상부터는 사실상 반값 주택이 되는 셈이다.

위치	인천 중구 율목동	물건의 형태	원룸 빌라 3층, 23.1㎡(7평)
감정가	2500만원	경매 시작가	1750만원
최종낙찰가	2400만원		

그러나 처음 경매에 도전하는 그가 얼마나 제대로 일을 처리했겠는가. 과유불급이라는 말처럼 첫 경매를 앞두고 그는 지나치게 많은 조사를 했다. 문제는 입찰가를 얼마나 써내야 하는가였다. 초보자들은 경매 입찰가에 대한 기준이 명확하게 서 있지 않다. 그러므로 아무리

좋은 물건이라 해도 낙찰가를 정하는 문제에 부딪친다. 그 역시 마찬가지여서 2-3일 고민하다가 경매시작가에서 200만원을 더 올려 쓰기로 결정하고 1950만원으로 입찰에 응했다.

이 물건에는 입찰자가 무려 16명이나 몰리면서 2400만원을 써낸 사람이 낙찰의 영광을 안았다. 첫 도전치고는 왠지 허무함이 드는 것은 왜일까. 그가 보기에 2400만원은 지나치게 높은 금액이었다. 아무리 따져봐도 그 집이 2400만원의 값어치를 할 것으로 보이지는 않았다.

"웬 정신 나간 사람이 무식하게 값을 올려 썼군."

그는 그렇게 푸념을 하면서 스스로를 위로했으나 그 이후의 경매에서도 모두 실패를 맛보았다. 정말 희한하게 인천에서만 6번 도전해 모두 실패했다.

"여섯 번이나 떨어지니 나중에는 오기가 생기더라구요. 물러설 수 없어서 또 한 번 도전했죠."

그러나 그는 7번째 도전에서도 쓴 잔을 마셨다.

"일곱 번이나 떨어졌지만 배운 게 있었죠. 낙찰이 되기 위해서는 시작가격에서 무조건 조금 올려 써서는 결코 되지 않는다는 사실이었어요. 입찰금액이 3-4억원이면 조금 올려 입찰해도 낙찰될 수 있는 확률이 있지만 1억원 미만의 소액 부동산경매는 결코 최저입찰가격에서 조금 더 써서는 낙찰 받을 확률이 떨어져요."

그의 말처럼 임대사업용 주택은 가격이 아파트에 비해 상대적으로 싸다. 특히 인천은 더욱 그렇다. 따라서 입찰금액을 높여 쓰지 않으면

여간해서는 낙찰 받기 힘들다. 그는 그 속성에 부딪친 것이다. 그 후 방향을 바꾸어 임대수익이 아닌 장기투자 가치를 보는 쪽으로 투자 목적을 바꿨다.

지도를 펼쳐놓고 살펴보니 서울 노원구 상계동과 의정부가 고개 하나를 사이에 두고 마주보고 있다는 사실을 알게 되었다. 서울의 접경지역이었던 것이다. 서울과 경기도의 접경지역은 서울의 끝에 있다는 이유로 늘 홀대를 받는다. 그러나 반대로 경기도에서 보면 서울에서 갈 때 가장 먼저 만나는 지역이기도 하다. 이러한 지역에 투자할 때 중요한 점은 접경 지역 뒤에 있는 경기도 권역이 개발되느냐이다. 만약 그렇게 된다면 땅값 상승효과가 나타난다. 그런 측면에서 바라보면 경기도 하남시는 서울 강동구의 끝부분에 위치해 있는 셈이다.

이런 관점에서 그는 투자처를 의정부에서 서울과 가장 가까운 지역으로 정했다. 주변 지역을 조사하고 내린 결론은, 입찰가격을 최저입찰가의 1/3 이상으로 올려 써도 크게 문제가 될 게 없다는 것이었다. 예컨대 최저가격이 1억원에서 시작하면 입찰가격은 1억 3000만원을 쓴다는 것이다.

이런 생각으로 선택한 물건은 의정부 신곡동의 아파트였다. 실평수는 49.5㎡(15평), 분양평수는 72.7㎡(22평형). 법원에서 정한 최초 감정가격이 1억 6000만원이었는데 1회 유찰되어 1억 2800만원에서 시작됐다. 세입자는 6000만원에 전세를 살고 있었으며 전입일자와 확정일자가 최초근저당권보다 앞서 있었다. 법원의 배당요구도 배당요구종기일보다 앞섰기 때문에 법원에서 세입자의 전세보증금 전액을 배당해주는 물건이었다. 부동산경매로는 A급이었다. 이런 물건은 낙찰 받으면 세입자가 전세보증금 전액을 법원에서 배당 받기 때문에 낙찰자와 다툴 이유가 하나도 없다.

위치	경기도 의정부 신곡동	물건의 형태	아파트, 72.7㎡(22평형)
시세(감정가격)	1억 8000만원 내외	최종낙찰가	1억 3200만원
3년 후 시세	2억 3000만원		

그는 입찰 당일 부인과 함께 법원에 가기 전 아파트를 둘러보기로 했다. 법원의 경매시작은 보통 10시이지만 입찰봉투 마감시간이 11시이기에 그 전까지만 가면 된다. 의정부지법에 전화로 물어보니 경매시작은 10시 30분이고, 경매가 끝나는 마감시간은 11시 30분이었다. 자동차로 인근 부동산에 들러 시세를 알아보니 1억 8000만원 내외였다. 문제는 이제 입찰금액이었다. 과감하게 써야 한다는 것은 지난 7번의 실패에서 배운 경험이다.

그러나 이 아파트는 4동에 불과하며 인근의 대단지 아파트에 끼어 있는 형상이었고, 1995년에 준공된 것으로 14년이나 되어 낡은 이미지를 풍겼다. 더구나 경매일이 크리스마스를 이틀 앞둔 시점이어서 입찰자도 많지 않았다. 이런 점들을 감안해 1억 3200만원으로 입찰했다. 2명이 참여해 그가 낙찰이 되었다. 무려 8번의 도전 끝에 성공한 것이다.

경매법원 앞에 가면 대출을 알선하는 사람들을 많이 만난다. 그들이 주는 명함을 모두 받아 꼼꼼히 검토한 후 가장 마음에 드는 곳을 골라 대출을 신청하면 된다. 그는 여러 가지를 고민한 끝에 신용협동조합에서 연 8%대로 5000만원을 대출 받았다. 세입자는 법원에서 임차금 전액을 받는다는 사실을 알고 있기에 아무런 문제가 없었으나 갑자기 이사비용을 요구했다.

김씨는 다소 당황스러웠다. 예정에 없던 돈을 지출하기가 빠듯했기 때문이다. 그러나 세입자가 이사비용으로 고집을 부리면 절차가 복잡해지고 입주 기일이 늦어질 수 있기 때문에 고민이 됐다. 관리사무소에 알아보니 세입자가 아파트 관리비를 5개월 정도 미납한 상태여서 50만원으로 마무리할 수 있었다.

세입자는 한 달이 지난 후 법원에서 배당을 받으러 오라는 통보를 받았다. 이때는 낙찰자의 명도확인서, 인감증명서, 임대차계약서 원본, 주민등록초본이 필요하다. 며칠 후 세입자는 법원에서 배당을 받았고 곧 이사를 갔다. 이제 아파트는 완벽하게 김씨의 소유가 되었다.

경매의 90%와 10%

이 사례를 읽은 독자는 의아한 생각이 들 것이다. 그다지 특이하지도 않고 별다른 노하우도 없어 보이기 때문이다. 그러나 경매 전문가의 시각에서 보자면 가장 평범하면서도 가장 성공적인 경매 사례라고 평가한다.

경매의 90%는 이와 동일한 과정을 거쳐 이루어진다. 그래서 이 사례가 가장 대표적인 이야기라고 하는 것이다. 지극히 단순한 물건이 경매의 90%를 차지하기 때문에 누구나 참여해 수익을 거둘 수 있다.

그렇다면 경매물건의 10%에 해당하는 위험물건은 무엇일까? 그것은 최초근저당권보다 앞서 전입신고를 한 임차인이다. 이 임차인 보호조항은 부동산에 전입신고를 하고 거주를 시작할 때는 등기부에 근저당권이 없는 깨끗한 상태이기에 이 임차금을 임대차보호법에 의해 보호해준다는 취지에서 마련됐다. 그러기에 낙찰자는 임차보증금을 집주인을 대신해 모두 물어주어야 한다.

하지만 대부분의 부동산경매는 은행 등 대출이 발생한 이후에 세입자가 전입신고를 한다. 대출 전에 주민등록전입신고를 한 세입자가 있는 경우는 극히 드물다. 이때는 은행에서도 대출을 해주지 않거나 특수관계, 즉 소유자의 부모, 형제 등이 있을 때는 '무상거주확인서' 등을 작성한 후 대출이 실행된다. 그렇다고 너무 안심하지 말자. 은행에서 근저당권을 설정한 것이 아닌 일반 개인들이 돈을 빌려주고(사채) 근저당권을 실행한 부동산은 권리분석 시 은행처럼 치밀하게 임대차 조사를 하지 않을 수도 있기에 더욱 조심성을 요한다.

김씨는 현재 이 집을 어떻게 하고 있는지 궁금할 것이다. 3년이 지난 지금 이 집은 2억 3000만원을 호가한다. 그는 낙찰 받은 뒤 곧바로 세를 놓았고, 자신은 서울 화양동에서 전세로 산다. 지금 그는 이 집의

매매를 심각하게 고려하고 있다. 지금 집을 판다면 1가구 1주택인데다 3년 이상 보유했기 때문에 비과세혜택을 받는다.

현행 세법에 따르면 투기지역으로 지정된 곳은 1가구 1주택자라 해도 3년 보유 2년 거주를 해야 비과세혜택을 받는다(일반적으로 투기 지역은 서울, 5대 신도시, 과천 등지이다. 이와 관련해서는 해당 부동산이나 인터넷을 통해 정보를 얻을 수 있다). 그러나 투기지역에 해당하지 않으면 거주 여부에 상관없이 3년 이상만 보유하면 비과세혜택을 받는다.

사람의 정을 잊지 말라

    가장 정확하고 냉정해야 하는 부동산투자에 '정'은 어울리지 않는 단어이다. 그러나 이 사례를 다 읽고 나면 부동산시장에서 정이라는 것이 얼마나 중요한지 느끼게 될 것이다.

    대치동에서 부동산 중개업을 하는 김 여사를 만난 곳은 경매투자 강연회에서였다. 김 여사가 부동산경매에 관심을 가진 것은 고등학교 동창모임을 다녀온 뒤부터였다. 오랜만에 동창들과 수다를 떨던 그녀는 한 친구의 투자 성공기를 듣고 자극을 받았다.

    "학창시절에는 그다지 적극적이지 않았던 친구였어요. 대학도 그렇고, 직장생활도 그리 오래 하지 않았어요. 그래서 친구들과도 연락이 끊겼지요. 마지막으로 얼굴 본 게 5년 전이었거든요. 그런데 애가 완

전히 달라져 있더라구요. 일단 행색부터가 달라졌어요. 궁금해서 물었더니 경매로 돈을 벌었다고 하더군요."

친구의 성공담을 들은 김 여사는 '일단 칼을 뽑고 보자'는 약간 무모한 마음으로 경매에 뛰어 들었고 우선 학원부터 등록했다. 주변 사람들과 잘 어울리는 성격 덕분에 학원에서도 금세 분위기를 주도해나갔다. 부동산은 네트워크라고 확신하는 그녀는 얼마나 많은 사람을 알고 있느냐가 투자 성공의 지름길이라고 확고하게 믿었다.

"아무래도 큰돈 들어가는 것보다는 자금이 적게 드는 물건부터 시작하는 게 좋을 거라고 생각했어요. 강북 쪽이 괜찮겠다 싶었죠. 마침 시댁도 그쪽이었고요. 빌라는 좀 싸더라구요. 그래서 남편 몰래 모아둔 돈으로 시험 삼아 도전했죠."

경매정보부터 파악하는 게 중요하다는 생각이 들어 그녀는 경매정보 사이트에 들어가 물건을 검색했다. 2~3일이 지났을까. 눈에 확 들어오는 물건이 있었다. 강북구 미아동 미아삼거리 인근에 위치한 반지하 빌라였다. 실평수 59.5㎡ (18평), 분양평수 79.3㎡(24평형)로 세입자 없이 전 소유자만 사는 상태였다. 이러한 물건은 낙찰 후 명도에 큰 어려움이 없다는 게 장점이다. 소유자가 결국 채무자이기 때문이다. 이 경우에는 자기 집을 담보로 돈을 대출 받아 썼기 때문에 집이 경매로 처분된다 해도 큰 문제가 없다. 그래서 명도를 할 때 만약 대상자가 소유자이면 크게 부담을 갖지 않아도 된다.

　이 집의 감정가는 9000만원이었으며 2회 유찰돼 5700만원에 경매가 시작됐다. 부동산 중개업소에 물으니 이 지역의 전셋가는 대략 7000만원 정도였다. 일단 이 정도면 50%는 성공한 셈이다. 왜냐하면 상황에 따라 낙찰 받고 전세를 놓는다면 돈 한 푼 들이지 않고 집이 생길 수도 있기 때문이다. 그녀가 이 집에 욕심을 가진 것도 바로 그 이유 때문이었다.

위치	서울 강북구 미아동	물건의 형태	반지하 빌라, 79.3㎡(24평형)
전세시세	7000만원	최종낙찰가	6800만원
최종매매가	2억 5000만원		

　이제 그녀가 고민할 문제는 입찰가격이다. 전세가격이 7000만원이기 때문에 그 정도 선에서 입찰하면 부담이 없을 것이라 생각했다. 하지만 당일 현장 분위기를 봐가며 가격을 결정하기로 마음을 먹었다.

　모든 부동산경매가 소유자만 거주한다면 권리분석은 그렇게 어렵지 않다. 경매에 들어가기 전 법원이 제공하는 물건명세서에 '소유자 거주'라는 기록이 있으면 소유자 외에는 아무도 없기에 등기부등본 상 특수한 권리권계만 있지 않으면 권리분석은 그걸로 끝이다. 만약 은행에서 이 집을 담보로 돈을 빌려줄 때 복잡한 특수권리관계가 등기부등본에 있다면 과연 대출을 해줬겠는가.

　이 부동산의 등기부에는 은행에서 저당 설정한 것과 카드회사의 카

드비용이 가압류로 되어 있는 것 외에는 특별한 게 없었다. 일단 그녀는 자신이 가진 돈과 은행에서 연 4%로 대출 받은 3000만원을 합해 경매에 참여했다.

"당일 현장에 가보니 사람들도 별로 없었고, 그래서 7000만원을 쓰려고 했던 마음을 바꿔 6800만원으로 썼어요."

결과는 그녀의 낙찰 성공이었다. 처음 도전이 성공으로 이어진 덕분에 그녀는 들뜨지 않을 수 없었다. 무엇보다 그녀를 기쁘게 한 것은 자신이 권리분석부터 금액 결정까지를 남의 도움 없이 해냈다는 점이었다. 가장 중요한 두 가지를 남에게 의존해서 하는 것과 스스로 하는 것은 굉장한 차이가 있다. 그녀가 첫 경매 도전을 성공적으로 평가하는 것도 당연한 일이다.

그녀는 경매 부동산에 큰 문제가 없었기에 잔금을 치를 때까지 낙찰받은 집을 방문하지 않았다. 잔금을 다 치르고 소유권을 이전받아 처음으로 자신의 집을 방문했을 때, 그녀는 암담한 분위기를 직감했다.

"다섯 살로 보이는 남자아이와 일곱 살 정도 된 여자아이만 있더라구요."

"엄마, 아빠 어디 가셨니?" 하고 물었지만 아이들은 고개만 저었다. 어쩔 수 없이 전화번호만 남겨놓고 집으로 돌아왔다. 오는 내내 '분위기가 묘하다'는 생각이 들었다. 그런데 진짜 사건은 그 다음날부터 시작되었다. 아침 일찍 그 집의 여자에게서 전화가 왔다.

"이 집을 나가면 갈 데가 없어요. 진짜로 길거리로 나앉게 돼요."

하지만 그 말을 무조건 믿을 수도 없었고, 자신이 낙찰 받은 집을 타인이 살도록 놔둘 수도 없었다. 처음에는 부드러운 말로 설득했으나 저편에서 막무가내로 나오자 결국 감정이 폭발했다.

"완전히 배짱을 부리는 것이었어요. 자기네는 못 나가겠으니 맘대로 하라고 하더군요."

그녀는 오래 고민하고 여러 사람과 상의를 한 끝에 인도명령신청을 결정했다. 결정문만 나오면 법원이 정한 집행관 사무실로 가 강제집행을 신청하면 문제는 바로 해결된다. 쓸데없는 감정 소비와 스트레스를 줄일 수 있는 최선의 방법이다. 그녀는 인도명령신청서를 직접 작성하기 위해 대법원 사이트가 제공하는 견본을 참고했다. 견본을 따라 서류를 작성한 뒤 법원 민사신청과에 제출했다.

20일 정도 지났을까. 집으로 인도명령결정문이 도착하고 그녀는 그것을 들고 담당 경매계를 찾아가 송달 및 확정 증명서를 발급받았다. 그 후 집행관 사무실에 집행비용과 함께 서류를 제출했다. 다시 10일 후, "아침 9시에 집행 현장에서 만나자"는 집행관의 전화를 받았다.

당일 아침 9시에 현장에 도착했는데 10월 초라 날씨가 조금 쌀쌀했다. 집행관과 함께 집안으로 들어간 그녀는 눈앞에 펼쳐진 풍경에 놀라지 않을 수 없었다.

어린아이 둘과 80세의 할머니, 40대의 여자가 아침식사를 하는 중이었다. 낡고 작은 식탁 위에 김치 한 접시가 달랑 놓여 있었다. 그것이 전부였다. 갑자기 들이닥친 사람들로 인해 식사는 중단되고 아이들

은 건장한 남자들을 보자 서로 부둥켜안고 울음을 터트렸다. 나중에는 할머니와 여자까지 부여안고 울어대 그야말로 눈물바다가 되었다.

그럼에도 집행관은 집행문을 꺼내 읽어야 했다. 아이들의 울음 속에서 들리는 집행관의 목소리가 오히려 처량할 정도였다. 읽기를 마친 그는 자신의 잘못이 아닌데도 미안한 표정을 짓고는 슬그머니 밖으로 나가버렸다.

그러나 법은 법이었다. 집행 인부들은 주춤주춤 장갑을 끼고 물건을 꺼낼 준비를 했다. 그러나 아무도 물건을 들어내려 하지 않고 이리저리 돌아다니며 밖에서 담배만 피우며 눈치를 살폈다. 그렇게 한 시간 정도 흐르자 마음을 추스른 여자가 김 여사의 바지를 붙잡고 통사정을 시작했다.

"잠시 짐만 맡아주세요. 우리는 지금 당장 갈 곳이 없어요. 며칠 찜질방에 가서 생활할 테니까, 제발 짐만은 잠깐만 더 보관해주세요."

그 부탁을 차마 거절할 수 없었다. 더구나 아이를 키우는 어머니의 입장에서 아이들을 길로 내쫓을 수는 없었다.

"애들 우는 모습을 보니 '이게 참 사람이 할 짓이 못 되는구나' 하는 생각이 들었어요. 아무리 돈이 중요하지만 이건 아니다 싶었죠. 남의 가슴에 이렇게 대못을 박아서는 안 된다고 생각했어요."

그러나 우리는 냉정하게 행동해야 한다. 자신이 자선사업가가 아닌 이상 그 사람들에게 그 집을 거저 줄 수는 없다. 최선의 방법이 무엇인지 논의하고 상대의 입장을 최대한 배려하는 것으로 책임은 완료된다.

다만 매정한 샤일록(《베니스의 상인》에 등장하는 비정한 유대 상인)만 되지 않으면 된다.

"얼마나 시간을 더 주면 될까요?"

"딱 2개월만 주세요. 그때는 깨끗하게 방을 비워 드릴게요."

며칠 후 김 여사는 이웃을 통해 그 집의 사연을 들었다. 남편의 사업이 망하자 집이 경매로 넘어갔고, 가출한 이후 소식이 끊긴 상태였다. 부인은 자신의 능력으로 해결할 방법이 없어 발만 동동 구르다가 그냥 그렇게 무서운 현실과 마주친 것이다. 지금 작은 공장에 다니면서 돈을 벌고 있지만 당장 거금을 마련할 수는 없었다. 김 여사는 그 집의 딱한 사정이 머릿속에서 떠나지 않았다. 법대로라면 매정하게 그들을 내보내야 했지만 차마 그럴 수 없었다.

"사람 인생 누가 알겠어요? 인간지사 새옹지마라는 말이 틀린 말이 아니잖아요."

김 여사는 직접 나서 부동산을 알아봤고 인근에 적당한 집이 나온 것을 찾아냈다. 보증금 500만원에 23만원 월세였다. 그녀는 보증금 전액을 대주고 그들을 이사시켰다.

"우리는 한 하늘 아래에서 살잖아요. 나만 잘살자고 아득바득해보았자 떼돈을 버는 것도 아니고요."

그녀의 배려 덕분이었을까. 얼마 후 남편은 돌아왔고 지금 두 부부는 열심히 돈을 번다. 아이들도 건강하게 무럭무럭 자라고 있으며, 할머니는 종종 김치를 담아서 김 여사에게 가져다준다.

"김치가 얼마나 맛있는지 말을 못해요. 다행히 애들이 공부를 잘한대요. 훗날 의사가 된다고 하니까 그 덕 좀 볼지 누가 아나요. 이런 투자가 어디 있겠어요."

그녀는 그 이후로 경매를 딱 끊었다. 첫 경매에 성공해 무척이나 기뻤으나 그런 모습(사실 이런 경우는 매우 드물다)을 보니 경매라는 것이 꼭 좋은 것만은 아니라는 생각에서였다.

그렇다면 6800만원에 구입한 그녀의 집은 지금 얼마일까? 운이 좋게도 그녀가 낙찰 받은 뒤 인근이 뉴타운으로 지정되면서 2억 5000만원으로 상승했다. 돈도 벌고 이웃도 얻고 삶의 진리도 깨달은 그녀야말로 진정한 투자의 고수라 할 만하다.

인정사정 볼 것 없이? ★ 경매에서 세입자 없이 소유자만 있으면 권리분석에는 큰 문제가 없다. 다만 명도를 얼마나 빠르고 정확하게, 큰 문제없이 해결하느냐가 중요하다. 그래서 경매에 참여할 때 명도 기간에 따른 기회비용 손실액까지 포함시켜 투자를 결정해야 한다. 또한 입찰에 앞서 해당 부동산을 반드시 방문해 시세를 알아보고 현재 사는 사람들의 상황도 파악해야 한다. 이 사례를 소개한 이유는 경매에도 '정'이 필요하다는 생각에서다. 빠른 명도를 위해 인정사정 볼 것 없이 일을 처리하기보다는 상황을 봐가며 진행하는 것이 결과적으로 더 나을 수도 있기 때문이다. 물론 정답은 없다. 선택은 본인의 몫이다. 그러나 김 여사처럼 채무자에 대한 배려로 모든 사람들이 행복해지는 결말을 얻을 수도 있다. 김 여사가 지출한 금액은 월세보증금 500만원이었다. 그러나 집행비용 2-300만원을 감안한다면 조금 더 투자하고 멋진 마무리를 지었다고 할 수 있다.

서울이 어려우면 지방으로 가라

나는 당연히 부동산, 경매, 인테리어, 건축업에 종사하는 전문가들을 자주 만난다. 소개로 만나기도 하고 인터넷이나 신문기고 등을 보고 찾아와 만나기도 한다. 인테리어를 하는 임형준씨는 좀 특별하게 만난 경우이다. 사무실 수리를 위해 방문한 그는 내 책꽂이에 꽂힌 경매 관련 책들을 보고는 조심스럽게 물었다.

"경매에 관심이 많으신가 봐요."

"아, 네. 그냥 조금요. 대단한 수준은 아니고요. 그런데 그건 왜 물으시죠?"

"저도 경매에 관심이 많아서요. 학원도 다니고 물건 몇 개도 낙찰 받아봤죠. 대단한 것은 아니었고 그냥 운이 좋았어요."

하려던 인테리어 견적은 한쪽으로 밀어놓고 나와 그는 마주 앉아 경매를 주제로 이야기를 나눴다. 그가 경매에 관심을 가진 발단은 순전히 인테리어 때문이었다.

"흑석동에 있는 집 한 채를 수리한 적이 있었어요. 저는 집수리를 하면서 주인과 이런저런 이야기를 자주 나누는 편이에요. 어느 날 제가 무심히 집주인에게 '이 집은 어떻게 마련했느냐'고 물었죠. 당시 시세로 5-6억원 정도 되는 집이었는데 집주인 나이가 30대 중반이었거든요. 그래서 '젊은 사람이 어떻게 이렇게 비싼 집을 샀을까' 굉장히 궁금했어요. 근데 경매로 샀다는 거예요. 저도 예전부터 신문이나 잡지에서 부동산경매라는 단어를 종종 봤지만 실제로 경매를 통해 집을 산 사람을 만나기는 그 사람이 처음이었죠. 그러나 그냥 이야기만 나누고 헤어졌어요. 그런데 1년 쯤 지났나? 그 사람이 인테리어할 곳이 있다면서 다시 전화를 한 거예요. 그 후 그와 친해져서 어깨 너머로 경매에 대해 조금 배웠죠."

이후 그는 본격적으로 경매 공부를 시작했다. 그가 경매에 뛰어든 이유는 낙찰을 받은 후 그 집을 자신이 수리하면 일석이조의 효과를 얻을 수 있었기 때문이었다. 그는 경매가 자신의 직업과 잘 어울린다고 생각했다. 내가 봐도 탁월한 선택이었다.

그의 고향은 강원도 원주다. 지금은 서울에서 살고 있지만 언젠가는 고향으로 내려가 살아야겠다는 꿈을 안고 있다. 그 꿈을 이루기 위해 2009년 7월부터 경매에 도전장을 내밀었다. 하지만 누구에게나 그렇듯 현실의 벽은 높기만 했다. 초보자에게는 더욱 그렇다. 그는 열심히 경매강좌를 들었으나 자신이 얻고자 하는 분야에서는 별다른 소득이 없었다. 경매강좌는 어떻게 난제를 풀어나가는지에 대해서는 가르치지만 가격을 어떻게 써야 하는지는 가르치지 않는다. 철저히 입찰자의 몫이다. 당일 입찰장 분위기와 사람들의 참여 숫자 등을 고려해 가격을 책정하는 것이 원칙이지만 이는 어디까지나 이론이다. 다양한 경험이 절대적으로 필요하다.

아니나 다를까 그는 내리 일곱 번을 떨어졌다. 탈락 횟수가 늘어날수록 그가 느낀 것은 이론과 현실은 다르다는 점이다. 그러던 중 경매정보 사이트에서 파주에 있는 A아파트를 발견했다. 그가 부동산경매 정보를 얻는 방법은 사설 경매정보 사이트이다. 학원에 다닐 때 알고 지낸 동료들과 돈을 절약하기 위해 공동으로 등록하여 검색하는 방식이었다.

교하, 운정 신도시가 들어선 파주는 향후 발전가능성이 높은 지역이다. 평소 자유로를 타고 가족들과 헤이리 등지를 여행한 그는 파주에 사는 것도 괜찮겠다는 생각을 가졌다. 그가 도전한 아파트는 142㎡(34평형)로 감정가는 2억 9800만원이었다. 2회차에 뛰어들어 1억 9000만원에 시작하는 물건을 2억 2500만원에 낙찰을 받았다. 총 입찰자는 5명이었고 2등과는 400만원 차이가 났다.

"여덟 번 만에 낙찰을 받았으니 얼마나 좋았겠어요. 친척, 친구들에게 전화를 걸어 자랑하고 난리였죠. 사전에 아파트 시세를 조사하다가 만난 부동산 중개업자의 말이 큰 도움이 됐어요. 경매로 낙찰만 받아오면 2억 6000만원에 팔아주겠다고 했거든요. 그래서 모험을 했는데 그게 적중했죠."

그가 낙찰 받은 아파트는 세입자 부분에도 별다른 어려움이 없었다. 세입자의 전입일자와 확정일자가 모두 최초 근저당권보다 앞서 있었으며, 배당요구도 법원이 정한 배당요구종기보다 앞서 있어 전세보증금 7500만원은 법원에서 배당을 해주기 때문에 명도에도 어려움이 없었다. 게다가 2006년에 준공된 것이어서 별도의 수리도 필요 없었다. 그는 법원 주변에서 나눠준 대출광고 전단지를 보고 B은행에 상담을 했다. 그가 받을 수 있는 경락잔금은 70%였으며, 자신이 준비해야 할 돈은 7000만원 정도였다.

"낙찰 후 잔금 납부까지 전혀 문제가 없었어요. 그런데 그때 갑자기 정부가 부동산규제 대책을 발표했지 뭡니까. 매수세가 뚝 떨어졌지요. 팔아주겠노라고 큰소리쳤던 중개업자도 난색을 표하니, 참 답답할 따름이었죠. 그래서 제가 먼저 중개소를 찾아가 '이 집을 팔아주면 중개수수료로 500만원을 더 얹어주겠다'는 각서까지 썼습니다. 혹시나 하는 마음에 서너 군데의 중개소와 약속을 했지요. 제 인감증명서까지 첨부해 각서를 돌리니 중개소에서는 놀라는 눈치더군요. 그렇게 애를 써서 2억 6000만원에 팔았습니다. 이자와 기타 비용 등을 감안하니 손해는 아니었지만 그렇다고 실익도 없었어요. 가끔 인터넷에 들어가 아파트 시세를 확인하는데 지금은 10%가 더 빠졌어요. 그때 팔길 정말 잘했지요."

위치	경기도 파주	물건의 형태	아파트, 142㎡(34평형)
시세(감정가격)	2억 6000만원	최종낙찰가	2억 2500만원
최종매매가	2억 6000만원		

적게 벌더라도 빠른 자금 회전을 위한 지방 소형 평수 공략하기

그의 첫 번째 경매를 실패라고 해서는 안 된다. 일단 아무런 손해 없이 좋은 공부를 한 셈이다. 두 번째 도전은 본업인 인테리어를 접고 전문적으로 시작했다. 매매사업자등록을 관할세무서에 제출하고 서울과

> **대출은 어느 정도가 적당할까?** ★ 위의 사례는 올바른 입찰 방법이 아니다. 자기자본을 많이 부담하지 않고 금융권에서 무리하게 대출 받아 입찰에 나서는 것은 그다지 좋은 모습이 아니다. 일부 사람들은 경락잔금 대출을 너무 쉽게 생각하는 경향이 있다. 1억원짜리 부동산을 사면서 8000만원을 대출 받으려 한다. 심지어 9000만원을 대출 받으려는 사람도 있다. 물론 이자를 감당하면서 부동산의 상승을 기다리는 것도 좋지만 특별한 변수가 튀어나오면 곤경에 처하게 된다. 부동산이 보합세 및 하향곡선을 그릴 때는 이자를 감당하지 못해 다시 경매로 내몰리는 물건들을 쉽게 볼 수 있다. 또한 정부의 부동산정책에 따라 은행대출 부분은 변동성이 크다. 더불어 부동산에 과도한 저당권이 설정되면 전·월세 역시 나가기가 수월하지 않다. 최소한 매수가격의 50%는 본인의 비용으로 하는 것이 바람직하다.

수도권이 아닌 지방으로 관심을 돌렸다. 일차적으로 부산과 대구를 선정했으며 아파트보다는 다세대와 빌라에 집중했다. 그가 지방의 다세대, 빌라 등을 집중적으로 노린 것은 순전히 경쟁률 때문이었다. 경쟁률이 높아지면 낙찰가도 올라가고 그렇게 되면 자연히 수익률은 떨어지기 마련이다.

"마침 대구 수성구 두산동에 빌라 하나가 나왔습니다. 76㎡(23평)로 방이 3개, 감정가는 7000만원이었죠. 2회 유찰된 물건으로 입찰시작 가격이 3430만원이었는데 감정가의 67% 수준에서 낙찰을 받았죠. 경쟁률은 8 : 1 정도 됐던 거 같아요. 2등과는 300만원 정도 차이가 났지요."

대구는 유찰시 전 입찰가 대비 20%가 아닌 30%씩 가격이 떨어지도록 규칙이 정해진 곳이다. 특별한 연고도 없던 그가 대구에 있는 물건에 관심을 가진 이유는 나름대로 감각이 생겼기 때문이다. 즉 '나에게 맞는 투자 원칙'이 생긴 것이다.

부동산에도 궁합이 있다는 말이 딱 맞다. 그는 인근 지역의 낙찰가를 비교 분석해 최종 67% 수준이면 적당할 것으로 판단했고 입찰가로 4600만원을 적었다. 그의 예상은 적중했다. 두 번째 입찰 역시 성공이었다. 낙찰 후 그는 집을 방문했다.

"대구나 부산 같은 지역은 시세를 알 수 없는 게 문제예요. 특히 다세대, 빌라 등은 더욱 확인하기 힘들죠. 중개업소에 전화를 걸어도 그다지 친절하게 응대해주지도 않고요. 그래서 무작정 동네를 찾아갔죠. 집 주변을 둘러보다가 동네 구멍가게에 들렀어요. 음료수 하나를 사서 마시면서 가게 주인에게 제가 낙찰 받은 집의 시세를 넌지시 물어봤어요. 오히려 가게 주인이 중개사들보다 더 정확하게 알고 있더라구요. 세입자가 이혼한 남자인데 혼자 살고 있다는 것부터 시시콜콜한 이야기를 죄다 듣고 나니 안심이 됐습니다. 마지막엔 세입자의 전화번호까지 알려줬어요. 외상거래를 하기 때문에 전화번호를 알고 있다고 하더군요. 처음에는 '둘이 친척인가'라는 생각이 들기도 했죠. 하지만 그게 지방 인심이었어요. 서울 같으면 불가능한 일이죠."

그는 곧바로 남자에게 전화를 걸었고 이사비용으로 100만원을 합의했다. 명도 과정에서 문제는 전혀 없었다. 그가 낙찰 받은 빌라는 1997년에 준공된 것이어서 전체적으로 많이 낡은 상태였다. 화장실, 싱크대, 벽지 등을 새로 교체하는 데 들어가는 비용은 대략 1000만원이었다. 하지만 그가 누구인가! 인테리어 전문가 아닌가. 자신이 직접 개보수 작업에 들어가 자재비 700만원으로 공사를 마쳤다.

깨끗이 단장된 집의 사진을 여러 장 찍어 인터넷의 '좋은 방 구하기'라는 직거래 사이트에 동영상과 함께 올려놓았다. 1주일 쯤 지나자 월세를 구한다는 전화가 왔고 보증금 800만원/월40만원에 계약했다. 3개월 뒤에는 집을 사겠다는 매수자가 나타나 6900만원에 매매했다. 그는 이 집을 살 때 대출을 한 푼도 받지 않았고 전액 현금을 주고 매입했으며 등기도 법무사에게 의뢰하지 않고 인터넷 셀프등기를 이용해

본인이 직접 소유권이전등기를 마쳤다.

"첫 번째, 두 번째 경매 모두 좋은 경험이 됐어요. 물건 검색부터 등기까지 직접 제 손으로 다 해보니 많은 것을 배웠지요. 몇 달 전 늦둥이가 태어나 잠시 경매를 쉬고 본업인 인테리어를 하고 있지만 다시 도전해야지요."

그는 앞으로도 지방 부동산을 중점적으로 공략할 계획이다. 일단 저렴한 소형 평형 위주로 대학 인근의 물건에 집중할 생각이다. 임대수요가 많기 때문이다. 비록 늦깎이로 우연한 기회에 경매를 시작했지만 그의 투자원칙은 명확하다.

위 치	대구 수성구 두산동	물건의 형태	빌라, 76㎡(23평)
시세(감정가격)	6500만원	최종낙찰가	4600만원
6개월 후 최종매매가	6900만원		

지방에서의 경매

서울과 수도권에 거주하면서 지방 경매물건에 관심을 기울이는 사람들이 많다. 그들은 서울은 너무 경쟁이 치열해 수익을 올리기가 쉽지 않다고 판단한다. 각각 장단점이 있다. 지방은 적은 금액으로 수익을 올리기는 쉽지만 보이지 않는 수고가 너무 많이 든다. 지방 부동산의 포인트는 무조건 회전을 빠르게 해야 한다는 점이다.

적게 벌더라도 빨리 파는 게 가장 좋다. 이는 임형준씨의 사례에서도 입증이 되었다. 그가 나름대로 경매에 성공할 수 있었던 이유는 발 빠른 매도 덕분이었다. 모든 투자는 매도 이후에 성공이냐 실패냐가 결정된다. 현재 아무리 집값이 올랐다 해도 팔지 않은 상태에서는 투자에 성공했다고 볼 수 없다. 부동산을 매도해 그 시세차익이 내 통장에 입금되는 순간이 바로 투자 성공이다.

한 채에 수억원씩 하는 물건은 매수도 부담스럽지만 매도 역시 만만치 않다. 부산, 대구, 대전 등의 광역시에서 1억원 미만짜리 물건은 찾기도 쉬우며 만약 소형 평형으로 임대사업까지 동시에 겸할 수 있는 물건을 구하면 그야말로 금상첨화다.

입찰 전 반드시 현장 방문을 하라

　부동산경매에서 현장 방문은 필수이다. 반드시 해야 한다. 너무도 당연한 잔리이기에 모든 부동산 관련서에 등장하는 금언이다. 이 금언을 이 책에서도 되풀이하는 이유는 그만큼 중요하기 때문이다.

　현장을 방문한다고 해서 그 집이 꼭 내집이 되는 것은 아니다. 그래도 현장을 방문하면 입찰자의 마음가짐이 달라진다. 어떤 사람은 일부러 경매 나온 집을 방문하여 '이 집은 꼭 내 것이 된다'고 수없이 다짐하기도 한다. 초보 경매자는 처음 몇 번은 현장에 꼭 가보지만 시간이 흐르고 몇 번 경매에서 떨어지면 현장 방문을 소홀히 하게 된다. 법원에 나온 사진만 보고, 대충 지적도로 위치를 파악한 후, 부동산중개소에 전화하여 시세를 알아본다. '아파트가 다 거기서 거기지', '집들이 다 그렇지 뭐 그렇게 다른가?'하는 생각을 한다. 하지만 절대 그렇지 않다. 아파트를 낙찰 받고 찾아가 보니 집 바로 앞에 쓰레기 집하장이 있는 경우, 사진에는 보이지 않았지만 베란다 바로 앞에 옹벽으로 축대를 쌓아 5층까지 올라가 있는 경우, 빌라 뒷면에 배수구가 터져 대형 수리를 요하는 것이 발견되는 경우, 바깥은 멀쩡한데 내부가 폐가 직전의 수준이 되어 있는 경우 등 우리가 현장을 방문하지 않고는 발견할 수 없는 하자들이 많다.

그러므로 사든 안 사든 현장 방문은 꼭 해야 한다. 이러한 나의 말을 들으면 "한두 푼도 아니고 최소 수천만원에서 수억원까지 가는 집을 현장도 가보지 않고 사는 사람이 설마 있을까요?"라고 반문한다. 문제는 그런 사람이 의외로 많다는 것이다.

의정부에 사는 주부 박경옥씨가 그랬다. 그녀는 또래 학부모들과 모여 사교육 문제를 걱정하고 한편으로는 남편이 정년퇴직을 한 후의 노후를 걱정하는 평범한 아줌마다. 그런 그녀가 아줌마들과 재테크에 대해 이런저런 이야기를 나누다가 문득 자신이 한심하다는 생각이 들었다. "다들 돈 번다고 난리인데 나만 이렇게 집에서 넋 놓고 있다가 뒤처지는 것 아닌가" 하는 고민을 했다. 그러던 중 고등학교 동창 한 명이 경매로 재미를 보았다는 소식이 들려왔다.

그녀는 더 이상 미루면 안 되겠다는 생각이 들어 학창시절 공부하던 실력을 발휘해 독학으로 경매 공부를 시작했다. 관련 책을 읽고 케이블TV의 경매 채널을 녹화해가며 내공을 쌓았다. 6개월이 지나자 어느

정도 자신감이 붙었다. 그동안 모은 종잣돈 5000만원을 수십 배로 불릴 상상을 하자 설레기 시작했다.

"사실 5000만원이라는 돈은 음식점 장사를 하기도 애매한 금액이잖아요. 업종으로 뭘 선택해야 할지도 모르겠고, 괜히 잘못해서 날려버리면 진짜 억울하잖아요. 그리고 제가 집안 살림밖에 안 해봐서 체력에도 자신이 없었구요."

그녀는 경매강좌를 통해 터득한 지식으로 '가상경매'도 해봤다. 예컨대 하나의 물건이 있다고 가정하고, 그 물건을 직접 매입할 계획으로 권리분석도 하고 이를 근거로 예상 낙찰가까지 따져보는 식이다. 초보자들에게는 많은 도움이 된다. 꼼꼼한 그녀는 이런 방식으로 실전 경매를 연습해 나갔다.

이렇게 자신감으로 단단히 무장한 뒤 실전 투자에 뛰어들었다. 그러나 남양주의 연립부터 시작해 의정부의 아파트, 빌라 등에 참여했으나 결과는 모두 실패였다. 횟수로 따지면 무려 20여 차례였고, 떨어진 등수도 3등 아니면 4등이었다. 2등은 꿈도 꾸지 못하는 성적이었다.

"참 이상하더군요. 가상 입찰할 때는 낙찰가에 근접하게 가격을 써냈거든요. 그런데 막상 실제 경매에 들어가니 이상하게 가격을 예측하기가 어렵더라고요. 자꾸 떨어져서 포기할까 생각하던 중 2010년 7월 양주시 덕정역 근처 덕정지구에 있는 100㎡(30평형)짜리 B아파트가 눈에 들어왔어요."

꽤 괜찮은 중형 아파트였기 때문에 투자용으로 맞겠다 싶어 경매에 참여했다. 그러나 그녀는 한 가지 큰 실수를 했다. 모든 경매 가이드북에서 강조하는 현장조사를 하지 않은 것이다. 그녀는 국민은행에서 제공하는 시세표와 국토해양부의 실거래가 내역을 인터넷만을 통해 열람했다. 현장에 가지 않은 이유는 계속 경매에서 떨어져 이번에도 그냥 한번 해보자는 심정이 컸기 때문이었다. '이번에도 또 떨어지겠지' 하는 절망감 때문이다. 이처럼 우리는 가끔 무엇에 홀린 것처럼 가장 기본적인 원칙을 잊어버릴 때가 있다. 그 원칙을 소홀히 하면 절대 성공할 수 없다.

"아무리 시간이 부족해도 부동산에 들러 시세 확인하고, 집도 살펴보는 것이 필수인데, 지금 생각해보면 그땐 뭐가 씌웠는지 그냥 무턱대고 했어요."

이 아파트의 감정가는 2억 1000만원. 1회 유찰됐기 때문에 2회차는 1억 6800만원에서 시작됐다. 당시 덕정지구 아파트는 평균 2회 유찰된다는 사실을 안 그녀는 이번에도 테스트라는 심정으로 별 고민 없이 1억 7000만원을 써냈다. 그런데 이게 웬일인가. 경쟁자 없이 그녀가 단독으로 낙찰 받은 것이다. 경매를 시작한 후 처음 성공한 낙찰로 그녀는 떨 듯이 기뻤다. '아~ 세상일이라는 게 이렇게 쉽게 풀리기도 하는구나'라는 기쁨이 들었다. 그런데 낙찰의 기쁨은 잠시였다. 그녀는 순간적으로 왜 단독입찰이었는지 의아심이 들었다.

"무언가 좀 이상한데. 왜 나만 입찰을 했을까? 남들은 이 아파트가

그다지 좋은 물건이 아니라고 생각했다는 뜻인가?"

그녀는 미심쩍은 마음이 들기는 했으나 권리분석을 면밀히 마친 상태였기 때문에 걱정을 털어냈다. 그러나 문제는 곧바로 다가왔다. 낙찰영수증을 발부 받은 그녀는 아파트로 직행했다. 세입자는 별 문제가 없었다. 최초근저당권보다 2년 이후에 전입신고를 했기에 대항력이 없었으며, 등기에도 최초근저당권보다 앞서는 권리관계가 없었다. 집을 둘러본 그녀는 마지막으로 단지 입구의 공인중개사 사무실을 찾았다. 그곳에서 중요한 사실을 알게 되었다.

그녀가 써낸 낙찰가는 사실상 실거래 수준의 금액이었다. 이 정도 금액이면 굳이 경매가 아닌 일반 매매로 얼마든지 구입할 수 있었다.

"엄밀히 말하면 급매물 수준이었다고 할까요. 그해 7월에는 덕정지구 부동산경기가 바닥이어서 제가 쓴 금액과 비슷한 급매물들이 상당수 있었어요. 경매의 매력이 싸게 사는 건데 경매에 참여한 효과가 전혀 없었죠."

싸게 사지 못한 것이 너무나 후회되는 그녀는 낙찰불허가를 신청하기로 했다. 법의 힘을 빌려 낙찰을 포기하려 했던 것이다. 그러기 위해서는 해당 부동산에 결정적인 하자가 있어야 하는데 문제는 그게 없었다. 낙찰불허가를 신청해도 기각당할 게 뻔했다. 그녀는 보증금 10%를 포기하느냐 마느냐를 놓고 갈등하다가 결국 잔금을 지급하고 아파트를 매입했다.

은행에서 경락잔금으로 1억 3000만원을 충당하고 그동안 모아둔

4000만원을 더했다. 그 아파트에는 후순위 세입자가 살고 있었는데 그 세입자가 오히려 그녀를 위로해 이사비용은 100만원으로 합의를 보았다. 세입자가 나간 후에 명도를 끝내 그녀의 집이 되었지만 기쁨보다는 우울함이 더 컸다.

그날 이후 몇 달 동안 그녀는 남편 앞에서 제대로 말도 꺼내지 못했다. 노후 대비 재테크를 하겠다는 좋은 계획에서 시작했으나 결과는 완전히 마이너스였기 때문에 좀처럼 위신이 서지 않았다.

"큰 꿈을 안고 시작한 첫 투자가 완전히 실패로 끝나버렸어요. 경매에 참여하기 전에 아파트를 찾아보고 주변 시세도 알아보고 했어야 했는데 그걸 하지 않아 모든 계획이 엉망이 되었지요."

현재 아파트 가격은 큰 변동이 없는 상태였다. 그녀는 보증금 2000만원에 월 50만원 월세를 놓았다. 은행이자가 63만원이므로 단순계산하면 매달 13만원의 자기 돈을 들여 은행이자를 내고 있는 셈이다. 그러나 그녀의 첫 도전이 완전한 실패라고는 할 수 없다. 아파트 시세는 늘 변동하기 때문이다. 어느 날 아침 폭락할 수도 있으나 그런 일은 드물다. 반면 하루아침에 폭등할 수는 있다. 그날이 언제일지는 아무도 장담할 수 없으나 시세는 늘 변하기 때문에 조심스럽게 기대해보는 것이다.

위치	양주시 덕정역 덕정지구	물건의 형태	아파트, 100㎡(30평형)
시세(감정가격)	1억 8000만원 내외	최종낙찰가	1억 7700만원
현재	보증금 2000만원/월세 50만원, 대출 은행이자 63만원		
수익	월 마이너스 13만원		

여러 번 강조하지만 투자는 구입액이 중요한 것이 아니라 파는 가격이 핵심이다. 팔기 위한 시간이 얼마나 걸렸는가가 분수령이기 때문에 지나치게 구입가에 얽매일 필요는 없다. 그렇다면 박경옥씨의 사례에서 배울 점은 무엇일까.

현장조사의 중요성이다. 그녀는 현장조사를 제대로 하지 않은 치명적인 실수를 저질렀다. 현장조사는 어떻게 해야 하나? 우선 어디에 있는 어떤 부동산을 조사할 것인가부터 계획을 세운다. 철저한 조사를 위해 현장 출발 전부터 미리 지역 정보를 탐색하는 일은 필수이며, 지역 내 개발계획은 물론 공시, 기준시가 등 기초 자료를 확인한다. 각 지자체의 홈페이지를 방문하면 상세한 지역정보를 얻을 수 있다. 또한 인구 및 성별 등의 통계가 자세히 등록돼 있기 때문에 적극 활용하는 것이 투자에 많은 도움이 된다.

현장에 가서는 투자 대상지 일대의 지리적 입지분석부터 하는 것이 순서다. 부동산의 현재 상태를 조사하는 것이다. 도로 및 교통현황 등을 살펴보고 시간이 허락되면 주택 주변에 주거, 상업, 업무시설이 어떻게 배치돼 있는지도 살핀다. 만약 상가에 투자한다면 주변 업종 조사와 상권에 대해서도 조사해야 한다. 또 주변 상가들의 공실이 얼마나 되는지도 중요한 요소다. 만약 공실률이 높다면 임대 가능성을 따지는데 결정적인 요인이다. 당연히 공실이 많은 곳일수록 임대가 어렵다. 동네 주민과의 대화를 통해 해당 부동산은 물론 지역 현황에 대해 들어보는 것도 많은 도움이 된다. 혐오시설과 자연재해 발생 여부, 중요 시설의 이전 또는 입주 여부도 빼놓지 말아야 한다.

　가장 간편한 방법은 부동산 중개소를 방문하는 일이다. 최소한 3군데 이상 중개소를 방문하는 것이 좋다. 부동산 중개업자는 그 지역 부동산 전문가다. 현장 답사 시 여러 중개업자로부터 그 지역 사정에 대해 자문을 구하는 것은 필수이다. 간혹 손님으로 가장하고 중개소를 방문하는 사람들이 있는데 이는 그다지 좋지 않다. 솔직하게 자문을 구하는 것이 좋다. 빈손보다는 음료수나 과일 등을 준비해가면 자세한 정보를 얻는 데 도움이 된다.

　부동산거래 동향과 함께 분양률, 청약률, 공실률 등 기본 통계를 알아보는데도 중개소보다 나은 곳이 없다. 시간이 된다면 관할 공공기관도 한번쯤 방문해보도록 하자. 해당 부동산의 도시계획확인서와 건축물 및 토지대장 등을 떼어 보고 의심스러운 점은 즉시 공무원에게 확인하는 것이 좋다. 도시기본계획이나 시정 보고, 통계연보, 행정 통계 자료 등 각종 자료를 얻는 것도 미래의 투자를 위해 큰 도움이 된다. 이들 서류는 원칙적으로 외부 반출이 안 된다. 만약 복사를 할 수 있다면 아주 좋다.

낙찰을 취소하고 싶다면

　경매를 하다보면 어떠한 이유로든 낙찰 받은 물건을 취소하고 싶을 때가 있다. 이때 유일한 법률적 구제 방법이 낙찰허가에 대한 이의신청이다. 이의신청 기간은 법원에 낙찰보증금을 내고 영수증을 받은 날로부터 7일 이내에 법원에 신청서를 접수해야 한다. 만약 법원에서 판단하기에 이의신청 사유가 적합하다면 낙찰불허가 결정을 내리고 보증금 10%를 다시 돌려준다.

매각물건명세서에 중요한 하자가 있어 법원이 보기에 이 하자를 제거해야 한다고 판단되면, 법원은 낙찰자의 이의신청을 받아들인다. 그 외 중대한 권리관계의 변동, 즉 낙찰 후 집에 화재가 발생했다거나 자연재해로 크게 파손되는 등 부동산에 피해가 있을 시 이의신청을 받아들인다. 좋은 사례로 녹번동의 주택을 경매로 구입한 소형주택 건설업자의 요청으로 경매불허가 판정이 내려진 것을 들 수 있다. 이유는 잔금을 치르기 전에 낙찰 받은 집을 가설계하기 위해 측량을 했더니 집의 일부가 도로로 편입된 사실을 발견했기 때문이었다. 이를 근거로 낙찰허가결정에 대한 취소신청을 했고 법원이 받아들여 보증금 10%를 돌려받았다.

낙찰허가에 대한 이의신청(민사집행법 121조)은 최고가 매수신고인(낙찰자)이 된 날(영수증을 받은 날)로부터 7일 이내에 제출해야 하고 낙찰허가결정의 취소신청(민사집행법 127조)은 낙찰대금을 납부하기 전까지이므로 시간적 여유가 많다.

여성을 위한 맞춤경매

경매투자에 있어 가장 큰 골칫거리 중의 하나가 세입자 문제다. 세입자 본인의 실수이든 아니든 전세금을 떼일 처지에 놓인 세입자를 만난다는 것은 참으로 불행한 일이다. 명도 과정에서 얼굴을 붉히는 등 불필요하고 스트레스 받는 일이 뒤따르기 때문이다.

버티는 세입자들의 사정도 천차만별이다. 눈물 없이 들을 수 없는 딱한 사연도 많다. 누구의 잘못이든 삶의 터전을 하루아침에 잃어버리면 어쨌든 버티고 볼 것이다. 법원의 허락을 받아 강제집행을 해야 하는 낙찰자의 심정도 이해는 가지만 상처 입는 사람은 순전히 세입자나 채무자, 소유자다. 그들의 잘잘못을 떠나서 말이다.

그런데 여기서 이성을 되찾아야 한다. 어찌 보면 투자자는 마냥 슬

퍼하고 불쌍해할 수만은 없다. 낙찰자에게 투자는 시간과 돈의 싸움이다. 투자된 돈도 중요하지만 내가 얼마 만(기간)에 수익을 올리느냐의 문제는 투자의 기초이다. 투자금, 시간, 수익. 이 3가지 요소는 모든 투자에서 가장 중요한 부분이다. 투자자는 '가장 효율적인 투자는 무엇일까?'를 항상 생각해야 한다. 최소 비용으로 최대 이익을 내는 것이 투자의 근본이다.

여기에서 절대 간과해서는 안 되는 것이 바로 시간이다. 이를 경제학에서는 기회비용이라고 부른다. 똑같은 금액을 금융기관에 예치시켰을 때 발생하는 순수 이자비용을 벌지 못한 채 장기간 돈만 묶여 있다면 '기회비용 손실'이 발생한다.

경매도 마찬가지다. 물건을 싸게 사서 가지고 있으면 투자 이익을 올릴 수 있는데 소유권이 안 넘어오거나 넘어와도 자기 마음대로 활용할 수 있는 집행권이 없다면 이런 낭패가 또 있겠는가. 그야말로 전형적인 기회비용의 손실이다. 내 돈 들여 구입한 부동산을 내 맘대로 할 수 없는 경우는 경매투자에서 너무나도 흔하게 발생한다.

여러 가지 이유가 있으나 그중에서 세입자 문제가 가장 큰 비중을 차지한다. 세입자 중에는 정말 딱한 사람들이 많다. 남편은 행방불명되고 아이들 데리고 혼자 어떻게 사느냐는 눈물의 하소연을 듣고 있노라면 위로할 말조차 떠오르지 않는다. 반대로 악성 세입자도 많다. 이들이 악용하는 가장 대표적인 것이 '대항력 있는 가장 임차인'으로의 위장이다(이에 대해서는 뒤에서 설명한다). 채무자와 사전에 짜고 가짜로 서류를 꾸며 임차인 행세를 하는 경우가 있는데, 많은 사람들이 이를 두려워해 입찰을 포기한다. 그러나 이런 임차인은 두려워할 대상이 아니다(이 이유 역시 뒤에서 자세히 소개한다).

여성용 경매란 무엇인가

이와 같은 문제를 극복한 통큰 골드미스 서미영씨의 이야기는 공감이 가는 부분이 많다. 마흔 살을 바라보는 서미영씨는 경매만 벌써 5년째다. 그녀는 경매 전문가가 아니다. 여대 앞에서 옷가게를 운영하는 사장이다. 그녀의 경매 원칙은 명확하다. 명도할 필요가 없는 물건만을 낙찰 받는다는 원칙이다. 명도가 없다고 하면 토지나 임야를 생각하겠지만 세입자가 전세보증금을 모두 법원에서 배당 받는 물건만 입찰한다는 뜻이다.

그녀가 경매를 시작한 연유는 경매에 대해 해박한 지식이 있던 선배를 따르면서부터다. 선배는 미영씨에게 스스로 고안한 '여성용 경매' 비법을 전수해주었다. '여성용 경매'란 여성이 하기에 아주 적합한 경매라는 뜻이다. 그녀는 세입자가 전세금을 법원에서 전액 배당을 받는 물건만 입찰을 한다. 즉, 낙찰 후 세입자를 내보내기 위해 싸우거나 집행관을 끌고 들어가 짐을 빼야 하는 물건은 손대지 않는다. 세입자가 전세금 전액을 법원에서 받으니 다툼할 일이 없다. 그런 경매물건만 전문적으로 입찰하는 게 그녀의 비법이다.

그렇다면 그런 물건은 어떤 부동산일까? 그녀가 입찰 받은 10여 개의 부동산을 사례로 살펴보자. 2010년 12월 낙찰 받은 부동산은 경기도 양주시에 위치한 66㎡(20평형) 아파트이다. 2001년에 준공한 아파트로 단점이라면 15층 맨꼭대기라는 점이다. 감정가격 1억원으로 2회 유찰되어 6400만원에 경매가 시작되었으며 2002년 12월에 최초근저당권 8000만원(국민은행)이 설정되어 있었다. 임차보증금 3000만원을 신고한 임차인이 전입신고한 일자는 2002년 8월 4일이었으며 확정일자도 똑같았다. 즉 전입신고일과 확정일자가 최초근저당권보다 앞서 있다.

임차인의 전입일과 확정일이 최초근저당권보다 앞서 있고 법원의 배당요구종기일 내로 배당요구를 했다면 법원은 임차금 전액을 배당해준다(단, 확정일자가 최초근저당권보다 뒤에 있으면 근저당권이 우선 배당을 받고 남는 돈이 있을 때 배당을 해준다). 법원이 정한 배당요구종기일은 2010년 3월 10일이었고 세입자는 3월 5일에 배당요구를 신청했다.

이러한 아파트는 낙찰만 받으면 그날로 명도가 끝난다. 그녀는 과감하게 7700만원의 입찰금액을 제시했다. 경쟁 입찰자는 8명이었으나 그녀가 낙찰이 되었다. 1개월 후 잔금을 치렀고, 그로부터 다시 1개월 후에 세입자는 법원에서 전액 배당을 받고 그녀와 전세 재계약을 맺었다. 이렇게 모든 일이 수월하게 끝난 것이다.

위치	경기도 양주시	물건의 형태	아파트, 66㎡(20평형)
시세(감정가격)	1억원	최종낙찰가	7700만원

그녀의 경매 실력은 친척들 사이에서 소문이 퍼졌고 2011년 1월에 이모가 찾아와 부탁을 했다. 함께 머리를 맞대고 물색을 한 뒤 일산의 아파트를 어렵지 않게 사주었다. 그 아파트 역시 철저히 권리분석을 한 뒤 경매에 참여했다. 경기도 고양시 일산 동구에 위치한 158㎡(48평형) 아파트였다. 감정가격은 4억원이었으며 2회 유찰돼 1억 9600만원에 시작했다. 의정부법원 고양지원은 1회 유찰시 30%씩 떨어져 절반 가격으로 나온 것이다.

세입자가 1억 5000만원 전세를 사는데 S은행의 최초근저당권은 2005년 12월 5일이었고, 임차인의 전입과 확정일자는 2003년 10월 6일로 동일했다. 배당요구종기일은 2010년 11월 8일, 세입자의 배당요구는 2010년 10월 18일로 배당요구종기일 앞에 이루어졌다. 즉, 임차금을 법원에서 전액 배당해준다. 이제 남은 문제는 얼마를 입찰가로 정하느냐다.

여기서 그녀의 기지가 발휘됐다. 경매감정은 4억원이 나왔으나 1회차에 유찰돼 2억 8000만원으로 떨어졌고 다시 유찰되어 1억 9600만원의 상태이다. 이렇게 되면 3회차에서는 가격이 너무 많이 떨어져 입찰자들이 몰릴 것이 확실하다. 그녀는 이 점을 감안해 1회차 유찰된 금액을 살짝 넘기기로 하고 2억 8050만원을 써넣었다. 입찰을 개봉하고 호명을 하자 이 사건에 응찰한 사람은 의외로 적어 4명에 불과했다. 다행히 그녀가 가까스로 1등을 했다. 2등은 2억 6000만원이었다.

위치	경기도 고양시 일산 동구	물건의 형태	아파트, 158㎡(48평형)
시세(감정가격)	4억원	최종낙찰가	2억 8050만원

여기서 우리가 알아야 할 것은 '낙찰을 받으려면 좀 써야 한다'는 것이다. 그 물건을 꼭 받고 싶으면 약간 더 투자할 필요가 있다. 경매에서 2등은 꼴찌나 다름없다. 투자에 성공을 하려면 일단 내 손에 물건이 쥐어져야 한다. 맨손으로 투자를 할 수는 없지 않은가.

이렇게 그녀는 자신만의 경매 노하우를 터득해가면서 많은 수익을 올렸고, 주변 사람들도 부자가 되게 해주었다.

물론 서미영씨와 완전히 반대의 방법으로 성공하는 사람도 있다. 전세금을 물어주면서 낙찰 받는 방법만 사용하는 것이다. 예를 들어 1억원의 경매물건을 가정해보자. 가령 세입자의 임차금이 5000만원이고, 이 물건이 5번 유찰되면 최저매각가격은 3270만원이 된다. 3270만원에 낙찰 받을 수 있다는 뜻이다. 그러므로 이 물건을 낙찰 받으면 임차금 5000만원과 낙찰금 3270만원을 합한 금액이 바로 취득가액이 되는 것이다. 경기도 안성에 사는 성수연씨가 그 방법으로 성공을 거두었다.

과수원을 하면서 경매에 꾸준히 관심을 가져왔던 그는 2010년 10월 인근의 C아파트가 싸게 경매에 나오자 행동에 나섰다. 2007년에 준공한 아파트로 112㎡(34평형)였으며, 감정가격은 1억 7000만원이었다. 무려 4회나 유찰되어

8700만원에 경매가 시작되었다. 권리분석을 의뢰해 살펴보니 앞서 경매가 진행될 때 누군가 1억 2000만원에 낙찰이 되었는데 잔금을 납부하지 않아 재경매가 실시되는 물건이었다. 재경매가 실시되면 입찰보증금이 10%가 아닌 20%로 올라간다.

앞선 낙찰자가 왜 보증금을 포기하면서까지 낙찰을 기권했는지 알아보았다. 5000만원의 보증금이 있는 임차인의 전입일자가 2007년 7월 20일이며 확정일자는 2007년 9월 20일이었다. 등기부의 외환은행 최초근저당권 일자는 2007년 8월 20일로 전입일자보다는 뒤이지만 확정일자보다는 앞이었다. 법원의 배당요구종기일은 2010년 3월 10일이며, 세입자의 배당요구일은 2010년 2월 10일이었다. 즉 1개월이 빠르다. 전입일은 근저당보다 앞서지만 확정일자가 근저당보다 늦기 때문에 세입자는 법원에서 배당을 받을 수 없다. 즉 세입자와 전세금 문제로 낙찰자가 전세금을 물어주어야 할 상황이 발생할 수 있는 것이다. 그래서 앞선 낙찰자는 보증금을 포기한 것이다.

나는 그에게 걱정하지 말고 입찰가를 9000만원에 쓰라고 조언했다. 개찰을 하니 단독입찰로 낙찰이 되었다. 그는 입찰가 9000만원과 세입자 보증금 5000만원을 합한 1억 4000만원에 낙찰을 받게 된 것이다. 9000만원에 낙찰을 받았기에 이 금액에 대한 취득세와 등록세만을 내니 세금도 절감되고 (일반적으로 낙찰 받는다면 1억 4000만원에 대한 등기비용을 내야 한다) 명도비용도 들지 않아 모두가 윈-윈하는 경매게임이 되었다.

위 치	경기도 안성시	물건의 형태	아파트, 112㎡(34평형)
시세(감정가격)	1억 7000만원		
최종낙찰가	9000만원+세입자 보증금: 5000만원, 총 1억 4000만원		

세입자의 보증금은 어떻게 해야 할까

위 사례의 배당을 살펴보면 입찰금 9000만원 중에서 1순위 근저당권자가 해당 비용을 가져가고 경매배당은 종결된다. 그리고 낙찰자는 법원과는 별도로 세입자에게 5000만원을 주면 이 역시 종결된다.

경매에서 모두가 가장 걱정하는 부분은 낙찰 후 대항력 있는 세입자에게 보증금을 물어주어야 하는 문제이다. 많은 투자자들이 이 부분을 우려하는데 이를 확인하는 방법은 너무나 간단하다. 매각물건명세서 또는 등기부등본의 최초근저당권 일자보다 앞서 세입자가 전입신고를 했다면 그리고 그 임차보증금이 법원에서 배당을 받지 못한다면 보증금은 낙찰자가 물어주어야 한다. 그러므로 이 부분에 세심한 주의를 기울여야 한다.

주택임대차보호법은 세입자를 위해 만든 특별법이다. 집주인이 세입자 모르게 돈을 빌려 쓰고 근저당권을 설정해 문제가 생기면 선량한 세입자가 피해를 입게 되기 때문이다. 이를 막기 위한 취지로 주택임대차보호법을 제정했다. 하지만 임대차계약 시 등기부에 근저당권이 기재되었음에도 불구하고 임대계약을 맺은 사람은 후에 집이 경매로 넘어갔을 때 계약금이 보호되지 않는다. 또한 확정일자는 그 날짜를 부여받는 순간 임차금은 근저당화 되기에 근저당권의 날짜와 다투게 되는 것이다(부록 〈권리분석 다이어그램〉 참고).

따라서 세입자가 대항력을 갖고 있다고 판단되면 낙찰을 포기해야 한다. 싼 게 비지떡이라는 말을 늘 명심하라. 그러나 상당수 물건은 대항력을 갖고 있지 않은 것들이므로 10%의 특수 상황에 얽매일 필요는 없다. 90%의 우량 물건에 힘을 쏟으면 반드시 성공한다.

위의 경우 매매 시 양도세와 관련하여 낙찰자가 물어준 임차보증금은 어떻게 되는지 궁금할 것이다. 양도세는 취득가액을 기준으로 움직이기 때문에 낙찰 후 들어간 비용(등기비용, 법원집행비용, 집안의 주요 시설물설치비용 등) 전부가 취득가액이다. 낙찰자가 임대차보호법에 의해 임차금을 물어준 경우도 마찬가지이다. 세입자가 기재된 법원의 매각물건명세표를 복사하고, 세입자의 인감증명서가 첨부된 영수증을 제출하면 세무서에서는 이 금액을 취득가액으로 인정해준다.

매각물건명세서에 답이 있다

2009년 12월 사무실로 30대 초반으로 보이는 한 젊은이가 찾아왔다. 대학을 졸업한 뒤 건설회사에 다녔던 평범한 샐러리맨이었다. 박현준씨는 현장 건축직으로 6년간 근무하다가 개발사업팀으로 부서가 변경되면서 경매에 관심을 갖게 되었다. 그 후 건설경기가 위축되자 회사를 그만뒀고, 진로를 모색하다가 경매학원에서 수강을 하게 된 것이 경매를 시작하게 된 계기였다.

"3개월 정도 들었는데, 법률용어가 너무 어렵더라구요. 토목공학을 전공한 제게 법률용어가 낯설었던 거죠. 거의 졸면서 수업을 들었습니다. 그래도 학원비가 아까워 시간이라도 때우자며 계속 앉아 있었죠."

경매 입문 동기를 묻는 나에게 그는 우스갯소리로 대답했다.

"강좌가 어느 정도 마무리될 무렵이었어요. 친구가 안산지원 근처에 부동산 중개소를 연다는 연락이 왔어요. 군대 동기인데, 나중에 들어 보니 그 친구도 직장생활을 잠깐 하다가 공인중개사를 시작했다더군요. 경매를 이론으로 배웠으니 실전에서 써먹을 방법이 필요하던 차에 잘됐다 싶었죠."

그는 친구의 공인중개사 사무실에서 함께 일하면서 부동산에 대한 눈을 새롭게 떴다. 이론과 실전이 다르다는 것을 새삼스럽게 느낀 것도 바로 그 시기였다. 그러던 어느 날 점심을 먹고 친구와 이야기를 나누던 그에게 솔깃한 정보가 들어왔다. 사무실 뒤편의 A아파트에서 여러 채가 경매로 나왔다는 것이었다.

"학원에서 강사님이 늘 그랬어요. 그 선생님은 학생들에게 경매투자로 1000~2000만원만 남길 수 있다면 모든 것을 다 걸어도 아깝지 않다고 말씀하셨죠. 그런데 사실 그분께서 가르친 것은 모든 것을 한꺼번에 다 걸라는 것이 아니라 조금 돈을 벌더라도 적극적으로 경매에 임하라는 뜻이었어요. 사실 경매하면 많은 사람들이 대박 터질 거라고 생각하는데 실상은 그렇지 않잖아요. 잘 아시겠지만 세금이나 경비 제하고 1000~2000만원을 벌 수 있다면 그보다 더 괜찮은 사업이 어디 있겠어요."

그는 경매의 본질을 정확하게 꿰뚫고 있었다. 이에 대해서는 나도 같은 생각이다. 최근 경매시장에 몰리는 사람들은 상당수가 대박을 꿈

꾼다. 그러나 그러한 인식으로 접근하는 것은 시장을 위해서나 투자자 본인을 위해서나 바람직하지 않다. 그런 면에서 이 젊은 친구의 투자법은 독자들도 귀담아 들을 필요가 있다.

일단 현장 조사 결과, 물건에는 큰 이상이 없었다. 이제 남은 것은 투자금을 마련하는 등 본격적인 작전에 돌입하는 일이었다. 그는 우선 적금과 청약부금을 과감히 정리했다. 경매로 집을 장만해 유주택자가 되면 청약 1순위 기회는 사라지기 때문이다. 그렇게 정리한 뒤 마련한 돈은 2000만원. 약간 허탈한 마음이 들었다. 대학을 졸업하고 직장생활 6년 동안 악착같이 벌었다고 생각했는데 겨우 2000만원이라는 돈밖에 남지 않았던 것이다. 서글프기도 했지만 한편으로는 정신 바짝 차리자는 동기부여가 되었다.

경매로 구입하려는 집은 76㎡(23평형) 아파트였다. 최초에 임대아파트로 지어졌지만 의무임대기간이 끝나면서 분양전환이 되었다. 이 아파트에서 14개 물건이 동시에 경매로 나왔다. 그가 주목한 물건은 9층이었으며 감정가는 1억 1000만원이었다. 감정가와 시세 사이에 큰 차이는 없었다. 이미 한 차례 유찰되어 저가 매수가 가능해보였다.

"아파트가 '제발 나를 가져가주세요'라며 내 품으로 달려오는 것 같았지요. 내 인생을 통틀어 그렇게 스릴 만점의 기대감이 생긴 때도 없었어요."

2회 입찰에는 생각보다 많은 사람들이 몰려 법원이 소란스러울 지경이었다.

　"전 사실 이거 하려고 통장 탈탈 털었는데 안 되면 어쩝니까. 그래서 과감하게 배팅했지요."

　입찰가는 7040만원이었으며 그는 얼마를 쓸까 고민하다가 9000만원에서 100만원을 뺀 8900만원을 써냈다.

　"아무래도 9000만원은 단위가 딱 떨어지는 느낌이 들어서 일부러 100만원을 뺐지요."

　그 물건에는 총 4명이 응찰했다. 사람들이 많이 몰린 것에 비해 응찰자는 적은 편이었다. 결과는 그의 승리였다. 2등이 써낸 금액은 8500만원이었다. 400만원 차이로 아파트는 그의 손으로 들어왔다. 낙찰 후 그가 찾아간 곳은 은행 창구였다. 손에 고작 2000만원이 있었고, 입찰금으로 10%인 704만원을 냈으니 돈이 턱없이 부족하지 않겠는가. 경락잔금 대출을 상담하자 그가 최대로 받을 수 있는 금액은 7100만원이었으며 한 달 이자는 32만원이었다.

　낙찰 후 아파트를 방문하니 문이 잠겨 있었다. 관리사무소를 찾아가 확인해보니 이 집은 인근 아파트를 지은 건설사 직원들의 숙소로 사용되고 있던 중이었다. 완전하게 깨끗한 집이라고 할 수 있었다.

　관리사무소를 나와 다시 9층으로 올라가 쪽지를 붙여놓았다. '만약 빨리 안 나가면 법원을 통해 강제집행하겠다'는 협박성 내용이었다. 곧 전화가 걸려왔다. 철수할 때까지 대략 한 달이 걸린다는 내용이었다.

"그래서 한 달 기다렸더니 정말 조용히 나가더군요. 회사 숙소로 사용했기에 이사비용 같은 이야기는 아예 꺼내지도 않았어요. 매각물건 명세서에 임차인은 있으나 임대보증금은 '미상'이라고 적혀 있어 조금 걱정했는데 어차피 후순위 임차인이었던 거예요. 당연히 대항력은 없었죠."

위치	경기도 안산시	물건의 형태	아파트, 76㎡(23평형)
시세(감정가격)	1억 1000만원	최종낙찰가	8900만원

그가 다시 도전한 경매물건은 경기도 남양주시 오남읍에 있는 69㎡(21평형) 아파트였다. 감정가 1억 1000만원. 2회 유찰되어 시작 금액은 7040만원이었다. 통상 부동산경매에서 아파트는 1회 유찰이 보통이다. 2회 유찰은 드문 경우로 특별한 문제가 있을 경우가 많다.

그는 왜 유찰이 되었나 꼼꼼히 살펴보았다. 층수도 문제없고 위치, 건축연도 등도 아무런 문제가 없었다. 단지 법원 현황조사서에 임차인의 전입일자가 2001년 1월 11일이었으며 최초근저당권 일자는

후순위 임차인 ★ '후순위 임차인'이란 최초근저당권보다 후에 전입신고를 한 세입자를 말한다. 가령 최초근저당권보다 후에 전입신고를 한 세입자가 50명이 있다 해도 낙찰자에게는 전혀 해가 없다. 부동산경매의 대부분은 사실 후순위 임차인이다. 그러기에 경매물건은 그렇게 복잡하지 않다.

2009년 1월 20일로 기재되어 있었다. 확정일자도 없었고 임차금도 기재되어 있지 않았다. 이는 보이지 않는 세입자가 있다는 뜻이며 낙찰을 받으면 임차금 전액을 물어주어야 하는 상황이다. 그러나 매각물건명세서를 자세히 읽어보니 세입자의 진술이 있었다. '자신은 소유자의 부인'이라는 진술이었다.

"의아한 생각이 들더군요. 대항력 있는 세입자가 법원 집행관에게 '나는 소유자의 부인이에요'라고 진술했으니 무슨 문제가 있겠습니까?"

그는 이렇게 분명한 진술 내용이 있는데 왜 이렇게 유찰이 되었나 궁금했다. 경매입찰일이 되어도 그 궁금증이 풀리지 않았지만 그는 '되면 되고 말면 말라'는 심정으로 최저가에서 900만원을 올린 7940만원을 작성해 제출했다. 응찰자는 2명으로 그가 낙찰이 되었다. 낙찰 후 소형녹음기를 가지고 집을 방문해 부인을 만났다.

"경매로 집이 넘어갔으면 집을 비워줘야지요. 걱정하지 마세요. 한 달 후에 집을 비워줄게요."

그 부인은 자신의 약속을 지켜 한 달 후에 이사비용을 받고 이사를 갔다. 그렇게 두 번째 경매도 아무런 문제없이 해결되었다.

위치	경기도 남양주시 오남읍	물건의 형태	아파트, 69㎡(21평형)
시세(감정가격)	1억 1000만원	최종낙찰가	7940만원

이처럼 매각물건명세서나 현황조사서를 차분히 읽으면 그 속에 답

이 보이는 물건이 꽤 있다. 복잡하다고 포기하지 말고 왜 그런지 들여다보며 공부하면 큰 수확을 얻는다.

그에게 두 건의 아파트는 인생을 새롭게 시작한 전환점이 되었다. 아직 원금을 다 갚지는 못했지만 집을 산 다음부터 인생이 풀리기 시작했다. 사랑하는 사람도 만나 결혼 날짜를 잡았으며 현재는 공인중개사 시험을 준비하고 있다. 그는 결혼과 동시에 본격적인 부동산 컨설턴트로의 변신을 모색 중이다.

"예전엔 경매라는 단어를 들으면 대박만 떠올렸어요. 그래서 학원을 기웃거렸죠. 학원에서는 '소액으로 큰돈 번다'고 장담하잖아요. 지금 와서 생각해보면 딱 반만 맞는 거 같아요. 열정은 높이 평가하되, 실제로 대박 나는 상품은 그리 많지 않죠. 투자자는 이 점을 늘 명심해야 합니다. 그리고 한 가지 더 강조한다면, 세입자를 잘 만나야 해요. 저는 다행히 처음 시작한 경매부터 세입자를 잘 만나 큰 고생을 안했습니다. 그러나 세입자 문제는 철저하게 검토한 후 경매에 임해야 합니다."

선순위 임차인이 있더라도 검토해야 하는 이유

 선순위 임차인은 낙찰 후의 과정에서 골치 아픈 문제 중의 하나이다. 그렇다 해서 지레 겁을 먹거나 그것이 무서워 경매를 포기할 필요는 없다. 정당한 법에 따라 진행을 하면 모든 문제는 다 해결된다. 다음은 부산에 사는 김모수씨의 사례이다. 그가 내 사무실에 찾아온 것은 3년 전이다.
 "도저히 어떻게 해야 할지 모르겠어요. 선순위 임차인이라고 주장하는데, 이걸 어떻게 처리해야 할지."
 소파에 앉자마자 그는 신세 한탄부터 늘어놓았다. 군 제대 후 페인트회사에서 페인트 배합 파트의 기능직으로 근무하던 그는 우연히 서점에서 손에 잡은 경매 책을 읽은 뒤 부동산경매에 관심을 기울이게

됐다. 경매 책 2-3권을 독파한 그는 어느 정도 자신감이 생기자 친형에게서 빌린 2000만원과 자신의 돈 1000만원을 합한 3000만원으로 경매의 대장정에 뛰어들었다.

눈을 크게 뜨고 경매 물건을 찾던 그에게 드디어 부산 해운대 인근의 10평형 아파트가 나타났다. 감정가는 9000만원이었으며 3회 유찰돼 4068만원에 입찰이 시작되는 물건이었다. 그는 일단 경험 삼아 도전한다는 생각에 낙찰가를 4100만원으로 적어냈다. 그런데 이게 웬일인가. 처음 도전한 물건에 그 혼자서 단독 입찰한 것이다.

"단독으로 낙찰을 받으니까 기쁨보다는 의심이 먼저 들더군요. 내심 '이거 무슨 문제가 있는 건 아닌가' 하는 생각부터 앞서더라구요. 그런데 제 예상이 틀리지 않았습니다."

다음날 낙찰 받은 아파트로 찾아간 그는 세입자라고 주장하는 여성을 만났다. 그녀에게서 그는 충격적인 말을 들었다. 그녀는 자신이 세입자이며 낙찰 받은 사람이 보증금 6000만원을 물어주어야 한다고 주장했다. 부랴부랴 살펴보니 최초근저당권보다 앞서 전입신고를 한 선순위 임차인에게 줘야 할 임차보증금 6000만원이 신고되어 있었다. 그대로라면 이익은 고사하고 엄청난 손해에 몰릴 상황이었다. 아니면 법원에 이미 납부한 경매입찰보증금, 즉 최저입찰가의 10%인 400만원을 포기해야 했다.

낙심한 마음에 아파트 인근 슈퍼에서 맥주 한 병을 마시던 중 우연히 슈퍼 주인아저씨로부터 색다른 이야기를 들었다.

"아, 그 집요. 그 여자는 며느리예요. 외동아들의 안사람이에요."

이 말은 원래 집주인이 실제 임차보증금을 받지 않고 며느리에게 집을 빌려주었을 수도 있다는 뜻이다. 즉 계약서는 작성되었지만 6000만원은 가짜일 수도 있었다.

잘하면 문제가 쉽게 풀릴 수도 있을 것 같다는 생각에 그는 법률구조공단을 찾아가 상담을 받았다. 사건의 전모를 들은 공단 관계자는 "은행에서 대출 당시 주민등록상 세대가 분리되지 않고 합쳐져 있었다면 임차인으로 보기 어렵다"는 유권해석을 내렸다. 이제 그는 대출을 해준 농협을 찾아가 대출 현황을 살폈다. 농협 관계자의 말은 이렇다.

"그 아파트의 임차인은 가짜입니다. 만약 필요하다면 우리가 의견서를 써줄 테니 법원에 제출하세요. 그리고 부탁입니다만, 잔금은 꼭 좀 내주세요."

그가 선택할 수 있는 길은 잔금을 내고 명도소송을 진행하는 방법 외에는 뾰족한 수가 없었다. 그가 나의 사무실로 찾아온 것은 명도소송을 진행하기 위해서였다. 그런데 첫 공판 날, 상대편 변호사의 말이 가관이었다.

"판사님! 아무래도 저 젊은 친구가 아무것도 모르고 부동산을 낙찰받은 것 같습니다."

그러면서 장황한 설명이 이어졌다. 하지만 우리측 변호사도 만만치

않았다.

"지금은 주민등록등본이 분리세대로 되어 있지만, 소유자인 임차인의 시아버지와 임차인이 합가(合家)로 되어 있던 주민등록등본이 대출 당시의 은행에 보관되어 있습니다. 법원을 통해 '문서송부촉탁'을 요구해 살펴보면, 대출 당시 세대가 분리세대가 아닌 주민등록상 함께 있는 합가 상태임을 알 수 있습니다."

변호사는 이 점을 집중적으로 공격했다. 재판 결과 채무자인 시아버지는 은행에서 돈을 빌리고 저당권이 설정된 이후 주민등록상 전출하는 형식을 취했던 것이었다. 재판은 6개월 가까이 지속됐고 결국 김모 수씨가 승소했다. 그 후 김씨는 판결문을 집행관 사무실에 접수했다. 2개월 후 집행관과 함께 집을 방문해 아무런 물리적 충돌 없이 명도를 끝마쳤다.

비록 소송을 겪으면서 금융비용 손실은 있었으나 3년 보유 후 1억 5000만원에 처분했다. 처음 투자비용과 재판 비용을 훨씬 뛰어넘는 커다란 수익이었다. 비록 재판 과정에서 스트레스를 받기는 했으나 수익을 남긴 경매였고 보너스로 세상 공부도 한 알찬 경매도전이었다.

위치	부산시 해운대	물건의 형태	아파트, 33㎡(10평형)
시세(감정가격)	9000만원 내외	최종낙찰가	4100만원
최종매매가	1억 5000만원	3년 후 수익	1억 900만원

김모수씨와 같은 사례는 자주 발생하는 문제는 아니다. 그러나 '이런 일도 발생할 수 있다'는 것을 경매투자자라면 반드시 숙지해야 한다. 이제 세대합가에 대해 조금 더 살펴보자. 예컨대 홍길동이라는 사람이 세입자로 살고 있는 집이 있다고 치자. 그런데 나중에 홍길동의 아버지 홍판서가 홍길동의 집에 들어와 살게 되면서 홍길동과 홍판서가 주민등록상 세대를 합하면 어떻게 될까?

이럴 경우 법원은 법적인 대항력을 홍길동이 처음 입주했던 날짜로 잡는다. 대법원 판례에서도 이 같은 원칙이 세워졌다. 이러한 판결은 우리 법원이 '세입자 우선주의'라는 법의 형평성을 존중하기 때문이다. 따라서 경매로 주택을 구입할 때 주민등록등본에 '세대합가'라는 말이 등재되어 있으면 반드시 주민등록초본을 확인해야 한다. 그래서 세입자 중에 가장 먼저 전입했던 날짜를 기준으로 권리분석을 하면 큰 문제는 없다.

참고로 주택임대차보호법에 의거해 최초근저당권보다 앞서 전입신고를 마친 세입자는 낙찰자에게 대항력을 갖고 있다. 물론 정상적이고 법이 허용하는 기준에 합당할 때만 가능하다. 만약 세입자가 이러한 대항력을 갖추고 있으면 살고 있는 집이 매매나 경매 등에 처분돼도 세입자는 계속 임차권을 주장할 수 있게 된다.

그러나 문제는 대항력을 갖춘 세입자가 법원에서 보증금을 전액 받지 못하게 되는 경우다. 그럴 경우 나머지 금액은 모두 낙찰자가 부담

해야 한다. 여러 번 강조하지만 이런 경우가 낙찰자에게는 가장 곤혹스러운 부분이다. 모든 투자자들이 그렇겠지만 본래의 낙찰금액보다 추가로 돈이 들어간다는 것은 상상하기 힘든 부분이며, 투자손익표도 다시 짜야 하는 불편이 뒤따른다.

따라서 허위임차인 여부를 가려낼 때는 집 주변 사람들에게 물어보는 것이 중요하다. 허위임차인은 경매에서 굉장히 민감한 사안이다. 허위임차인인지를 파악하기 위해서는 그 집의 내막을 잘 아는 사람을 꼭 만나야 한다. 다소 시간이 걸리고 불편하더라도 주변 사람들을 만나 자세한 내막을 조사하는 것이 허위임차인 극복의 첫 번째 요소이다. 가장 좋은 방법은 최초근저당권보다 앞서 전입신고를 한 임차인이

명도의 결정 ★ '명도'란 집주인, 세입자, 무단거주자 등을 인도명령신청서를 근거로 낙찰 받은 집에서 내보내는 것을 말한다. 다만 유치권을 주장하며 거주하는 사람, 대항력 있는 선순위 임차인은 인도명령신청서를 접수해도 법원의 허가가 있어야 한다. 법원은 심문기일을 잡아 그 뜻을 물은 후 특별한 사항이 없으면 판결을 내린다. 하지만 다툼의 소지가 있다고 판단되면 명도소송으로 정식재판을 진행해야 한다. 그 판결문이 있어야 정식 명도가 가능하다. 그러나 경매물건의 대부분은 소유자, 채무자, 후순위 임차인이기 때문에 인도명령신청으로 거의 모든 명도를 마무리할 수 있다.

문서송부촉탁 ★ 소송에 필요한 서류가 있을 때 법원으로 보내달라는 절차이다. 흔히 금융권은 일반인에게 중요한 서류를 임의로 보여주지 않는다. 그래서 소송 관계자가 문서송부촉탁신청서를 써서 제출하면 법원은 그 서류를 해당 기관에 우편으로 보내고 그 기관은 서류를 법원으로 보내 간접적으로 공람할 수 있게 한다.

있다면 경매에 참여하지 않는 것이 최상이다.

 '부동산투자를 할 때는 공인중개사를 친구로 삼으라'는 말이 있다. 그만큼 정보가 중요하다는 의미이다. 이를 부동산경매로 바꿔서 말하면 '경매물건의 동네 사람들을 친구로 삼으라'라고 할 수 있다. 왜냐하면 간혹 빠트리기 쉬운 권리분석의 핵심 열쇠가 그들의 손에 쥐어져 있기 때문이다.

법률구조공단 ★ 대한법률구조공단(www.klac.or.kr)은 저소득층을 위한 무료 법률상담과 소송대리, 형사변호 지원 등의 업무를 담당하는 기관이다. 소송 금액이 1000만원 이하면 가능하다. 차용증서 등을 소지하고 있거나 소장, 가압류 신청서 등의 소송 서류도 무료로 작성해준다. 소송 진행에 대해서도 지속적으로 조언해줌으로써 변호사 없이도 소송을 할 수 있도록 해준다.

또 이곳에서 법률상담을 한 경우 변호사를 선임해 소송을 할 필요가 있다고 판단되는 사안은 공단 소속 변호사와 공익 법무관이 소송을 대신 수행해준다. 형사사건도 무료로 변호해주는데 주로 구속사건, 공판절차에 회부된 사건, 소년부에 송치된 사건, 재심사건 등이다.

공단에서 제공하는 서비스라 해도 무료는 아니다. 변호사나 공익 법무관을 소송대리인으로 선임해 소송 등을 하는 경우에는 법원에 납부하는 인지대, 송달료 등 소송 실비와 소정의 변호사 비용은 부담해야 한다. 그러므로 소송 전에 필요한 비용을 공단에 먼저 납부해야 한다. 물론 비용이 비싼 편은 아니다. 일반 변호사와 비교할 때 굉장히 저렴하다. 영세민이나 장애인 등의 경우에는 모든 소송비용을 무료로 해주기도 한다(이 경우 소송금액은 2억원 이하로 규정되어 있다). 문의: 전국 어디서나 국번 없이 132번.

직접 조사가 힘들다면
간접 조사라도 하라

2008년 전후로 서초동 법원 주변의 학원가에 경매 바람이 휘몰아친 적이 있다. 이른바 경매 대중화를 타고 너도나도 경매로 돈 벌자는 열풍이 불었던 것이다. 그러다보니 달라진 모습이 두 가지 있다. 우선 예전에 비해 입찰자가 굉장히 많아졌다는 점이다. 약간 많은 게 아니라 굉장히 많아졌다. 가령 화요일부터 목요일까지의 기간에 추석이나 설 연휴가 있다고 치자. 그러면 보통 연휴 직후에 열리는 금요일 경매는 한산하다. 당연히 다들 고향에 갔다 오느라 몸과 마음이 피곤해 경매 참여도가 떨어지는 것이다. 그러나 요즘은 그렇지 않다. 항상 사람들로 붐빈다.

또 하나 달라진 모습은 투자자들의 수준이 예전보다 상당히 높아졌다는 점이다. 입찰에 임하는 자세나 물건 분석 요령도 시간이 갈수록 상향 평준화되고 있다. 그래서 경매시장에서는 전문가와 비전문가를 구분하는 일이 무의미해졌다. 이는 그만큼 일반인들의 경매에 대한 인식이 높아졌다는 것을 의미한다. 예전만 해도 경매하면 미술경매처럼 그 자리에서 매매가 이루어지는 호가제를 주로 연상했다. 그러나 지금은 경매라는 단어에서 부동산경매부터 떠올린다. 그만큼 부동산경매가 보편화 되었다는 의미다.

 실제로 경매와 관련해 상담을 나누다보면 이론적인 지식이 나보다 앞선 투자자들도 더러 만난다. 여러 학원을 다니면서 공부했기 때문에 민법용어에 있어서는 나름 고수다. 하지만 내가 그들을 가리켜 경매 초보라고 부르는 이유는 바로 명도에 있다. 싸게 낙찰 받으면 모든 일이 끝나고 커다란 수익을 올릴 수 있을 것이라 생각하지만 실제로는 그렇지 않다.

 본격적인 게임은 명도이다. 경매에서는 낙찰 받은 내집, 그러니까 법적으로 소유권을 보장 받은 내 부동산을 내 맘대로 처분할 수 없는 일이 빈번하게 발생한다. 어찌 보면 참 어이없고 안타까운 일이다. 그럴 경우 강제적인 방법을 통해서라도 해결하고 싶은 게 인간의 심정이다. 그러나 아무것도 두려워하지 않는 사람들은 반드시 있다. 다 잃은 마당에 끝까지 버티는 세입자들이 많다는 것이다.

 명도를 하다 보면 가슴 아픈 일도 있지만 재미있는 경우도 많다.

충무로에서 대부업체를 운영하는 50대 여사장 정영애씨의 이야기다. 내가 그녀를 알게 된 것은 1998년 외환위기 직후이다. 원래 그녀는 중소기업 사업가를 남편으로 둔 평범한 가정주부였다. 대학에서 행정학을 전공했지만 졸업과 동시에 결혼을 해 사회생활이라고는 단 한 번도 해보지 않았으며 남편은 경기도 부천에서 자그마한 중소기업체를 운영했다.

그 회사는 규모가 그렇게 큰 편은 아니었으나 시댁과 친정에 매달 100만원씩 생활비를 보낼 정도로 비교적 여유 있는 집이었다. 그런 평범한 40대 가정주부에게 시련이 찾아온 것은 외환위기 시절이었다.

"그때를 생각하면 지금도 눈물이 나요."

10년이 훨씬 지난 일이지만 당시의 충격은 그녀의 인생을 송두리째 바꿔버렸다. 넉넉한 생활을 하던 그녀는 어느 날 아침 남편 회사의 부도라는 청천벽력 같은 소식을 접했다.

"정말 정신이 하나도 없었어요. 남편은 한동안 행방불명됐고, 빚쟁이들은 하루가 멀다 하고 집에 들이닥쳐 돈 내놓으라고 난리를 쳤어요. 애들만 아니었으면 세상과 작별인사하고 싶은 마음이 드는 게 한 두 번이 아니었죠."

그녀가 지금껏 끝까지 포기의 끈을 놓지 않은 이유는 오로지 아이들 때문이었다. 어떻게든 살기 위해 식당일부터 전단지 나눠주는 일까지 온갖 궂은일을 다 했다. 사모님 소리를 듣던 때를 생각하면 상상도 할 수 없는 일이었으나 그녀는 그 옛날의 풍족했던 시절은 마음에서 지우고 5년간 악착같이 돈을 벌었다. 그렇게 자그마한 아파트 한 채를 마련할 즈음이었다.

"애들 아빠도 다행히 돌아와 함께 죽을 고생을 하면서 일했지요. 아이들에게는 정말 미안해요. 초등학교, 중학교 다닐 때인데 아빠 때문에 받은 정신적 충격은 둘째 치고라도 부모로서 아이들을 제대로 돌봐주지 못했어요. 다행인 것은 아이들이 착하게 자라주었다는 점이죠. 공부도 꽤 잘했고요. 더 중요한 것은 아이들이 삐뚤어지지 않고 시련을 함께 견뎌냈다는 점이에요."

그렇게 약간이나마 돈을 모으자 그녀는 그 돈을 어떻게 활용하면 가장 좋을까 이리저리 궁리했다. 고생고생해서 모은 돈이기에 최대한의 수익을 올릴 수 있는 방법을 찾아야 했다.

"겨우 소형아파트 한 채 구입할 돈이지만 우리에게는 엄청 큰돈이었어요. 고민하다가 사채를 놓으면 어떨까 하는 생각이 불현듯 들더라구요."

그녀는 남편에게 자신의 계획을 이야기했다. 불편하지만 현재의 월세 생활을 더 하면서 사채를 놓자고 제안한 것이다. 남편은 펄쩍 뛰었다. 다른 것은 몰라도 사채는 절대 안 된다고 극구 반대했다. 사채라는 이미지 자체도 좋지 않았지만 그런 일은 아무나 할 수 없다는 게 반대의 이유였다.

"생각해 봐. 사채를 하려면 배짱도 있어야 하고 인정사정 봐주지 않아야 하는데 당신이 그런 배짱이 있어? 그리고 또 만약에 돈을 떼이면 어떻게 할 거야? 아닌 말로 해결사 불러서 강제로 받아낼 거야?"

하지만 그녀는 확신에 차 있었다. 신문지상에 오르내리는 거창하고 비정한 사채가 아니라 소규모로 시작하면 안전하고 최대한 빠른 시간에 돈을 벌 수 있다는 자신감이 들었다. 그리하여 남편의 반대에도 불구하고 그녀는 계획을 밀고 나갔다. 주변에 급한 돈이 필요한 사람들을 대상으로 사채를 시작한 것은 2006년 무렵이었다. 2년 정도 지났을까. 그녀는 조금씩 대부업에 재미를 느끼기 시작했다. 물론 수십억대 재산가가 된 것은 아니지만 생각했던 것보다 재산을 빠르게 늘려갈 수 있었다. 그러나 정부의 대부업 규제 발표가 나오기 시작하면서 다른 길을 모색해야겠다는 생각이 들었다. 솔직히 남의 눈에 피눈물 빼는 일이 싫었다는 것이 더 정확한 이유이리라.

"돈 내놓으라고 난리칠 때마다 예전 제 모습이 떠올랐어요. 그때마다 '저 사람들은 지금 어떤 상황에 처해 있을까'라는 생각이 들었어요. 소름이 확 끼치죠. 남편 사업도 다시 회복돼 이미 아파트도 3채나 갖고 있었고, 애들도 대학에 들어갔는데 엄마가 사채를 한다고 하면 남들이 뭐라고 하겠어요. 그래서 부동산으로 눈을 돌리게 됐죠."

그렇게 경매에 발을 들여놓은 그녀는 1억원으로 경매를 시작했다. 큰돈 버는 것보다 경험부터 쌓자는 취지에서였다. 때마침 노원구의 빌라가 눈에 들어왔다. 감정가는 1억 6000만원인데 2회 유찰되어 1억 240만원에 3차 경매가 진행될 예정이었다. 나는 "왜 빌라를 살 생각을 했느냐?"고 물었다.

"별 뜻 없었어요. 우리 사무실에 직원이 세 명 있었는데, 그 직원들이 맡은 일이 채권추심, 그러니까 빌려준 돈을 받으러 다니는 일이었어요. 뭐 그렇다고 조폭의 이미지를 떠올리지는 마세요. 우리는 신사적으로 일을 처리했거든요. 다들 지방에서 올라와 자취방 구하기 어렵다고 하소연을 하기에 그 직원들 숙소로 쓰려고 계획을 잡았지요."

주변 시세는 1억 8000만원이었으며 그녀는 심사숙고 끝에 1억 2000만원을 입찰가로 정했다. 그러나 혹시 하는 마음에 현장에서 100만원을 더 보탰다. 떨리는 마음으로 결과를 기다리는데 그녀의 사건번호가 호명되었다.

"발표하겠습니다. 0000호 물건은 최고가 입찰자가 동시에 2명이 나왔습니다. 정영애씨, 김OO씨 앞으로 나오세요."

그녀는 자신의 귀를 의심했다. 처음으로 도전한 입찰에서 낙찰을 받은 것이다. 기쁜 마음이 들었으나 곧 후회의 마음이 밀려왔다. 입찰금을 단돈 1만원이라도 더 썼어야 했는데 그렇게 하지 못한 것이 아쉬웠다. 곧 재입찰이 진행되었고 그녀는 한참을 궁리하다가 1억 2530만원을 적어냈다. 이 정도면 낙찰이 되리라고 생각했으나 뜻밖의 결과가 나왔다.

"어! 또 동점이네요. 두 번이나 같은 금액을 쓰는 경우는 아주 드문 일인데. 어쨌든 이제는 제비뽑기로 결정하겠습니다. 두 분 앞으로 나와 제비를 뽑으세요."

세상에 어떻게 이런 일이 있을 수 있단 말인가. 서로 모르는 상대와

비공개로 입찰가를 쓰는데 두 번 다 똑같은 금액을 쓴 것이다. 그녀는 떨리는 손으로 제비뽑기를 했고 운이 좋았던지 낙찰이 되었다. 첫 경매부터 이런 행운이 따른다는 것에 그녀는 매우 고무되었다.

법원을 나온 그녀는 즉시 낙찰 받은 집으로 갔다. 입찰 전에도 몇 번 와봤으나 별반 특징이 없는 그저 그런 집이었다. 동네 사람들에게 물으니, 늘 불이 꺼져 있어 사람이 살고 있지는 않는 것 같다고 이야기를 했다.

"세입자도 없으니 명도도 큰 어려움이 없을 거라고 생각했죠. 저는 그때 채무자가 아마 야반도주를 했을 거라고 생각했어요. 등기부등본에 설정된 저당권과 가압류가 꽤 많았거든요. 제가 사채를 해서 잘 압니다만 이런 상황에 이르면 채무자는 사실상 변제 능력이 없다고 봐야 해요."

잔금을 치르고 등기부의 소유권을 이전 받은 다음 다시 집을 방문했으나 인기척이 없기는 마찬가지였다. 혹시나 하는 마음에 인도명령신청도 했다. 그러나 추후 확인하니 인도명령신청이 전달되지 않았다. 결국 공시송달로 결정문을 받고 집행관을 대동해 현장에서 강제집행을 실시했다. 열쇠수리공을 불러 문을 열게 하고 안으로 들어가니 놀라운 광경이 펼쳐졌다. 마침 그날은 부슬부슬 비가 내리는 날이었다.

문 앞에 쌓인 신문은 거의 발목까지 차 있었고, 벽에 걸린 달력은 2년 전 것이었다. 천장 사방 구석에 거미줄이 가득했고, 오랫동안 사람이 살지 않아 퀴퀴한 냄새가 코를 찔렀다. 불을 피운 지 오래돼 한기가 방안에 가득했다. 그러나 그런 광경은 이후의 사건에 비하면 아무것도 아니었다.

"한 3-4시 쯤 됐을 거예요. 문을 열고 사람들과 함께 안으로 들어서는 순간 좀 이상한 느낌이 들었어요. 신문지 같은 것이나 거미줄이 문제가 아니라 뭔가 음침한 기운이 돌더군요."

그때 안방에 들어간 사람이 으악! 비명을 내질렀다. 사람들이 안방으로 후다닥 가보니 아랫목에 사람이 누워 있었다. 그러나 이미 죽은 사람이었다. 그녀는 그 시체를 보는 순간 너무 놀라 심장이 멎을 것 같았다. 시체는 너무 오래되어 미라처럼 까맣게 변색되어 있었다. 심지어 냄새조차 나지 않았다.

누군가 112에 신고하자 경찰이 곧바로 와 현장을 면밀히 조사했다. 불행 중 다행이라는 표현이 어울리지는 않지만 타살이 아닌 자살이었다. 만일 살인사건이었다면 문제가 몹시 복잡해졌을 것이다. 동네 사람들 말을 종합하면, 한동안 이 집에서 이상한 냄새가 났으며 도둑고양이들이 들끓었다고 한다. 며칠 후 조사결과가 나왔는데 시체는 신병을 비관해 자살한 채무자의 것이었다. 그녀는 경찰을 통해 채무자의 친척에게 연락해 사후 처리 비용으로 200만원을 주고 집안 정리를 부탁했다. 집이 비워지자 그녀는 집안 전체를 완전히 새로 공사를 했다. 그래도 찝찝한 마음은 가시질 않았다.

"우리 직원들에게 들어가라면 누가 순순히 들어가겠어요? 그렇다고 당장 세를 놓을 수도 없는 노릇이었죠. 어쩔 수 없이 6개월 넘게 기다

렸어요. 소문이 잠잠해질 때까지 말이죠. 조용해진 이후에 월세를 놓았어요. 전세를 놓으면 도중에 항의를 하고 나간다고 할 수 있었기 때문이죠. 물론 월세 세입자도 소문을 듣고 나간다고 하면 즉시 방을 빼주려고 했죠. 그런데 다행히 그런 일은 없었어요. 오히려 그 집에 산 사람들이 다 잘되었어요. 계약기간이 끝나 나가는 사람 모두 처음보다 부자가 되었으니까요. 참 다행이죠."

그녀는 기회를 봐서 집을 팔려고 했으나 재건축조합이 구성돼 현재 재건축이 진행 중이다. 시세는 3억원을 호가하고 있다.

위치	서울 노원구	물건의 형태	빌라
시세(감정가격)	1억 8000만원	최종낙찰가	1억 2530만원
현재 시세	3억원	수익	1억 7470만원

경매물건의 집안 확인은 어떻게 해야 할까

경매에 나온 집의 내부를 확인하는 일은 쉽지 않다. 누군들 자신의 집 안방을 공개하고 싶겠는가. 매매의 경우에는 집 안을 보여주지만 경매는 매매와 성격이 다르다. 자신의 집이 경매로 넘어가는 마당에 누가 기꺼이 문을 열어주겠는가. 또 그런 집일수록 사람이 없는 경우가 많다.

그래도 시도는 해봐야 한다. 집을 방문해 공손하게 설명을 한 뒤 집 안을 둘러보도록 한다. 만일 거주자가 거절을 하면 즉시 물러서야 한다. 그렇다고 그냥 돌아와서는 안 된다. 옆집이나 동네 슈퍼, 부동산 중개소 등에 들러 정보를 얻어라. 사람의 심리란 비슷해서 질문을 하면 대답을 해주게 되어 있다.

그 다음으로 가장 쉽게 알 수 있는 방법이 대법원 경매 사이트에 들어가 '송달' 관계를 확인하는 것이다. 송달이란 채무자가 우편으로 보낸 법원 서류를 받았는지, 안 받았는지 확인하는 것을 말한다. 그것을 확인하면 채무자(또는 소유자, 임차인)에 대한 송달이 이루어졌는지 알 수 있다. 송달을 받지 않을 때는 '채무자 송달 불능, 폐문 부재로 송달 불능'이라고 표시된다. 그렇게 기록돼 있다면 채무자가 송달을 받지 않았다는 뜻이기 때문에 왜 받지 않았는지 현장에 가서 조사를 해야 한다. 그래야 추후 발생할 수 있는 뜻밖의 일을 미리 막을 수 있다.

인도명령신청서는 반드시 상대방(소유자, 채무자, 임차인)이 송달을 받아야만 효력이 발생한다. 만약 상대방이 송달을 받지 못하면 인도명령을 통한 강제집행이 있다는 사실을 모르므로 인권보호 차원에서 '집행문'을 부여하지 않는다. 계속 송달을 받지 않으면 집행관에게 송달을 부탁하는 집행관송달이나 야간송달을 이용한다. 이 역시 안 되면 법원 게시판에 마지막으로 공고하는 '공시송달'을 이용하면 된다.

확신과 인내로 이뤄낸 66억 신화

김포 고촌읍에 사는 윤상원씨는 2006년 명품의류매장에 투자해 수십억원의 피해를 입고, 손실을 만회하기 위해 부동산경매를 선택했다. 사실 그는 두 번 경매를 해서 모두 성공했으나 큰 재미는 보지 못했다. 그도 그럴 것이 두 번 모두 스스로 한 것이 아니라 전문가의 도움을 받았기 때문이다. 그러다보니 제반 비용과 수수료를 주고나면 남는 것이 별로 없었다.

그가 지난 몇 년간 애써 경매투자를 외면한 것도 바로 그런 이유에서였다. 그러나 잃어버린 자산을 회복하기 위해서는 경매보다 빠른 게 없다고 생각한 그는 5년 만에 부동산경매에 재도전하기로 했다. 그렇게 찾은 물건이 2007년 1월 초, 대전 서구 둔산동의 대지였다.

 감정평가서를 살펴보니 그 지역은 대전 중심가로 급부상하는 곳이었다. 또한 바로 옆에 대전 최고의 C 백화점이 자리 잡고 있었다. 한마디로 요지 중 요지였다. 왜 이런 지역에 있는 땅이 경매로 나왔는지 의문이 들 지경이었다. 위치만 놓고 보면 특A급 상권이었다.

법원이 감정한 대지 금액은 532.2㎡(161평)에 17억원. 3.3㎡당 1000만원이 채 못 됐다. 사실 아무리 지방이라 해도 이렇게 특A급 물건은 3.3㎡당 2000만원이 훌쩍 넘기 마련이다. 그런데 1000만원에 불과하다니, 뭔가 이유가 있을 거라고 윤씨는 생각했다.

그 원인은 바로 경매시점이었다. 이 물건에 대한 감정평가는 2005년에 이루어졌다. 당시 경매가 실시됐으나 건물이 일정 부분 건축을 하고 있는 상태였기 때문에 감정이의 등 여러 가지 문제로 2년이나 지난 후에 경매가 다시 열린 것이다.

경매투자에서 중요한 또 하나의 요인은 감정평가 시점이다. 그렇다면 감정평가 시점은 어떻게 파악할 수 있을까. 사람에게 주민등록번호가 있고 부동산에 지번이 있듯이 경매물건에도 물건번호가 있다. 물건번호에서 주의를 기울여야 하는 것은 '00타경'이다. 이는 감정평가 시점을 나타낸다. '2009타경0000'은 2009년에 경매가 시작된 것이고 '2010타경0000'은 2010년에 경매가격이 정해진 것을 의미한다. 지금도 경매시장에서는 2009타경0000번 사건이 종종 나온다. 이런 물건은 감정평가 시점이 지금으로부터 2년 전이다. 당시 상황과 비교해가며

낙찰가를 결정해야 한다.

그렇다고 해서 오래된 물건이 무조건 좋은 것은 아니다. 그 시점에 부동산이 고평가됐다면 당연히 당시 감정가를 무시하고 낙찰가를 정하는 것이 옳다. 반대로 당시 부동산이 저평가됐다면 이를 감안해 감정가 수준으로만 낙찰을 받아도 시세차익을 얻을 수 있다. 이게 바로 경매의 묘미다.

다시 윤씨 이야기로 돌아가보자. 이 대지는 6개월 전에 경매가 실시되어 1회차에서 A라는 사람이 18억원의 입찰가를 써서 낙찰을 받았다. 그런데 A는 무슨 이유에선지 1억 8000만원의 보증금을 포기하고 물러났다. 그 이유가 무엇인지는 A를 만나지 않는 한 알 방법이 없다. 단지 재경매물건은 무슨 이유든 앞선 낙찰자가 포기를 했기 때문에 더욱 신중한 권리분석이 필요하다. 왜냐하면 재입찰물건의 보증금은 10%가 아닌 20%이기 때문에 재입찰에 참가하는 입찰자는 보증금을 1억 8000만원이 아닌 3억 6000만원을 납입해야 한다.

그는 현장조사를 위해 대전을 방문했다. 일단 위치는 나무랄 데 없이 좋았다. 단지 안타까운 점은 대지 위에 건물을 80% 이상 건축하다가 공사가 중단돼 3년이 지났다는 점이었다. 이미 이 건물은 도시 미관을 해치는 흉물이 돼 있었다. 그러나 C 백화점과 인접해 있는 등 주변 상권이 좋았고 유동인구도 무척 많아 보였다.

그는 그 땅을 낙찰 받기 위해 몇 가지 사실을 정리했다. 그의 권리분석을 살펴보자.

❶ 2004년에 법원은 이 대지를 감정평가했다. 당시 감정가격은 3년 전이기에 경매시작가격 자체가 낮은 상태이다. 이 점은 매우 유리하다.

❷ 위치가 특A급 상권에 있기 때문에 낙찰을 받아 시간이 지나면 지가 상승이 충분히 예견되는 곳이다. 이 역시 장점이다.

❸ 누군가 건물을 준공만 한다면 지료(땅 사용료)만 청구해도 그 금액이 상당하다. 만약 건물분양을 한다면 반드시 대지를 가지고 있는 자신과 우선적으로 협상을 해야 한다. 이 점 또한 합격이다.

❹ 만약 건물공사를 진행할 능력이 없다면 지금까지의 공사대금을 지불하고 모든 권리를 인수하면 된다. 이렇게 해서 마무리 공사를 한다면 엄청난 이득이 있을 것으로 예상된다.

❺ 마지막으로 유치권이 있다 하지만 유치권은 건물과 관련된 것이지 대지와는 상관이 없다. 하지만 경매 현장에서 유치권은 과민반응을 일으키는 요인이다. 법원에 비치된 물건명세표에 유치권이라는 세 글자만 보이면 대부분의 입찰자들은 지레 겁을 먹고 입찰을 포기한다. 자연히 입찰경쟁률은 떨어질 수밖에 없다. 유치권 문제 역시 통과!

고민을 거듭한 끝에 그는 분명 이 물건이 추후 돈이 될 것임을 확신했다. 그리고 경매 당일 친구 2명과 함께 다시 대전을 방문했다. 그러나 경매 분위기는 매우 조용했다. 전체적인 분위기가 썰렁해 이번 회차에서도 입찰이 어려울 것 같다는 생각이 들었다. 대전은 입찰가가 한 번에 30%씩 떨어지기 때문에 이 물건이 다음 회차로 넘어가면 5억

원 정도 더 떨어진다. 결코 작은 금액이 아니다.

더구나 이 대지는 누구나 쉽게 손댈 곳이 아니었다. 그는 결국 입찰을 포기했다. 만약 누군가가 낙찰을 받는다면 그 땅은 임자가 따로 있었다고 생각하며 물러설 계획이었다. 땅도 인연이 있기 때문이었다. 다행히 이날도 아무도 입찰하지 않았다.

과학적 분석을 요구하는 경매일지라도 '감'은 절대로 간과할 수 없는 무기다. 계량화시켜 설명할 수는 없지만 현장에서의 느낌은 어찌 보면 절대적인 요인이다. 모든 물건에는 임자가 있다고 하지 않았던가. 따라서 '무조건 이 부동산은 내가 낙찰 받는다'는 욕심에 높은 금액을 쓴다고 해서 모두 낙찰되는 것은 아니다. 무리수를 두지 말라는 이야기다. 자신의 자금 사정, 미래의 변화 등을 감안한 매입이 가장 중요한 기본 자세이다. 그는 이 기본을 잘 지켰다. 아쉬움을 간직하고 돌아설 줄 알았던 것이다.

1개월 후 입찰가격은 30%가 하락해 12억원에 나왔다. 그는 망설이지 않고 도전해 최저 입찰가격에서 1억 5000만원을 더 써낸 13억 5000만원에 단독 입찰했다. 1개월 차이로 3억 5000만원을 절약한 것이다.

대지의 낙찰은 건물과 달리 명도라는 것이 없기 때문에 낙찰과 등기로 모든 것이 끝난다. 그는 경락잔금을 대출 받기 위해 어느 은행을 이용할까 고민하다가 등기부등본에 기재된 당사자에게 가기로 했다. 즉 이 땅이 경매로 넘어오기까지의 과정을 잘 아는 근저당권자(곧 경매신청권자)인 농협을 찾아간 것이다. 자신이 낙찰 받은 사람임을 밝히고 경락잔금 대출을 의뢰하자 그 땅에 대해 누구보다도 잘 알고 있는 농협은 선뜻 10억원을 대출해줬다.

나중에 안 사실이지만 대지 위의 건물은 대지가 경매로 넘어가 주인이 바뀌었음에도 불구하고 공사가 간헐적으로 조금씩 진행되고 있었다. 낙찰 후 땅주인을 만나 지금까지의 상황을 물었다.

"여러 가지가 복합적으로 얽혔지요. 건물을 무리하게 짓다가 공사비 부족으로 건축이 계속 지연되었고, 은행이자가 늘어나는 상황에서 공사업자가 가압류 등 법률 조치를 취했어요. 사채까지 빌렸지만 결국 상황을 통제할 수 없었지요."

공사 시행업자가 달라붙어 땅값과 건물 전부를 포함해 35억원에 매입하겠다고 했으나 실행에 옮기지는 않았다. 그렇게 건물은 공사가 거의 중단되다시피 한 채 흉물로 남아 있었던 것이다.

등기완료 후 6개월이 지나자 윤씨는 건물주에게 땅 사용료인 지료청구소송을 제기했다. 건물주의 사정이 딱하기는 하지만 무작정 놓아둘 수는 없는 일이었다. 그는 소유권을 이전한 날로부터 현재까지의 지료를 요구했다. 내 주거용 대지에 타인이 건물을 지어 사용한다면 대지 시세의 연 5% 정도를 지료로 청구할 수 있다. 임야는 연 2% 정도, 상업용 대지는 6% 정도를 청구한다.

그는 월 500만원을 지료로 청구했고 법원은 약 8개월 후에 판결문을 확정했다. 건물 소유자 입장에서는 이제는 건물이 완공된다 해도 이것저것을 다 떼고 나면 가져갈 돈이 없는 상황이 되었다. 건물을 완

공하기도 힘들고 또 완공한다 해도 분양을 할 때 대지 소유자에게 돈을 또 주어야 하는데 완전히 산 넘어 산의 형국이었다.

결국 2년 만에 건물 소유자는 윤씨에게 건물 매입을 제의했다. 모든 것을 포기하고 건축주 명의변경을 해준다는 제안이었다. 모든 채무와 공사의 마무리 비용까지 계산하니 약 22억원이 산출되었다. 그는 돈을 끌어 모으기 위해 서울 삼청동에 위치한 부동산을 급매로 매각하는 등 대전 건물에 모든 재산을 투자했다. 그렇게 해서 땅과 건물 모두 윤씨의 소유가 되었다.

이후 건물의 마무리 공사를 직접 챙기면서 공사를 독려했다. 건물이 다 완공된 후 건물 보존등기를 모두 마친 것은 대지의 소유권을 이전한 날로부터 3년 후였다. 건물의 보존등기가 나자마자 곧바로 그는 은행의 대출을 알아봤다. 건물 및 대지 감정평가액은 60억원이었다. 전라도에 위치한 단위농협에서 연 6.8% 이자로 35억원을 대출해주겠다는 제안이 들어왔다. 당시로선 파격적인 제안이 아닐 수 없었다. 그는 멀리 전라도까지 내려가 계약서에 사인한 후 대출과 관련된 모든 일을 완료했다.

그 후 건물의 임대에 착수했다. 1층에는 유명 커피체인점을 비롯한 다양한 상점, 2층에는 미용실, 레스토랑 등 여러 업체를 입점시켰다. 결과는 대성공이었다. 현재 이 건물은 80억원을 호가하며 그는 매월 4500만원의 월세를 받는다.

위치	대전시 서구 둔산동	물건의 형태	대지, 532m²(161평)
시세(감정가격)	17억원	최종낙찰가	13억 5000만원
현재 시세	80억원		
4년 후 수익	66억 5000만원, 매월 4500만원 월세 수입		

개인 경매투자의 4대 원칙

윤상원씨의 경매 사례에는 우리가 배울 점이 많다. 윤씨는 최고의 경매투자자라 해도 과언이 아니다. 우선 경매에 앞서 시장조사를 철저히 했다. 금액이 크기도 하지만 시장조사를 그만큼 하지 않았다면 성공에 이르지 못했을 것이다. 두 번째는 서울에서 멀리 대전까지 내려가 자신의 '감'을 믿고 1회차 경매를 과감히 포기한 용기를 들 수 있다. 이는 경매투자에 매우 중요한 요소이다.

경매에서 무리수는 절대 금물이다. 갑자기 경매 당일 다리를 다쳤다든가, 생각지도 못하게 길이 막혀 제시간에 법원에 도착할 수 없을 것 같으면 빨리 마음을 접어야 한다. 실수의 확률을 줄이기 위해서이다. 기회는 또 온다.

세 번째는 확신을 가지고 투자했다는 점이다. 투기적 올인이 아닌 최선의 올인을 했기 때문에 그는 성공을 거두었다. 당시 삼청동의 건물 역시 좋은 위치 덕분에 괜찮은 수익을 거둘 수 있었지만 대전 건물이 더 큰 수익을 낼 것이라고 판단해 급매가격으로 과감히 처분하고 그 돈을 대전에 투자했다.

넷째로 지치지 않는 열정이다. 건물의 부가가치를 높이기 위한 노력과 은행을 이용한 레버리지효과의 극대화, 유연한 자금 집행, 토지경매 시 발생할 수 있는 건물의 변수 등을 모두 분석했다. 어지간한 열정으로는 그와 같은 일을 혼자 해내기는 어렵다. 그의 성공 요인과 결과를 보면 전문가들도 감탄을 금할 수 없다.

맹지를 활용하는 방법

　성수동에 사는 김수정씨를 만난 것은 평소 잘 알고 지내던 경매 컨설턴트의 소개 덕분이었다. 내 직업의 특성상 경매 사례(성공과 실패를 막론하고)를 찾아내는 것만큼 재미있는 일은 없다. 그런 면에서 볼 때 그녀의 사례는 매우 특별한 경우이다.

　보습학원 강사 출신인 김수정씨는 초등학교에 다니는 자녀를 둔 가정주부이다. 남편은 대형 금융사의 노무 담당 직원으로 평범한 가정의 전형이다. 그러던 어느 날 그녀는 그러한 삶에 무료함을 느꼈다. 남들이 들으면 복에 겨운 소리라고 할 수 있으나 이 무료함이 오히려 삶을 한 단계 업그레이드시키는 기회를 만들어주었다.

　남편이 출근하고 아이가 학교에 가면 그녀는 건강도 챙기고 다이어

트도 할 요량으로 집 근처에 있는 피트니스클럽을 다녔지만 그다지 재미가 없었다. 어느 날 미용실에서 머리를 다듬다가 눈앞에 펼쳐진 여성지 기사에 눈이 갔다. 거기에는 부동산경매 관련 기사가 실려 있었다. 그녀의 눈길을 사로잡은 문구는 '발품만 팔면 남편 연봉 이상을 벌 수 있다'는 것이었다. 이 말이 100% 사실은 아닐지언정 발품만 팔면 그만큼의 대가는 얻을 수 있지 않을까 하는 생각이 들었다. 그녀의 경매 도전은 그렇게 시작됐다.

"사실 남편 연봉 이상 벌 수 있을 거라고는 생각하지 않았어요. 단번에 그렇게 많이 번다는 것이 얼마나 어려운 일인지도 잘 알구요. 그냥 발품을 팔 수 있다는 게 맘에 들었죠. 어려서부터 부모님께서 부동산에 많은 관심을 기울이신 게 꽤 도움이 되었어요. 부동산에 대한 천부적인 감각이랄까. 어깨너머로 본 그걸 제가 지금 써먹을 줄 누가 알았겠어요."

경매 도전을 결심한 그녀는 당장 집 근처 경매학원에 등록해 이론부터 배워나갔다. 무료했던 그녀에게 경매학원에서 가르치는 과정은 즐겁고 새로운 경험이었다. 나에게 그녀를 소개해 준 경매 컨설턴트를 만난 것은 그 학원을 통해서였다.

"진현이 엄마는 수강생들 중에서도 단연 학습자세가 적극적이었죠. 아무리 쉽게 가르치려 해도 경매라는 게 민법을 근거로 만들어진 것이기 때문에 일반인들 입장에서는 생소하잖아요. 그런데 진현이 엄마는 대학에서 심리학을 전공했으면서도 수업을 잘 따라왔어요."

그녀가 처음 도전한 물건은 파주시 조리읍에 있는 자그마한 땅이었다. 규모는 1000㎡(303평)였으며 감정가는 3.3㎡당 70만원선이었다. 일반 매매로 구입하려면 단순히 계산해도 2억 1000만원이 필요했다. 그러나 다행히도 이 물건은 4회나 유찰되어 입찰가는 이미 반값 이하로 내려간 상태였다.

이유는 간단했다. 이 토지는 맹지(盲地), 즉 도로와 연결할 수 없는 곳에 위치한 땅이어서 사실상 개발이 불가능했다. 그러다 보니 낙찰가는 계속 떨어질 수밖에 없었다. 맹지는 일반적으로 도로에 인접해 있는 토지에 비해 약 50% 정도 싸다.

토지투자에 있어 도로 인접 여부는 개발의 성패를 좌우하는 중요한 요소다. 흔히 부동산 고수라고 자처하는 사람들 중에는 맹지가 돈이 된다며 부추기지만 이는 사실과 다르다. 그들이 강조하는 것은 단순히 '맹지가 일반 토지에 비해 값이 싸다'는 점이다. 문제는 개발하지 못하면 아무 소용이 없다는 점이다. 구슬이 서 말이라도 꿰어야 보배다. 맹지투자의 난점이 바로 그런 경우다.

맹지라는 천덕꾸러기가 화려한 백조로 바뀐다는 것을 강조하면서 전문가들이 내세우는 가장 일반적인 투자법이 도로와 인접하도록 길을 내기 위해 해당 토지 주변 소유주에게 땅값 사용료를 내면 된다는 것이다. 그러나 이는 말처럼 쉬운 일이 아니다. 당장 사용료 명목으로 얼마를 지불하라고 요구할지 정확하게 추정하기 힘들다. 그녀의 경우도 마찬가지였다. 주변 4차선 도로까지 길을 내려면 2~3명의 토지소유

주에게 허락을 받아야 했다. 입찰가가 크게 떨어진 것도 다 그런 이유가 있어서였다. 하지만 그녀의 투자법이 빛을 발한 것은 접근 방법 자체가 달랐기 때문이다. 그녀는 공무원으로 근무하는 친정오빠를 통해 하천점유허가라는 개념을 배웠다.

일반적으로 하천은 크기에 따라 국가하천, 지방하천, 소하천으로 분류된다. 한강, 낙동강, 영산강과 같은 1급 국가하천은 국토해양부가 관리하며, 지방하천은 광역자치단체가 관할기관이다. 실개천과 같은 소하천은 기초자치단체장의 관리감독을 받는다. 물론 이들 소하천 역시 국가 소유다. 그러므로 소유권 자체가 이전되지는 않는다. 하천을 이용하려면 일정액을 매년 관할 감독기관에 내야 하는데 이를 하천점유허가라고 말한다. 그녀가 찾아낸 물건은 이 하천점유허가를 받아내기에 안성맞춤인 케이스였다.

"일단 주변에 교량이 없어 다리를 놓기로 결정했죠. 그러면 공익성을 어느 정도 충족시킬 수 있으니까요. 그래서 제 돈으로 다리를 놓았죠. 설치하는데 대략 200만원 정도 들었어요. 물론 매년 일정 금액의 하천 사용료도 내고 있지요. 하지만 하천을 지나 건너편 도로와 연결되니까 맹지의 단점은 일거에 사라졌습니다."

그녀는 이 토지를 9400만원에 낙찰 받았다. 주변 시세가 3억~4억원을 호가하는 것과 비교하면 엄청난 이익이었다. 도로건설비에 사용료까지 포함해도 크게 남는 장사였다.

하천점유허가를 받으려면 가장 먼저 공공성에 부합되는지를 관할 감독구청으로부터 평가 받아야 한다. 하천에 교량을 놓을 경우 특정인의 이익뿐만 아니라 주변 지역에까지 얼마나 도움이 되는지가 중요 판단기준이다. 하천과 같은 공공시설은 개인이 마음대로 사용할 수 없는 국가 재산이다. 따라서 하천점유허가를 받기 위해 투자할 때는 사전에 해당 관청을 찾아가 건축 허가 여부를 확인해야 한다. 공공성 여부는 전적으로 공공기관의 판단에 달려 있다. 주변에 도로가 없어 불편함을 초래한다면 충분히 설득이 가능하다. 만약 이렇게 해서도 안 된다면 인접 토지에 사용료를 내고 도로를 내는 방법을 모색해야 한다.

첫 번째 경매에서 보기 좋게 성공을 거둔 그녀는 또 다른 맹지투자를 준비 중이다.

"맹지하면 무턱대고 걱정부터 하는 사람이 많은데 그럴 필요는 없어요. 저는 경매로 맹지를 낙찰 받으면서 부동산 디벨로퍼의 매력을 경험했어요. 관련 제도와 기준을 잘 이용하면 개발가치가 높아지는 땅은 굉장히 많아요."

위치	경기도 파주시 조리읍	물건의 형태	토지, 1000㎡(303평)
시세(감정가격)	3-4억원	최종낙찰가	9400만원

우리 주변에는 땅을 사서 재미를 보았다는 사람이 많다. 우연히 어느 지역의 땅을 매입했는데 고속철도 역사가 생겼느니, 도로에 편입되었느니…. 하지만 부동산투자에 우연은 없다는 게 내 오랜 경험 끝에 내린 결론이다. 토지투자 성공

의 90% 이상은 사전에 정보를 얻어 발생한다. 우연히 구입한 땅이 횡재로 연결되는 경우는 10%도 채 안 된다.

땅이나 임야를 살 때는 반드시 믿을 수 있는 인근 주민의 말을 듣고 시작하는 것이 좋다. 특히 땅(임야)이 경매로 나오는 경우에 그 땅 주인은 누구보다도 지역 개발 정보에 밝다. 상식적으로 생각했을 때, 향후 개발호재가 많은 땅을 경매로 헐값에 넘기는 사람은 없다. 그러므로 경매로 나온 대지나 땅은 세심한 관찰이 필요하다. 대지나 임야는 명도가 없기 때문에 등기부등본의 권리분석만 살펴보면 소유권을 이전하는 데 큰 문제가 없다.

특이하게도 경매에 참여해 조각땅만 사는 사람이 있었다. 그는 감정가 대비 10-20%대의 땅을 구입했다. 어떤 경우는 500만원, 300만원짜리 땅도 하루에 2-3건을 입찰하면서 매입했다. 궁금하던 차에 이야기를 나눌 기회가 생겨 그에게 물었다.

"왜 그렇게 조각땅을 매입하세요?"

"나중에 이 땅들 중에서 한 건만 되어도 돈이 되니까요."

그는 예전에 실제로 조각땅 하나를 보상 받았는데 그 돈이 상당한 금액이었다. 그 후로 조각땅에만 투자를 했다. 넓은 대지이든 좁은 자투리땅이든 땅은 반드시 정보에 밝아야 하며 왜 그 땅이 경매로 처분되는지 등기부등본을 살펴보면서 연구한 뒤 경매에 참여해야 한다.

현재 장사를 하고 있는 상가를 노리라

2009년 12월의 일이다. 한 단체에서 경매강의를 해달라는 부탁을 받고 서초동에서 강의를 했다. 그때 만난 민성태씨는 꼼꼼한 투자법으로 경매투자에 성공한 케이스였다. 호랑이 굴에 가도 정신만 바짝 차리면 된다는 말이 그에게 딱 어울렸다. 지금 생각해도 그는 위기에 강한 투자자였다.

"비닐하우스에서 작물을 재배하던 제가 어떻게 경매에 관심을 갖게 됐는지는 저도 잘 모르겠어요. 저는 시골에서 살았어도 늘 TV나 신문은 보고 살았죠. 세상 돌아가는 건 알아야 하니까요. 하루는 신문을 읽는데 경매대박이라는 글자가 눈에 확 들어오더라구요. 서울에 사는 사람들에게 대박이라는 글자는 식상하게 들릴지 몰라도 우리 같은 촌사람들은 달라요. 눈이 확 뜨이고 가슴이 두근거리거든요. 아마 그때도 그런 느낌이었던 거 같아요."

그 후 시내에 놀러갔다가 오랜만에 고등학교 동창을 만난 그는 친구가 경매로 돈을 벌고 있다는 말을 듣고 경매를 시작했다. 민씨의 친구는 경북 구미 다가구주택에 많은 관심을 갖고 있었다. 그 덕분에 그의 첫 경매 도전은 다가구주택이었다.

"구미 같은 동네는 다가구주택들의 경우 전월세가 많지 않아요. 그래서 빈방이 많죠. 세입자 찾기가 대도시보다 어렵기 때문이죠. 그런 연유로 다가구주택의 낙찰가는 감정가 대비 50% 미만이 대부분이에요. 싸게 사는 게 장점이지만 임대사업용으로 활용하기에는 좀 무리가 있지요."

본인이 직접 살 집을 알아본다면 구미와 같이 감정가 대비 50%까지 입찰가가 떨어지는 지역도 괜찮다. 하지만 민씨는 시골에 집이 있어서 시내 다가구는 왠지 흥미가 일지 않았다.

"경매 책을 보면 가장 많이 나오는 말이 낙찰가가 너무 낮으면 수익률도 나빠진다는 거잖아요. 진짜 여기가 그래요. 세입자를 못 구하니까 입찰에 참여하지 않죠. 세입자를 못 찾으면 투자수익률은 자연히 낮아지는 거죠."

민씨는 그런 사유로 다가구 대신 상가를 선택했다. 그러나 상가 역시 괜찮은 물건을 찾기가 쉽지 않았다. 경매로 나온 상가 몇 곳을 탐방했으나 대부분 영업 중지로 문을 닫은 상태였다. 그렇지 않은 곳은 인적이 드문 곳들이었다. 경매로 상가가 나오는 일은 대체로 영업에 어려움을 겪어서다. 목 좋은 곳은 웬만하면 경매로 내몰리지 않는다. 가령 이면도로에 위치한 상가나, 오가는 사람들이 드물어 장사가 안 되는 곳은 이자를 제때 내지 못해 경매로 나오는 경우가 있다.

그러던 어느 날 공단 근처에 있는 지하 술집이 경매로 나왔다는 정보를 입수했다.

"요즘 우리 세대, 그러니까 40-50대들이 좋아하는 7080 라이브카페였어요. 직접 들어가 영업상태도 확인하고 술과 음식도 먹어봤는데 꽤 괜찮더라고요. 내부 인테리어도 깨끗하고 손님도 제법 있고…."

가게의 실평수는 132㎡(40평), 대지평수는 60㎡(18평)로 감정가는 8500만원이었다. 이 물건은 2회 유찰된 것이었는데 3회차에 5500만원을 써내 낙찰을 받았다. 경쟁률은 3대 1이었으며 차순위자와 가격 차이는 500만원이었다. 권리분석도 그렇게 복잡하지 않았다. 은행에서 대출 받은 돈의 이자를 갚지 못해 경매에 나온 것이었다. 세입자 역시 최초근저당권 이후에 장사를 했기에 상가임대차보호법의 적용을 받지 않았다.

낙찰 후 법원 앞에서 대출을 받으라고 전단지를 돌리는 상담 직원에게 연락해 새마을금고를 소개 받고 경락잔금대출을 의뢰했다. 대출금은 낙찰대금의 70%까지 가능했으며 금리는 연 6.1%였다. 생명보험사

도 대출을 해준다고 했으나 거의 비슷한 수준이어서 당초 계획대로 새마을금고에서 대출을 받기로 결정했다. 이제 마지막 남은 일은 세입자와의 관계를 정리하는 것이었다.

"잔금을 치르기 전에 세입자를 만나 명도 계획을 말하니 보증금 1000만원에 권리금까지 합쳐 4000만원을 주지 않으면 한 발자국도 나가지 않겠다고 큰소리를 치더군요. 그것도 그냥 이야기하는 게 아니라 내가 무슨 폭력배나 되는 듯이 퍼부어대는 게 아니겠어요. 황당했죠. 아직 잔금을 치르지는 않아 입찰보증금을 포기할까도 생각했는데 계약금을 그렇게 날릴 수는 없잖아요. 일단 집에 와서 곰곰이 생각해보니 '이런 게 경매구나' 하는 후회가 몰려왔어요. '세상에 공짜는 없구나' 하는 생각도 들었죠. '내가 돈 버는 것을 참 쉽게 여겼구나'라고 말이죠. 그런데 한편으로는 '내가 왜 이런 협박을 받아야 하나'라며 분한 생각도 들었어요."

그는 처음부터 다시 되짚어보았다. 그러고 나서 책을 뒤졌다. 책장을 빠르게 넘기던 그의 시선이 한군데에서 멈췄다. '세입자의 월세 여부를 확인하라'였다. 그는 세입자가 얼마나 성실히 월세를 납부했는지부터 따져보기로 했다. 놀랍게도 세입자는 경매가 진행되는 지난 1년 동안 월세 70만원을 단 한 번도 낸 적이 없었다. 월세를 내지 않으면 사실상 보증금이 줄어드는 것은 모두가 아는 상식이다.

그는 곧장 잔금을 치르고 세입자에게 이 사실을 통보한 뒤 합의가 안 되면 인도명령으로 강제집행하겠다고 알렸다. 며칠 뒤 그는 법원에 인도명령신청서를 제출했다. 이쯤 되면 '저쪽에서도 무슨 반응이 오겠지'라고 생각했건만 돌아오는 답은 빈 메아리였다.

"결국 강제집행을 해야 하는 수밖에 없었어요. 그래서 맘을 굳히고 있는데 어떻게 알았는지 통장으로 1000만원이 입금돼 있는 게 아니겠어요. 재계약의 뜻으로 보증금을 보낸 거죠. 지난번에 제가 통장번호를 가르쳐줬었나 봐요. 어쨌든 보증금을 다시 받고 임대차 계약서도 다시 썼어요. 그렇게 문제가 해결되었지요."

그는 몇 년 동안 이 가게를 갖고 있다가 리모델링을 한 후 값을 더 붙여 팔 생각이다.

"사실 경매하면 법을 아는 사람만이 할 수 있다는 생각부터 했는데, 큰 욕심 안 부리니까 뭐 별거 없더라고요. 또 하나 놀란 점은 서울 사람들이 구미까지 투자 물건을 찾으러 내려온다는 사실입니다. 서울에서 5시간은 족히 걸리는 거리인데도 오더라구요."

위치	경북 구미시	물건의 형태	지하상가, 132㎡(40평)
시세(감정가격)	8500만원	최종낙찰가	5500만원

상가 사례를 하나 더 살펴보자. 서울 용산구 보광동에 살고 있는 김윤환씨의 이야기다. 그는 젊어서부터 성실하게 살아와 노년에 상당한 부를 축적했지만 불행하게도 자식농사만큼은 제대로 하지 못했다고 늘 아쉬워했다. 젊어서부터 장사하느라 아들과 보낸 시간이 많지 않았고, 아버지의 무관심 속에서 자란 아들은 공부보다는 친구들과 어울려

놀기를 좋아해 대학 진학도 하지 않은 채 2~3년을 허송세월로 보냈다.

군대를 다녀온 후 뒤늦게 정신을 차린 아들은 동대문에서 도매로 신발을 매입해 서울 주요 지역 소매상들에게 납품하는 일을 했다. 늦게나마 인생의 소중함을 깨달은 아들에게 아버지는 선물로 번듯한 상가 하나를 사주고 싶어 평소 알고 지내던 부동산 중개업자의 소개로 용산구 보광쇼핑센터에 있는 편의점을 경매로 낙찰 받았다.

이 점포는 실평수 33㎡(10평)인 2개 점포를 임대해 총 66㎡(20평)를 편의점으로 사용하고 있었다. 그중 1개 점포가 감정가 2억원에 나와 2회 유찰되어 1억 2800만원에 입찰이 시작되었다. 처음에 그는 '1개 점포(33㎡)만 나와서 어쩌나'라고 생각하다가 '낙찰 받은 뒤 칸막이를 치면 구분이 되겠다' 싶어 과감히 경매에 도전했다. 경쟁자는 7명으로 대부분 최저가를 밑도는 입찰금액을 적었던 데 비해 그는 1억 4100만원을 써내 낙찰을 받았다. 낙찰되자마자 바로 인도명령을 신청한 뒤 편의점과 반반씩 돈을 내 칸막이 공사를 했다. 현재 이 상가는 아들의 신발가게로 이용돼 성업 중이다. 그 후 한남동이 뉴타운으로 개발되면서 점포 시세가 7~8억원을 호가하고 있다.

모든 부동산투자가 그렇지만 상가를 경매로 낙찰 받고자 할 때는 무조건 임대사업만 고집하지 말라. 세입자를 찾지 않고 본인이 직접 장사를 하고 싶다면 상가경매만큼 좋은 투자방법도 없다.

위 치	서울 용산구 보광동	물건의 형태	상가, 33㎡(10평)
시세(감정가격)	2억원	최종낙찰가	1억 4100만원
현재 시세	7-8억원		

　상가는 그야말로 발로 뛰면서 물건을 확인해야 하는 상품이다. 시장조사가 성패를 결정하는 관건이다. 대부분의 상가에는 보증금과 권리금이 있는데, 중요하게 여겨야 할 것은 통상 보증금의 2배가 넘는 권리금이다. 한 달에 월세로 얼마를 받는지 정확하게 확인하되 지나치게 수익률에 집착하기보다는 일반 주택과 마찬가지로 명도 완료까지 투자수익률 변수에 넣는 것이 중요하다. 명도가 일찍 끝나 잔금 납입, 소유권 이전 후 상가를 바로 오픈할 수 있다면 이보다 더 좋은 투자 상품은 없다.

　경매로 나온 상가는 공실이 많으므로 특히 공실을 주의해야 한다. 상가라 해도 오픈상가(백화점처럼 칸막이 없이 자리만 지정된 상가)가 대부분이기에 이 역시 주의해야 한다. 위치가 좋은 상가는 경매로 나오는 일이 극히 드물다. 경매에서는 현재 장사를 하고 있는 상가가 나왔을 때 가장 이상적인 물건이라 할 수 있다.

연 15% 수익 올리는 수익형 부동산

수요가 있는 곳에 공급이 있는 것은 당연한 현상이다. 수요가 있는 곳에 돈이 몰리는 법이며 이는 부동산 역시 마찬가지다. 특히 요즘은 임대수요가 대세이다. 최근 2-3년 사이 국내 부동산시장의 특징 중 하나가 바로 수익형 부동산 열풍이다. 부동산경기가 악화일로를 겪고 있기 때문이다. 경기 침체를 우려한 정부의 저금리 기조는 이자 수익자들에게는 커다란 투자 손실로 이어지고 있다. 실질금리로 치면 지금의 상황은 마이너스에 가깝다. 전셋돈을 은행에 넣어두어도 대출금 이자만큼도 나오지 않는 게 현실이다.

이런 가운데 부동산시장은 수년째 냉각 상태를 벗어나지 못하고 있다. 거래량은 다소 늘었지만 본격적인 회복으로 보기에는 이르다. 부동산은 경기후행적인 성격이 짙다. 따라서 실물경기가 아직 살아나지 않은 상황에서 부동산만 홀로 살아나기 힘들다. 실물경기가 살아나도 1~2년은 더 기다려야 한다. 일부 미디어에서는 재건축, 재개발시장은 바닥을 쳤다고 분석하지만 내가 보기에는 그렇지 않다. '이렇게 시장 분위기가 바뀌었으면' 하는 기대감의 반영으로 보아야 한다. 주요 경제기관들은 당분간 부동산시장이 2001년이나 2005년과 같은 호황기로 되돌아가기는 어렵다고 전망한다.

부동산으로 돈을 버는 방법은 크게 시세차익과 임대수익으로 구분된다. 호황기 때는 아무래도 시세차익을 통한 이익이 임대수익을 앞선다. 이 같은 투자 패턴은 경제도약기에는 공통으로 나타나는 현상인데 개발도상국 시절 우리의 모습도 그랬다. 하지만 엄연한 경제협력개발기구(OECD) 회원국인 지금의 우리나라는 부동산투자 패턴에 상당한 변화가 계속되고 있다. 부동산 호황기를 제외하고는 대부분의 선진국 부동산투자 패턴은 투자성보다 안전성이 우선시되며, 임대수익이 시세차익을 앞서는 구조다. 우리 역시 시세차익보다는 임대수익으로 바뀔 가능성이 높다.

결국 지금의 부동산투자 구조는 장기적인 전망에서 보았을 때 경제개발시대로 대표되는 대호황기의 큰 흐름이 마무리되고 있다고 봐야 한다. 최근 투자자들의 시장 인식 역시 이와 다르지 않다. 2008년 국토해양부가 실시한 주거실태조사에 따르면 임대가구 중 전세가구 비중은 55.04%, 월세가구는 44.96%로 거의 절반에 육박한 것으로 조사

됐다. 즉 이제는 수익형 임대사업의 시대이다.

 김영식씨는 내 친구의 친구 정도로 알고 지내던 사이였다. 그러면서도 예전에 나와 함께 경매를 공부한 경매업계 원로다. 내 기억으로 그는 머리가 상당히 비상해 나를 비롯한 동기들을 많이 주눅 들게 한 장본인이었다. 당시만 해도 경매는 사회적 인식이 좋지 않던 터라 그는 수차례 고민 끝에 경매업계를 떠나 건축으로 업종을 전환했다. 그런 그가 2010년 1월 느닷없이 나를 찾아왔다.
 "웬일이야? 잘 지내?"
 "그냥 그래. 요즘 건축경기가 별로 좋지 않아서…."
 그는 이런저런 세상 이야기를 하다가 본론을 꺼냈다.
 "경매를 다시 시작해볼까 해서."
 "그래? 네가 결심을 했다면 내가 적극 도와주지. 하지만 네가 경매를 배우던 때와 지금은 다르다는 사실을 명심해야 해."
 "바로 그 점 때문에 내가 널 찾아왔잖아."
 그렇게 우리는 다시 경매로 뭉쳤다.
 2000년 이전만 해도 경매업계는 소위 브로커가 많았다. 법에서는 대리입찰을 금지했지만 실제 상황은 그렇지 못했던 시대가 바로 그때다. 그런데 문제는 누군가 대리로 입찰을 해주니 관련 비용도 만만치 않게 들었다는 점이다. 컨설팅 수수료까지 줘야 하니 실제 손에 쥐는 소득은 크지 않았던 것이다. 그나마 위안을 삼은 점은 경쟁자가 많지 않았다는 것뿐이었다. 지금처럼 경매가 대중화되지 않던 시절이라 경쟁률도 높지 않았고 여러 차례 유찰되기 일쑤여서 저가로 낙찰되는 경우가 많았다. 그러니 수수료 떼어주고도 적으나마 이익을 볼 수 있었던 것이다.

오랜만에 경매시장에 돌아온 친구는 예전의 환상에 사로잡혀 있었다. 가장 이해시키기 어려웠던 일이 고수익 물건을 찾는다는 것이었다. 수익성 좋은 물건을 찾는 것은 누구나 꿈꾸는 일이다. 물건이 없어서 그렇지 수익성 높은 물건을 과연 누가 싫어하겠는가.

"나는 건축사업 할 때도 최소한 투자수익률이 연 15%는 나와야 시작했어. 사업하다 보면 당연히 이런저런 비용이 추가로 들게 마련인데 두 자릿수의 수익률마저 나오지 않으면 그만둬야지. 경매도 마찬가지 아닐까? 소소한 제반 비용까지 감안하면 그 정도 수익률은 필요하다는 게 내 생각이야. 넌 어떻게 보니?"

그의 물음에 나는 "그것은 맞는 말이기는 해도 어디까지나 옛날 일이지 요즘 같은 시장 상황에서는 힘든 일"이라고 설명했다. 그러나 친구는 두 자릿수에 미련이 컸다. 그렇다면 과연 어떤 경매 상품이 가능할까. 고민을 거듭한 끝에 그가 내린 결론은 오피스텔이었다. 오피스텔과 같은 수익형 부동산은 임대수익과 시세차익을 동시에 얻을 수 있다는 게 큰 장점이다. 일반적인 임대수익은 5-7%, 여기에 시세차익으로 8-10%만 남기면 15% 수익을 내는 것은 전혀 불가능한 일이 아니다. 이론적으로 충분히 가능하다.

그는 경매정보 업체와 부동산정보 업체로부터 오피스텔 낙찰가와 시세 관련 데이터를 유료로 구입했다. 그렇게 추려낸 물건이 총 3개였으며 강북, 강서, 강동 등으로 적절히 안배했다. 하지만 3개의 물건 모두 실패로 끝났다. 낙찰만 받으려면 가격을 올려 쓰면 되지만 그렇게 되면 수익률을 연 15%로 맞추는 게 어려워진다. 그래서 그는 서울과 수도권에서 물건을 찾는 걸 포기하고 지방으로 시선을 돌렸다.

그가 주목한 곳은 충남권이었다. 정확히 말하면 천안이다. 천안은 지하철이 연결되기 때문에 사실상 수도권과 비슷한 수준의 집값이 형성된 지역이다. 그가 가장 중요하게 여긴 임대수요 역시 최상으로 맞출 수 있는 지역이었다. 삼성전자 탕정 공장이 인근에 있어 임대인 찾기가 그다지 어려워 보이지 않았다. 때마침 천안에서 오피스텔 120실 중 19실이 동시에 경매로 나왔는데 그에겐 다시 올 수 없는 기회로 느껴졌다.

이 오피스텔은 50㎡(15평형)로 복층구조여서 천안 소재 대학에 다니는 학생들에게 임대하는 것도 문제 없어 보였다. 감정가는 6500만원이었으며 2회 유찰된 뒤 3회차에 참여해 3900만원으로 낙찰을 받았다. 경쟁자는 7-8명가량 됐다. 그는 오피스텔 19실 중 9개의 입찰에 참여해 5개를 낙찰 받았다. 어떤 물건은 차순위자와 불과 100만원이라는 간발의 차이로 낙찰 받기도 했다.

그의 성공 비결은 어디에 있을까. 입찰 전 실시한 사전 조사 덕분이었다. 처음에 그는 19개실 모두 참여할 생각이었으나 각 실마다 세입자가 있었다. 그중 한 군데를 골라 방문했다.

"요 앞에서 슈퍼를 개업했는데 음료수를 돌리고 있습니다. 문 좀 열어주세요."

문이 열리자 캔 음료 한 박스를 내밀며 공손한 표정으로 솔직하게 말했다.

"사실은 경매 때문에 왔습니다. 집 좀 볼 수 있을까요. 사실대로 말하면 문을 안 열어주실 것 같아 거짓말을 했습니다. 죄송합니다."

세입자 입장에서는 무척 당황스러웠지만 집을 보여주는 일이 큰일도 아니기에 얼굴을 살짝 찌푸리면서도 문을 열어주었다. 풀옵션이 갖춰진 오피스텔이기에 내부는 깔끔했다. 풀옵션이란 냉장고, 에어컨, 세탁기, 싱크대가 일체형으로 갖추어진 것을 말한다. 풀옵션이면 당초 입찰가보다는 300만~400만원은 더 추가해야 한다. 이 사실은 그가 현장에서 입찰가를 쓰는 데 중요한 참고자료가 됐다. 만일 현장 방문을 하지 않았다면 그 역시 다른 사람들과 똑같은 수준에서 입찰가를 적었을 것이다. 100만원 차이로 물건을 낙찰 받은 데는 그만큼 현장 방문의 도움이 컸다.

낙찰 후 경락잔금을 대출 받기 위해 인근 농협을 방문해 상담을 받았다. 1실당 연 6.5%에 최고 2900만원까지 대출이 가능했다. 이 돈으로 잔금을 깔끔하게 치른 후 1개의 오피스텔을 보증금 500만원에 월

35만원의 월세를 줬다. 5개 중 1곳은 분양사무실로 사용했기에 풀옵션이 빠져 있어 자신의 돈 180만원을 들여 모든 생활기기를 채웠다.

명도 과정도 꽤 재밌었다. 두 곳은 보증금이 300만원이었는데 그동안 월세와 관리비를 내지 않아 실질적으로 받을 돈이 하나도 없었다. 재계약이 필요한 시점이기에 이들과도 보증금 500만원에 월 35만원으로 재계약했고 한 곳은 이사비용으로 40만원을 받고 이사를 갔다. 문제는 나머지 한 집이었다. 대항력이 전혀 없는 세입자였는데 무조건 나갈 수 없다고 버티는 바람에 법원에 인도명령을 신청했다. 그러고는 세입자와 술 한잔 하자고 밖으로 데리고 나와 장시간 대화 끝에 이사를 가기로 합의를 보았다. 이사비용으로는 50만원을 주었다. 그렇게 해서 모든 명도를 깔끔하게 마무리 지었다. 지금 그는 그곳에서 연 15%의 수익을 거두고 있다.

위치	충남 천안시	물건의 형태	오피스텔, 50㎡(15평형)
시세(감정가격)	6500만원	최종낙찰가	3900만원
수익	보증금 500만원/월 35만원		

낙찰 받은 부동산의 임대 수익률을 계산해보자. 예컨대 오피스텔 1실당 낙찰을 4000만원에 받았다고 하자. 은행에서 대출을 3000만원 받았으면 1실당 소요비용은 1000만원이다. 1000만원이 연 15%의 수익률을 내려면 연 150만원이 들어와야 한다. 매월 12만 5000원이다. 은행에서 3000만원의 대출을

받았기 때문에 이자(연 6.5%)를 계산하면 1년에 1950만원이 된다. 월 16만원이다. 1실의 오피스텔에서 받는 월세는 35만원인데 이자를 빼면 19만원이 남는다. 물론 여기에 월세보증금 등은 적용하지 않았다 (그렇게 되면 수익률을 계산하는 방식이 너무 복잡해지기 때문이다).

이 계산이 복잡하다면 다음과 같이 단순하게 생각하면 된다. 오피스텔을 4000만원에 낙찰 받아 3000만원을 은행돈으로 내고 월세보증금 500만원을 받으면 결국 오피스텔을 구입하는 데 들어간 돈은 500만원에 불과하다. 그리고 다달이 월세를 받으니 분명 남는 장사이다. 또 오피스텔은 임대수익뿐 아니라 매매가 상승에 따른 시세차익도 얻을 수 있다. 저렴하게만 낙찰을 받는다면 연 15% 수익률은 전혀 불가능한 꿈이 아니다.

고수익을 보장하는 특수 물건의 허와 실

2009년 여름의 일이다. 사무실로 한 통의 전화가 걸려왔다.

"예전에 황 실장님 강연에 참석한 사람입니다. 경매와 관련해 궁금한 게 있어 전화 드렸습니다. 찾아뵙고 상담을 받고 싶은데요. 시간 좀 내주시겠습니까."

전화를 끊고 3일 뒤 사무실로 찾아온 윤영철씨는 다짜고짜 한숨부터 내쉬었다. 그는 대기업 과장으로 학창시절부터 재테크에 관심이 많았다. 20대부터 주식에 투자해 꽤 높은 수익을 올린 그가 부동산투자에 관심을 갖기 시작한 것은 결혼 후 5년째인 2006년부터였다.

"담배 한 대 피워도 될까요. 초면에 실례가 많습니다."

자욱한 연기 사이로 보이는 그의 얼굴에는 근심이 가득했다. 내 가슴까지 답답해졌다.

"그동안 부동산에 관심을 기울이기는 했지만 실제 액션은 취하지 않았지요. 그런데 2008년 무렵에 친구에게서 경매 컨설턴트를 소개 받은 뒤부터 관심이 경매로 옮겨갔지요. 거의 독학으로 경매투자 요령을 독파했어요."

그는 잠시 말을 끊고는 자리를 옮겨 식사를 하면서 이야기를 하면 어떻겠느냐고 제안했다. 말이 식사이지 실은 술을 마시면서 고민을 들어달라는 의미였다. 마침 퇴근시간이 되었기에 나는 쾌히 응낙하고 자리를 옮겼다.

"요즘은 매사에 재밌는 일도 없어요. 그래서 오늘 조퇴 신청하고 여기에 온 겁니다. 하도 답답해서요. 친구 소개로 만난 그 경매전문가는 일단 사람을 미혹시키는 데 탁월한 능력이 있었어요. 그 사람은 반값에 살 수 있는 경매물건이 우리 주위에 널려 있다고 늘 강조를 했습니다."

그 경매전문가의 반값 경매방식은 간단하다. 물건을 찾을 때부터 무조건 2회 또는 3회 유찰된 물건만을 찾는 것이다. 최초감정가격에서 2-3회가 유찰되면 반값 또는 최초감정가 대비 64%에 경매가 시작되기 때문에 반값에 부동산을 구입하는 것은 이론상으로 불가능하지 않다. 아니, 충분히 가능하며 상당수 투자자들이 이런 물건을 구입해 반값 경매의 묘미를 느끼고 있다. 가령 2억원짜리 아파트가 있는데 3회 유찰되면 경매 시작가는 1억 240만원으로 떨어진다. 만약 이 가격에 낙찰을 받는다면 반값으로 사는 셈이다. 그러나 그런 아파트는 반드시

사연이 있게 마련이다. 낙찰자가 물어주어야 할 임차금이 있거나 유치권 등이 설정된 물건들이다.

만약 대항력 있는 선순위 임차금이 1억원이고 낙찰금액이 1억 300만원이라 한다면 이 부동산을 구입하는 데 들어간 돈은 단순 계산해도 2억 300만원이다. 2억원짜리 아파트를 300만원이나 비싸게 주고 산 셈이다.

물론 경매물건은 각각의 상황에 따라 다르다. 만약 낙찰자가 1억원 임차금에 대한 이의를 신청하고 거짓된 임대차계약이기 때문에 돈을 줄 수 없다고 주장한 뒤 정식 소송을 걸면 된다. 재판에서 승소를 하면 1억원을 번 셈이 된다. 이것이 그 경매전문가가 말한 반값 낙찰의 요지다.

일단 나는 그의 말을 수긍한 뒤 내 의견을 말했다.

"틀린 말은 아니지만 너무 욕심을 부렸네요."

"그렇죠? 그렇습니다! 사실 전셋값을 물어줘야 하는 사례는 그렇게 많지 않잖아요."

맞는 말이다. 돈을 빌려주는 채권자 입장에서는 자기보다 앞선 순위에 임차인이 있다면 아무도 돈을 빌려주지 않는다. 그러나 저당권보다 앞서 전입신고한 임차인이 있는 경매물건도 있다. 곧 낙찰자가 물어주어야 하는 임차금이 있는 부동산만을 골라 산다는 역발상의 경매를 하는 것이다. 말만 들어도 머리 아픈 그의 험난한 경매도전기는 이렇게 시작됐다.

　　그가 처음 도전한 물건은 송파구 방이동 올림픽선수촌 아파트였다. 109㎡(33평)의 감정가가 8억 2000만원이었는데 1회 유찰돼 6억 5000만원에 경매가 개시됐다. 이 아파트에는 세입자가 최초 저당권보다 앞서 주민등록 전입신고만 되어 있었고, 확정일자 없이 법원에 배당요구만을 한 소유자의 친동생이 방 2개를 1억원에 전세로 살고 있었다. 이는 현황조사서에 나와 있었다.

　　"확정일자는 받아두지 않았기에 낙찰 후 친동생을 상대로 소송을 해서 패소하면 1억원을 물어줘야 했지만 승소할 가능성도 있는 거 아니겠습니까. 그래서 도전한 거예요. 제가 원래 확 지르는 스타일은 아닌데 왠지 이 물건은 한번 도전해보고 싶은 욕망이 솟구쳤거든요."

　　그는 사전조사를 위해 음료수를 사들고 누가 살고 있는지 확인할 겸 경비실을 찾아갔다. 경비실에서 알려준 이야기로는 그 집에 소유주만 살고 있다는 것이었다. 그래도 혹시나 하는 마음에 재차 물었다. 그랬더니 돌아오는 대답이 "그 이상은 잘 모르겠다"였다. 순간 그의 머릿속에 '이거 잘만 하면 돈이 되겠다'는 생각이 불현듯 스쳤다.

　　어느 정도 확신을 한 그는 경비실을 나와 관리사무소로 갔다. 경매에 나온 아파트를 낙찰 받으려 하는데 903호에 누가 사는지 궁금하다, 솔직히 말해주면 고맙겠다고 정중히 부탁했다.

　　"어차피 내가 낙찰 받으면 관리비를 다 물어주어야 하는 거 아닌가요? 라면서 설득을 했죠. 그러면서 슬쩍 입주자 현황을 보니 전 소유

자가 실제 거주하는 것으로 기록돼 있었어요."

그는 '이제 승부는 끝났다'라는 생각이 들어 속으로 쾌재를 불렀다.

이 물건에는 2명이 참여했으며 6억 8500만원을 써낸 그가 낙찰됐다. 이제부터는 본격적인 조사만 남았는데 관건은 선순위 임차인을 어떻게 판단해야 하는가였다.

"낙찰을 받았으니 본격적으로 움직여야겠다고 생각했는데 그 경매 전문가의 말이 '아무런 행동도 하지 말고 낙찰된 아파트에도 찾아가지 말라'는 겁니다. 잔금 낼 때까지는 어떠한 행동도 하지 말라고 하니 그 말을 따를 수밖에요. 시키는 대로 했죠. 그 사람 말이, 만약 제가 낙찰자라면서 선순위 임차인 진위 여부를 알아내기 위해 여기저기 돌아다니면 그 소문을 듣고 현황조사서에 나온 대로 소유자의 동생이 짐을 싸들고 아파트에 들어와 살게 되면 문제가 된다는 겁니다. 듣고 보니 일리 있는 지적이었습니다."

20여 일이 지나자 윤씨는 잔금을 납부하고 소유권을 이전했다. 그리고 바로 선순위 세입자는 빼고 소유자만을 상대로 인도명령신청서를 법원에 제출하자 곧 결정문이 나왔다. 집행관사무실에 강제집행 접수를 하고 10일 후 해가 뜰 무렵 집을 방문해 집행을 시작했다.

"집행관이 들이닥치자 집주인이 굉장히 당황해 하더라구요. 집행관은 소유자의 집행을 실시한다고 고지했어요. 그랬더니 집주인은 방 2개는 현재 세입자가 살고 있다면서 임대차계약서를 보여주는 게 아니겠습니까. 그러자 집행관이 세입자가 살고 있는 방을 안내하라 하면서 동시에 빨리 세입자를 부르라고 요구했습니다. 그랬더니 집주인이 현재 세입자는 지방 출장 중이라고 말하더군요. 집행관은 세입자가 살고 있는 방에 들어가 세입자임을 증명하는 물품, 사진 등을 수색했습니다."

채 5분도 지나지 않아 집주인의 거짓말이 탄로 났다. 세입자의 방에 있는 물건은 전부 집주인의 것이었다.

"세입자의 흔적이 아예 없었죠."

그래도 집주인은 방 1개는 진짜라면서 창고처럼 쓰고 있는 방을 '세입자 방'이라고 우겼다. 집행관은 그 방을 제외한 나머지 모든 방들의 물품에 대해 강제집행을 실시했다. 집행 결정이 떨어지자 법원 인부들이 준비해온 마대자루에 짐을 싸기 시작했다. 그 모습은 보는 사람이나 당하는 사람이나 결코 보기가 좋지 않다.

"처음에는 난리를 치던 집주인이 갑자기 담배 한 대 피우자고 하는 게 아니겠어요. 그래서 아파트 1층으로 내려가 이야기를 했죠. 그제야 합의를 하자고 하는 겁니다. 어떤 합의냐고 물었더니 우선 집행을 멈추고 세입자 방도 모두 뺄 테니 2000만원을 달라고 하지 않겠어요. 금액을 놓고 옥신각신하다가 1500만원에 합의를 봤습니다. 이를 서면으로 작성한 뒤 집행관을 비롯한 경매 관계자들이 모두 현장에서 철수했지요. 제가 근처에 있는 은행에서 돈을 찾아가지고 오자 집주인은 어느새 이삿짐센터에 전화를 걸어 이삿짐을 내리고 있더군요. 그렇게 끝났습니다."

위치	서울 송파구 방이동	물건의 형태	아파트, 109㎡(33평형)
시세(감정가격)	8억 2000만원	최종낙찰가	6억 8500만원
비용 공제 전 수익	1억 3500만원		

그의 첫 번째 도전은 성공이었다. 비록 1500만원의 비용이 추가로 나가기는 했으나 그가 합의를 본 것이기에 특별히 문제랄 것도 없었다. 나는 의아한 생각이 들었다.

"그런데 왜 그렇게 한숨을 쉬십니까? 제가 보기에 그 사건은 잘 마무리가 된 것 같은데요."

"네. 맞습니다. 첫 번째 경매는 성공이었습니다. 문제는 그 다음이었죠. 처음부터 재미를 보니 두 번째에 경솔하게 행동했던 겁니다."

그가 두 번째로 도전한 물건은 강남구 역삼동에 소재한 K아파트 152㎡(46평형)였다. 이미 1회 유찰돼 최초 감정가격 16억원에서 12억 8000만원으로 내려가 있었다. 아파트의 층수는 12층인 중층으로 재건축을 하기에도 애매했다. 최초근저당권보다 앞서 주민등록 전입신고한 세입자가 있었는데 이 세입자는 법원에 배당요구도 하지 않고 오로지 권리신고서만 제출되어 있었다.

"권리신고서에는 어느 방을 쓰고 있다는 내용도 없고 오로지 임차보증금 1억 2000만원만 기재되어 있었어요. 현장 조사를 위해 아파트 경비실을 방문하니 임차인의 이름을 알려주더군요. 확인해보니 소유자의 부인이었어요."

그는 돌다리도 두들겨보고 건넌다는 속담처럼 혹시나 하는 마음에 채권은행인 A은행에 전화해 채권관리팀으로부터 임차인이 소유자의 부인이라는 사실을 재차 확인했다. 여기까지 수월하게 일이 진행되니 두 번째 도전 역시 성공하는 듯싶었다. 만약 부인이 임차인이라면 허위 임차인일 확률이 높았다.

이 물건에는 그 혼자 입찰했다. 낙찰 후 앞서의 경우와 마찬가지로 아파트에 찾아가지 않고 잔금 납부와 등기를 마친 뒤 집주인에게 인도명령을 신청했다.

"첫 번째와 똑같은 방식으로 집행관을 대동하고 아침에 집행을 시작했어요. 그랬더니 소유자가 주장하기를, 실질적으로는 부부이지만 혼인신고를 하지 않은 사실혼이라고 밝히면서 부인이 임차인이라고 극구 주장을 하더군요. 하지만 집행관은 그녀를 세입자로 인정하지 않았어요. 그렇게 강제집행이 실시되었지요. 집행을 하는 사이에 집주인은 나와 협의할 생각도 없이 여기저기에 전화를 걸어 강력하게 항의를 하더군요. 저는 속으로 '정당하게 법을 집행하는 사람들에게 왜 항의를 하는지 이해할 수 없다'고 생각했어요. 강제집행을 모두 끝내고 열쇠 기술자를 불러 열쇠를 모두 교체한 후 집으로 왔지요. 일이 다 해결되어 가뿐한 마음이 들더군요. 그런데 일은 그 뒤에 터졌습니다."

며칠 후 아파트에 가압류가 신청된 것이다. 거기에 덧붙여 전 소유자의 부인이 윤씨를 상대로 임차금반환청구소송을 법원에 접수했다. 처음에는 그녀가 소송을 걸어도 별 문제가 없을 거라 생각했지만 시간이

지날수록 자신이 불리해져가는 것을 느꼈다. 은행의 최초 대출 시점을 살펴보면 당시 두 사람은 법적인 부부관계가 아니라 내연 사이일 뿐이었다. 법적 부부가 되기 전에 부인이 아파트에 들어와 살았고 그녀는 남편에게 돈을 빌려주는 조건으로 임대차계약서를 썼던 것이었다. 물론 전입신고도 마쳤으며 확정일자도 받았다. 이후 거래하던 은행에서 대출을 받을 때도 해당 은행은 그녀에게 별다른 의심을 하지 않고 대출을 해줬다.

재판부는 대출 전에 내연관계의 그녀가 사업을 해서 돈을 충분히 모을 수 있었고, 계약서에 확정일자가 있다는 것을 근거로 윤씨의 패소 판결을 내렸다. 몇 달 뒤에 열린 항소심 역시 윤씨의 패배였다. 현재 이 아파트에는 가압류가 걸려 있다.

"어떻게 해야 할까요. 이런 경우 방법이 없을까요?"

"글쎄요. 법원의 판결이 그렇다면 따를 수밖에 없지요. 지금으로선 가장 좋은 방법이 전세금 1억 2000만원을 물어주는 것입니다."

"그건 저도 알아요. 혹시나 뭐 묘안이 있을까 해서 온 것이지요… 제가 생각해도 묘수가 없어 보입니다."

그는 묘수가 없다던 자신의 말처럼 1억 2000만원을 물어주고 가압류를 풀었다. 그렇다면 윤씨의 잘못은 무엇일까? 경매시장에서는 수많은 변수를 늘 염두에 두고 긴장을 늦추어서는 안 된다. 경매현장에서 이런 일은 비일비재하다. 그 누구의 시각으로 보아도 집주인과 세입자의 말은 진실이 아니다. 그러나 법의 관점에서 보자면 윤씨의 잘못이다.

 경매학원이나 강좌에서 "일반 물건으로는 돈을 벌 수 없다"고 말하면서 소위 '특수 물건'만을 전문적으로 소개하는 경우가 있다. 일면 타당한 부분도 있다. 특수 물건은 위험도가 높은 투자상품이지만 그만큼 수익도 크기 때문이다. 그러나 특수 물건에 숨어 있는 비밀을 알아야 한다.

우선 특수 물건을 낙찰 받으면 은행에서 경락잔대금 대출을 꺼려한다. 특수 물건 종류로는 ① 선순위 대항력을 갖춘 임차인이 있는 부동산, ② 유치권을 가진 점유자가 법원 물건명세서에 기재되어 있는 경우, ③ 지분등기로 경매에 나온 경우 등이다. 이런 부동산을 낙찰 받으려 한다면 은행을 이용한 경락잔대금 대출은 결코 쉽지 않다. 낙찰금 전액을 자신이 부담할 각오가 돼 있어야 한다. 그러나 부동산경매를 대출 없이 자신의 현금으로 모두 마련한다는 것은 그렇게 쉽지 않다.

또 다른 단점은 바로 입주할 수 없다는 점이다. 대부분의 특수 물건은 소송의 과정을 거쳐야 하기 때문에 짧게는 6개월에서 1년, 심지어는 2년도 소요된다. 만약 성공하면 수익률은 높겠지만, 실패하면 중압감은 배로 다가온다. 그래서 고수익으로 유혹하는 특수 물건보다는 권리관계가 깔끔한 일반 물건에 투자하는 것이 여러모로 유리하다.

꼭 특수 물건에 도전해야 할 상황이라면 정황을 충분히 파악하고 어떤 상황이 닥쳐도 이겨낼 자신이 있는 경우에만 뛰어들어야 한다. 낙찰시 장점과 단점을 철저히 분석한 후 예상되는 어려움을 미리 준비해야 한다.

다가구주택과 건물은
명도 비용까지 계산하여 입찰하라

경매를 하다 보면 별의별 세입자를 다 만난다. 업종은 물론이고 세입자별 성격도 제각각이다. 그런데 여러 번 강조하지만 경매에서 중요한 점은 낙찰 후 세입자를 어떻게 처리하느냐이다.

법원에서 보증금을 받아 나간다면 별 문제가 없으나 만약 세입자가 보증금 모두를 떼일 판이라면 문제는 심각해진다. 그렇다고 해서 세입자 사정만을 전적으로 봐줄 수는 없는 노릇이다. 그렇기 때문에 낙찰 전에 세입자의 성격은 물론 (상점의 경우) 업종 형태를 잘 살펴보는 것 또한 중요한 포인트이다.

장안동에서 임대업을 하는 김정석씨를 알고 지낸 지는 벌써 5년이 되었다. 그의 원래 직업은 부동산 임대업이었다. 시골에서 상경해 남대문 봇짐장사부터 시작해 안해 본 일이 없었던 그는 성실함 덕분에 예순 살이 되기 전에 100억대 재산을 가진 성공한 사업가가 됐다.

임대업을 하던 그가 경매에 관심을 갖기 시작한 것은 5년 전이다. 나를 만났던 그때가 경매에 막 입문한 때였다. 1년에 한두 번 경매 현장에서 만나던 그와 다시 만난 것은 2010년 11월 무렵이다.

"황 실장, 그동안 어떻게 지냈어? 현장에서 얼굴 보기 통 힘드네."

"저야 늘 똑같죠. 경매 강의하고, 컨설턴트하고. 선배님은 어떻게 지내셨어요?"

오랜만에 만난 그와 형식적인 대화를 나누던 중에 재밌는 이야기가 나왔다.

"올 초에 특이한 물건 하나 낙찰 받았지. 돈을 많이 번 건 아니었는데 진행과정이 참 재미있었어. 그때 아주 중요한 사실을 깨달았지. 어디 커피숍에 가서 이야기를 나눌까."

2009년 초 그는 5층짜리 건물을 팔아 80억원의 여유자금을 마련했다. 그는 "땅을 팔면 다시 그 돈으로 땅을 사라"는 격언을 실행에 옮기는 사람이었다. 그래서 건물을 판 돈으로 부동산에 투자할 계획으로 비슷한 크기의 건물을 물색했다. 하지만 몇 년 사이 건물 값이 꽤 올랐고 특히 그가 사고 싶었던 서울 유망 지역 내 5층짜리 건물은 요즘도 그렇지만 '부르는 게 값'이었다. 괜찮은 물건을 찾았다 싶으면 너무 비쌌고 가격이 괜찮은 물건은 변두리에 있었다.

경매로 부동산을 구입하기로 한 그는 오랫동안 읽지 않고 책장에 꽂

아둔 경매 책을 다시 꺼내 공부를 시작했다. 괜찮은 물건이 나오면 꼭 사겠다는 마음에서였다.

"그런다고 해서 마음을 조급하게 먹지는 않았지. 괜찮은 물건 나오면 하나 구입해야겠다는 생각만 갖고 있었어. 일단 너무 시세가 비싸니까 엄두를 내지 못하겠더군. 그런데 막상 물건을 검색해보니 경매시장에는 5층짜리 상가가 은근히 싸더라구. 더군다나 내가 사려고 생각했던 10억 원 이상 물건은 경쟁자가 별로 없잖아. 경쟁자가 없다는 것은 그만큼 낙찰 받기 쉽다는 뜻이고 싸게 구입할 수 있다는 의미이지."

그러던 중 2010년 2월경 대전 유성구 봉명동의 5층짜리 건물이 눈에 띄었다. 그는 처음에는 서울과 수도권에서만 투자 물건을 찾으려 했으나 왠지 마음이 끌려 대전까지 내려가 현장을 살펴보았다. 대전지하철 1호선 유성온천역과 가깝고 1996년에 지어진 건물치고는 상태가 아주 깨끗했다.

대지는 약 1322㎡(400평)로 토지감정만 30억 1000만원이었다. 더군다나 건물 1층에는 G상호저축은행과 유명 스포츠의류매장이 입주해 있었다. 이 업종이 현재 장사를 하고 있다는 것은 그만큼 상권이 좋다는 뜻이다. 지방이라도 이처럼 상권이 좋은 건물은 안정적인 임대수익을 거두기가 유리하다. 그는 현장 조사 후 등기부등본을 확인했다.

그는 이렇게 좋은 상권에 좋은 상점들이 있음에도 불구하고 왜 경매로 나왔는지를 등기부등본을 토대로 살펴봤다. 1순위 근저당권은 상호저축은행이었는데 채권최고액이 50억원이었다. 그러면 월 이자만 해도 3000만원이 넘었을 것이다. 소유자에게 무슨 급한 일이 있었는지 모르겠으나 2005년 소유권 이전과 동시에 과도한 금액을 대출 받고자 제1금융권인 은행이 아닌 제2금융권에서 대출을 받은 것이다.

이것만 보면 소유자는 분명 급한 돈이 필요해 무리하게 대출을 받은 것으로 추측할 수 있다. 이후 불어나는 이자를 감당하지 못하게 되면서 안정적으로 매달 꼬박꼬박 월세가 나오는 건물을 경매로 넘긴 것이다.

"그랬군요. 세입자는 확인해봤나요?"

등기부등본을 반드시 확인하라 ★ 경매투자 시 반드시 등기부등본을 보아야 한다. 첫 번째 이유는 비록 경매로 나오기는 했으나 빌린 돈이 소액이면 그 물건은 변제 가능성이 높기 때문에 경매 취하 확률이 높다. 세금을 납부하지 않아 공개입찰방식으로 매각하는 공매에서 이런 경우가 많다. 대전의 이 상가처럼 목이 좋은 곳에 채권액이 얼마 되지 않은 부동산이 나온다면 입찰에 부쳐지지 않고 중간에 취하될 가능성이 매우 높다. 그러므로 그동안의 노력이 헛수고로 끝날 수 있다. 빌린 돈이 상당히 많아야 갚을 능력이 없어 취하될 가능성이 낮다는 점을 염두에 두자.

둘째, 등기부등본을 보면 해당 부동산에 대한 시장 평가를 한눈에 알 수 있다. 예를 들어 건물은 하찮아 보이는데 금융기관으로부터 주변 시세에 준하는 수준으로 돈을 빌렸다면 그 부동산에 대한 시장의 기대치가 예상보다 높다는 것을 의미한다. 돈의 가치를 귀신같이 평가하는 금융권의 시각을 이럴 때 유용하게 사용할 수 있다.

셋째, 소유자의 변동 여부이다. 소유자가 얼마나 자주 바뀌었는지도 꼼꼼하게 살펴봐야 한다. 소유권이 자주 바뀐 것은 꼭 좋은 현상은 아니지만 다른 의미에서는 그만큼 물건이 좋다는 뜻이기도 하다. 입지가 좋으니까 물건을 내놓자마자 바로바로 팔리는 것 아니겠는가.

"세입자도 괜찮았어. 임대보증금 현황을 살펴보니 보증금 6억원에 월세 1400만원, 관리비가 월 300만원 들더라구. 그런데 이 부분도 약간 문제가 있었어. 소유주가 무슨 돈이 그렇게 많이 필요했는지 보증금은 낮게 책정하고 월세를 많이 받았지 뭐야."

그는 주변 시세를 살펴본 후 보증금 10억원에 월세 730만원이 적정한 수준이라고 판단했다. 모든 건물이 그러하지만 과도한 저당권이 설정돼 있으면 임차보증금을 많이 주고 들어올 세입자는 드물다. 아파트도 마찬가지이다. 만약 시세가 3억원인 아파트에 2억원의 저당권이 설정돼 있으면 전세가 제대로 나갈 수 있겠는가. 이런 집을 소유해 월세를 놓는다면 보증금은 대폭 내리고 월세만으로 임대수익을 거둬야 한다. 물론 월세도 주변에 비해 높지 않아야 한다.

그는 여러 가지를 감안한 후 경매에 참여하기로 했다. 절호의 찬스로 여겨졌기 때문이었다. 최초감정가는 45억원이었으나 다행히 2회 유찰돼 입찰가가 28억 8000만원이었다. 그런데 문제는 다른 곳에 있었다.

"그게 말이야. 다른 부분에서는 큰 문제가 없었는데 3층 수학학원이 문제였어. 세입자가 법원에 유치권 신고를 했지 뭐야. 아무래도 두 번씩이나 유찰된 것도 그런 이유 때문이었나 봐. 그래서 변호사 사무실에 자문을 구했더니 유치권이 성립되기 힘들다고 하더군. 그래서 안심하고 입찰에 들어갔지. 설령 유치권이 성립된다고 해도 5000만원 이상 되기는 힘들어 보였거든. 내 생각에는 3000만원 선에서 합의를 보면 충분할 듯싶었어."

여기서 잠시 유치권에 대해 알고 넘어가자.

가령 E의 재산목록 1호인 노트북컴퓨터가 고장이 났다. E는 노트북을 가지고 AS센터를 찾아가 고쳐달라고 맡겼다. 3일 후 노트북을 찾으러 가니 잘 고쳤다며 수리비용 10만원을 요구한다. 하지만 E는 10만원이 없다. 그러면 AS센터는 E에게 노트북을 돌려주지 않고 돈을 받을 때까지 그 노트북을 유치한다. 수리비용이 유치권 비용인 것이다. 이때 E는 노트북을 찾지 못한 상태에서 친구 H에게 팔았다. 그 친구 역시 노트북을 가지려면 수리비용 10만원을 주어야 한다.

이를 그대로 부동산에 적용한 것이 부동산경매에서의 유치권이다. 법원이 경매에 나온 부동산을 감정평가한 금액 속에 유치권자가 공사를 해놓고도 받지 못한 돈이 있을 때만 유치권이 성립된다. 공사대금(수리비용)을 받지 못했기에 공사한 주인(수리점 주인)이 건물(노트북)을 유치(점유)하는 것이다. 그러기에 낙찰자(H)가 그 부동산(노트북)을 낙찰(샀다고) 받았다고 해도 공사대금을 갚지 않으면 입주하지 못하는 것이다.

예를 들어 아파트에 5000만원의 유치권을 주장하는 D건설사가 있다고 가정하자. 그리고 그 아파트에 집주인과 임대차계약을 맺은 K가 살고 있다면 D건설사는 아파트를 유치(점유)하지 않았기 때문에 유치권이 성립되지 않는다.

위 사례에서 수학학원은 건물 공사와는 아무런 이해관계가 없다. 다만 내부 인테리어를 새롭게 했다. 이는 자신을 위해 공사를 한 것이기

때문에 유치권과는 상관이 없다. 유치권의 성립 요건은 아래와 같다.

❶ 경매에 나온 부동산의 감정평가가 (예컨대) 1억원일 때 공사업자(유치권자)가 5000만원의 비용을 들여 공사를 한 사실이 있어야 하며,
❷ 공사업자가 그 건물을 점유, 유치하고 있어야 한다.
❸ 공사업자가 자신이 이 건물을 유치했음을 알리는 공시(현수막, 알림판)를 건물에 게시해야 한다.
❹ 소유자의 허락 없이 사용하거나, 수익행위(전세, 월세, 임대 행위)를 해서는 안 된다(예컨대 노트북을 수리점 주인이 사용해서는 안 된다).

다시 김정석씨 이야기로 돌아가자. 그는 토지감정가만 30억원(경매 감정은 시가 감정이기 때문에 주변 시세와 거의 비슷하다)인 건물을 낙찰만 받아도 큰 수익이라고 생각했다. 하지만 혹시나 하는 생각에 입찰가를 29억 1000만원으로 써냈다. 즉 토지만 시세대로 산다고 생각하고, 건물은 그냥 공짜로 생긴다고 가정한 것이다. 사건번호를 부르는 소리가 나고 앞으로 나가니 입찰자는 모두 5명이었다. 그는 차순위자와 2000만원 차이로 건물을 낙찰 받았다.

옛 건물을 팔아 이미 80억원의 현금을 갖고 있었던 터라 대출 없이 모두 현찰로 잔금을 치러 소유권 이전등기를 끝마쳤다. 이제 남은 일은 명도 부분이었다. 소유권 이전까지는 법원이 알아서 해주지만 명도

는 온전히 그가 홀로 해야 하는 작업이다.

"다행히 1층 저축은행과 스포츠 매장은 명도에 아무런 문제가 없었어. 흔쾌히 재계약을 했지. 그런데 문제는 유치권을 신고한 3층 수학학원이었어. 우선 인도명령신청을 법원에 신청했는데 법원에서는 유치권에 문제가 있으니 본안소송으로 처리하라고 하더군. 이렇게 되면 결국 소송으로 가야 하잖아. 상대방은 변호사를 선임해 법정에서 유치권을 주장하면서 공사대금이 1억 5000만원이라고 계속 주장했지. 그런데 어떻게 자기 학원 꾸미는 인테리어 비용을 유치권으로 볼 수 있겠어. 그런데도 재판부는 선뜻 내 손을 못 들어주는 거야. 그렇게 4개월이 훌쩍 지났어. 정말 답답하더라구."

그는 당시의 상황이 떠오르는 듯 찬물을 여러 차례 마셨다. 유치권에 대한 사항이 본안소송으로 가면 몇 개월이 문제가 아니다. 어떤 경우에는 수년이 걸리기도 한다. 그렇게 되면 돈은 묶여 기회비용만 사라진다. 그가 가장 우려한 것도 바로 그 점이었다.

"아주 골치 아팠어. 지금 생각해봐도 재판부가 왜 그랬는지 몰라. 돈은 엄청 들어갔고, 빨리 명도를 마무리해서 월세를 받아야 하는데, 일이 내 뜻대로 진행되지 않았지."

그러던 중 건물의 엘리베이터가 고장 났다는 연락이 왔다.

"불현듯 뭔가 뇌리를 스치더라구. 그래서 당장 정비 기사를 불러 엘리베이터 가동을 중단시키고 점검에 들어갔지. 그러고는 수리를 위해 엘리베이터를 중단한다는 공지문을 붙였어. 그러면서 수리를 계속 늦

쳤지. 그러니 3층 학원에서 난리가 난 거야. 학부모들이 학원으로 항의 전화를 빗발치게 한 거지. 어떻게 아이들을 3층까지 걸어가게 하냐고 말이야"

  3일이 지났을까. 드디어 수학학원의 원장이 전화를 걸어왔다. 빨리 수리를 해달라는 것이었다. 그는 침착하게 "만약 엘리베이터에 문제가 생겨 사고라도 나면 큰일인데 섣불리 가동시킬 수 없다. 안전이 확실하게 보장될 때까지 운행을 중단하겠다"고 대응했다. 그러던 중 재판부에서 합의를 종용하자 수학학원도 더 이상 버틸 수 없었던지 보증금 5000만원에 월 120만원으로 재계약했다. 그는 보증금 5000만원 중 2000만원은 유치권 합의금이라 판단하고 받지 않았다.

  나머지 세입자들도 큰 문제없이 적게는 200만~300만원의 이사비용을 지급하는 것으로 합의를 보고 명도를 깔끔하게 마무리 지었다.

위치	대전시 유성구 봉명동	물건의 형태	상가, 대지 1322㎡(400평)
시세(감정가격)	30억 1000만원, 5층 상가 포함	최종낙찰가	29억 1000만원
현재 시세	40억원 내외		

  나는 그의 기지를 칭찬하고 일이 잘 마무리된 것을 축하했다. 그와 이야기를 나눈 지 1주일 후 전화가 왔다.

  "시간 있으면 내 건물 한번 보러 와요. 내가 점심 사고, 교통편까지 마련할게. 바쁘더라도 시간 좀 내줘요. 내 건물을 보면 쓸 이야기가 많을 거야."

그 건물은 외관이 거의 새것처럼 깨끗했다. 그의 말로는 낙찰 후 건물에 거의 손을 대지 않았다고 한다. 중심 상업지역에 위치해 있어 오가는 사람들도 많았다. 잘 정돈된 건물 외벽에는 '임대문의' 플랜카드가 걸려 있었다. 그리고 한때 속을 썩였던 수학학원 버스가 건물 입구에서 학생들을 바삐 실어 나르고 있었다.

"저 학원인가 봐요."

"좀 껄끄러웠지만 지금은 월세도 잘 내고 사이가 아주 좋아졌어. 이 건물이 지금 40억원에 육박하고 있지. 그걸 생각하면 자다가도 웃음이 나와. 처음부터 나 혼자 한 경매여서 그런지 애착이 더 많이 가네."

명도의 지혜 ★ 100억원을 호가하는 건물이나 1억원짜리 빌라나 권리분석은 똑같다. 수없이 설명했지만 최초근저당권보다 앞선 대항력 있는 임차인이 없으면 명도 외에는 별다른 어려움이 없다. 경매를 계속하다 보면 권리분석보다는 명도에 신경이 더 쓰이고 입찰금액을 높이려 해도 명도 시 들어갈 비용을 생각해서 금액을 낮추는 경우가 많다. 그만큼 권리분석보다는 명도의 비중이 커짐을 느끼게 된다.

그렇다면 명도는 어떻게 해야 할까? 명도의 테크닉은 많이 알아둘수록 유용하게 쓸 수 있다. 특히 세입자가 많은 다가구주택이나 건물 명도에서는 더욱 그렇다. 실전에서 사용할 수 있는 테크닉은 몸으로 부딪치면서 배우게 되지만 결국 문제의 핵심은 돈이다. '나가는 사람이나 들어가고자 하는 사람이나 돈을 얼마나 더 주고, 받을까?'에 관심을 쏟는다. 이는 양측이 대화를 통해 슬기롭게 해결해야 할 과제이지만 확실한 점은 하나이다. 명도 당하는 사람(전 소유자, 세입자)은 반드시 나가야 한다는 사실이다. 어느 누구도 남의 집에서 살 수 없기 때문이다. 이 사실을 각인시켜 준 후 대화를 하면 원만하게 타협할 수 있다.

모텔은 손님수와 주변 상권을 꼼꼼히 살피라

요즘 모텔 경매시장은 그야말로 대풍년이다. 여기서 대풍년의 의미는 철저히 낙찰자 기준이다. 모텔을 지어서 운영하다가 경매로 넘긴 사람들은 제외라는 말이다. 최근 모텔이 경매로 많이 넘어가는 이유는 공급이 많기 때문이다. 너무 많이 지어져 운영이 어렵다보니 밀린 이자를 내지 못해 채권자의 법 집행으로 경매시장에 나오는 것이다.

그러나 모텔을 경매로 산다는 것은 말처럼 쉬운 일이 아니다. 왜냐하면 운영이 안 돼 경매로 넘겨졌을 확률이 크기 때문이다. 그렇다면 이런 물건을 싸게만 산다고 해서 돈이 된다고 할 수 있을까? 이 물음에는 그 누구도 장담할 수 없다. 아무리 싸게 샀더라도 낙찰자 역시 운영을 제대로 하지 못하면 큰 손해를 입을 수 있다.

그런 의미에서 수원시 인계동에 사는 최금희씨의 모텔 낙찰 사례는 좋은 가르침이 된다.

그녀를 한마디로 표현하면 '억척스러운 전형적 아줌마'다. 현재 동대문에서 작은 의류업체를 운영하고 있다. 그녀를 알게 된 것도 같은 동대문에서 봉제업을 하는 이모를 통해서였다.

"자네 조카가 부동산경매를 잘 안다면서? 나 한번 소개시켜주라. 나도 이젠 부동산투자를 좀 해보고 싶어."

이렇게 그녀와의 인연은 시작됐다. 첫 대면에서 풍기는 인상은 30년 동안 하루도 빠지지 않고 새벽시장을 다닌 상인의 모습 그대로였다. 웬만한 남자도 힘에 부쳐 하는 의류 봉제 일을 지금까지 해왔지만 세월의 힘 앞에서는 장사가 없다는 말이 딱 맞다. 강산이 세 번 변할 때까지 일을 해왔으나 머릿속에는 늘 '내가 앞으로 이 일을 언제까지 해야 하는가'라는 생각뿐이었다.

"애들은 이 사업을 안 하겠다고 하죠. 그리고 사실 나도 이 일을 시키고 싶지 않아요. 일 자체도 고되고, 억센 상인들과 부딪쳐 일을 하려면 정말 힘이 들어요. 대학까지 나온 녀석들이 왜 이 일을 하겠어요? 이 사업은 내 대에서 끝내려고 해요."

이제 그녀의 고민은 남은 시간을 편안하게 살면서 돈 버는 방법이었다. 일종의 은퇴 재테크를 찾고 있었다.

"주식도 생각해봤어요. 그런데 그건 딱 질색이에요. 나처럼 무식한 사람이 그걸 어떻게 해요. 컴퓨터도 제대로 못하는데. 그래서 생각해

봤더니 부동산이 딱이더라구요. 일단 없어질 염려가 없으니까."

움직이지 않는 자산에 대한 그녀의 신념은 확고했다. 경매에 관심을 갖게 된 것도 그 이유 때문이었다. 그녀의 주문사항은 딱 두 가지였다. 싸게 사주고, 안정적인 임대수익을 거둘 수 있는 것. 때마침 모텔 물건이 눈에 들어왔다. 수원시 인계동에 있는 대지 255㎡(77평)의 A모텔이었다. 건물의 연면적은 1025㎡(310평)였으며 6층이었다. 인근 부동산을 찾아가 시세를 살펴보니 23억원 내외였다. 법원의 최초감정가격은 21억 8000만원에서 시작했다. 낙찰 후 임대로 전환하면 보증금 3억원에 월 2200만원 정도는 받을 수 있었다.

모텔을 사전 조사할 때는 좀 쑥스럽다. 손님으로 가장해 모텔에 투숙해 고객수를 따져봐야 하기 때문이다. 하루에 몇 명이 이용하며, 이용회전율은 얼마나 되는지 등 글로 표현하기 힘든 사항도 철저히 확인해야 한다. 모텔의 손님수는 비밀사항이기에 쉽게 파악할 수 없다. 그러기에 다양한 방법을 사용한다. 어떤 사람은 옥상에 빨아 놓은 수건의 개수로 파악하고, 어떤 사람은 수돗물의 사용량을 기준으로 손님수를 예측한다. 가장 정확한 방법은 하루 종일 모텔 앞에 진치고 앉아 드나드는 손님의 숫자를 일일이 헤아리는 방법이다. 어떤 방법이 되었든 최선을 다해 정확한 손님수를 파악하는 것이 중요하다.

다행히 이 일대의 모텔들은 운영수익이 꽤 괜찮아 보였다. 전체 룸

기준으로 하루 2회씩 대실(하룻밤 잠을 자고 나가는 것이 아닌 3-4시간 이용하는 것)이 이뤄진다는 사실도 알아냈다. 객실은 총 24개였다. 대실료를 2만원으로 계산하면 저녁 시간이 되기 전에 2회 회전율만 지켜진다면 단순 계산해도 96만원이 나온다. 이런 식으로 따져보니 하루에 대략 200만~250만원 정도의 매출이 발생하는 것으로 조사됐다.

그녀의 부탁대로 안정적인 수익이 나오는 물건은 확보한 셈이다. 이제 두 번째로 살펴볼 사항은 이 모델이 경매로 나온 이유이다. 전후 시정을 조사해보니 모델의 주인은 또 다른 사업을 하고 있었다. 그 자금을 대기 위해 모델을 담보로 잡고 은행권에서 대출을 받은 것이 화근이었다. 그렇다면 모델을 낙찰 받는 데는 큰 하자가 없었다. 3회 유찰되어 경매시작가격은 11억 1000만원이었다.

낙찰예상가를 분석하니 12억 8000만원이 적당했다. 그러나 현장에 가서 분위기를 살핀 후 결정하는 것이 가장 좋은 방법이다. 우리는 13억원을 마지노선으로 정했다. 그래서 그녀는 보증금으로 최저입찰가격의 10%인 1억 3000만원을 가져갔다. 그런데 웬걸! 입찰장에 도착하자 사람들이 예상보다 더 많이 몰려 있었다. 경매법정에 가면 법대 앞에 매각물건명세서, 감정평가서 등이 비치되어 있으며 누구나 그 서류를 열람할 수 있다. 사람들이 많이 열람하는 서류는 필히 경쟁률이 높게 되어 있다. 어떤 투자자는 경매컨설팅 직원을 3명씩이나 대동해 007작전을 연상케 하듯 분주하게 움직였다. 마감시간이 다가오자 우리는 약간 초조해졌다.

"어떻게 할까요? 더 써야 하나?"

그녀의 질문에 나는 고민을 거듭하다가 결정을 내렸다.

"아무래도 1억원 정도는 더 써야 할 것 같습니다. 넉넉히 1억 1000만원을 더 쓰죠. 그만큼 더 지출되었다고 해서 나중에 모텔 운영에 큰 지장은 없을 것입니다. 우선은 낙찰을 받는 것이 더 중요하니까요."

그녀는 선선히 고개를 끄덕였다. 모텔 경영을 아무리 잘할 수 있다 해도 모텔 자체가 없으면 능력을 발휘할 수 없다. 우선은 모텔이 있어야 한다. 경매에는 모두 12명이 경합을 벌였다. 상당히 인기 있는 물건이었으나 승리는 13억 9000만원을 써낸 그녀에게 돌아갔다. 그런데 2등과의 금액차는 불과 1700만원밖에 나지 않았다. 10억원이 넘는 경매에서 1700만원은 그야말로 박빙의 승부이다. 흥미롭게 지켜보던 사람들은 우리가 낙찰을 받자 박수를 치며 축하를 해주었다. 엄숙한 법정에서 해프닝이 일어난 것이다.

위치	경기도 수원시 인계동		
물건의 형태	모텔, 대지 255㎡(77평), 건물연면적 1025㎡(310평)		
시세(감정가격)	21억 8000만원	최종낙찰가	13억 9000만원

30년간 사업을 해온 그녀는 신용등급이 최상위급이었다. 남의 돈 빌려 쓰는 것을 큰 죄라고 여겨왔기에 신용도에 흠이 갈 만한 일은 전혀 하지 않았다. 그러나 이제 상황이 바뀌었다. 10억원이 넘는 부동산을 덜컥 낙찰 받았으니 당장 목돈이 필요했다. 그녀는 경락잔금은 대출을

받아서 내기로 결정했다. 그렇게 큰돈을 한꺼번에 빌리기는 처음이었다. 신용등급이 워낙 좋기 때문에 수협에서 연 6.2%로 10억원을 대출받아 잔금을 치렀다. 이제 남은 것은 세입자를 내보내는 일이었다. 모텔 지하에는 임대로 운영하는 유흥주점이 있었다. 임대 조건은 보증금 1억원에 월 1500만원이었다.

"어떻게 하죠? 동대문에서 장사만 했지 유흥업 사람들은 상대해 본 적이 없는데. 이떻게 나가라고 할까?"

낙찰 받은 후부터 그녀는 걱정이 태산이었다. 그도 그럴 것이 지하의 유흥주점은 문을 연 지 불과 1년도 되지 않은 업소였다. 몇 번이나 주인을 찾아가 나가줄 것을 요구했으나 반응은 예상했던 것 이상으로 완강했다.

"그렇게는 못하겠소. 내가 이 장사하기 위해 시설비만 1억원을 들였어요. 지금 당장 1억원을 준다면 모를까. 어쨌든 나는 절대로 못 나가니까. 그리 알아요."

다시 한 번 강조하지만 경매에 있어 가장 중요한 것은 첫째, 소유권 이전을 받을 때 등기부상 말소되지 않는 권리가 있는가를 살펴야 한다. 경매는 새로운 등기부를 법원이 촉탁(강제로 등기소에 신청하여 소유권을 내어주는 것)으로 내어주는 것이기 때문에 전 소유자의 말소되지 않은 권리관계(예: 가등기, 가처분 등)가 있어서는 안 된다. 둘째, 점유하는 데 문제나 어려움은 없는가를 따지라. 잔금 납부 후 소유자가 되었음에도 살고 있는 점유자를 법률적으로 내보낼 수 없으면 안 된다. 선순

위임차인, 유치권자, 고령의 환자, 빈 집 등이 있으면 어려움은 예상하나 추가적으로 법률상 돈이 안 들어 가야한다. 셋째, 잘 팔아야 한다. 쉬운 이야기 같지만 부동산을 매매하는 것은 그리 쉽지 않다. 시기와 상황, 배짱 등이 맞아 떨어져야 한다. 어떤 의미에서 경매 물건을 싸게 사느냐는 그다지 중요하지 않을 수도 있다(자신이 오래도록 살 경우가 아니라면). 결론적으로 아무리 싸게 사도 세입자 문제를 해결하지 못한다거나 소유권 이전이 쉽지 않다면 차라리 사지 않은 것만 못하다. 또 건물의 값이 상승하지 않으면 투자 효과가 없다. 그게 경매의 진리다.

세입자 문제로 골머리를 앓던 그녀는 또 다시 나를 찾아왔다.

"이거 어쩌죠? 경매를 괜히 했다는 후회감이 들어요. 신문에서 봤을 때는 쉬워 보였는데 이게 그렇게 말처럼 쉽지 않네요."

"세상 모든 일에는 다 어려움이 있지요. 그렇다고 여기서 포기할 수는 없죠. 일단 인도명령신청서부터 내도록 하지요."

지하 유흥업소는 2명의 공동 소유였다. 그들에게 인도명령신청서를 보낸 지 20일쯤 지나자 세입자 대표에게서 만나자는 전화가 왔다.

"일단 만나서 이야기합시다."

3일 후 우리 세 사람은 지하에서 만나 비용에 대한 이야기를 나누었다. 지하 사장이 먼저 말을 꺼냈다.

"모텔의 주인이 바뀌었으니 수리도 새로 하셔야 할 게고. 그 사정은 나도 잘 알지만 이곳 인테리어 비용만 1억원이 들었어요. 그동안 사용한 감각상각을 감안해서 9000만원에 합의를 하지요."

그녀와 나는 고개를 내저었다. 이 모텔을 낙찰 받으면서 10억원을 이미 대출 받은 상태에서 9000만원을 추가로 지출할 수는 없었다. 또 일방적인 세입자의 주장을 그대로 믿을 수도 없었다. 지하 사장과 헤어진 후 나는 그녀에게 다음 단계를 설명했다.

"이제는 2단계인 강제집행에 들어가야 할 단계입니다. 대략 3000만원 정도 들 것 같네요."

"3000만원이나 들어요? 아니, 짐 빼는 데 그렇게 돈이 많이 들어요?"

나는 차근차근 설명했다.

"꼭 3000만원이 들어간다는 게 아닙니다. 집행이라 함은 법원의 인부들이 물건을 꺼내는 것으로 끝나지 않습니다. 건물 밖으로 꺼낸 짐들을 세입자가 인수를 거부하면 그 짐들을 계속 길거리에 방치할 수는 없죠. 이삿짐보관센터에 보관을 해야 하는데 보관비용은, 통상 경매물건은 3개월치를 선납으로 받습니다. 이외에 짐을 나르는 운송비, 인건비 등을 전부 우리가 먼저 지불해야 합니다. 또한 계속 짐을 찾아가지 않으면 우리가 그 짐들을 동산경매에 넘겨 처분해야 합니다. 이때도 비용이 들지요. 그 비용 전부가 3000만원 정도 된다는 이야기입니다."

우리 쪽에서 강제집행으로 방향을 정하자 세입자는 이내 꼬리를 내릴 수밖에 없었다. 그러나 그를 내보내고 폐업 신고를 하면 다시 사업자등록을 내기가 번거롭기 때문에 가게를 그대로 인수하자고 의견을 모았다. 세입자는 강제집행을 당하면 자신에게 이익될 게 전혀 없다는

사실을 잘 알기에 몇 차례의 협의를 거쳐 2000만원에 최종 합의를 보았다.

이제 남은 사람은 현재 모텔을 운영하는 세입자였다. 그는 월세를 무려 1년가량 내지 않고 영업을 해오고 있었다. 실질적으로 보증금을 다 까먹은 상태였다. 우리는 그에게 그동안의 밀린 월세는 보증금에서 제할 테니 영업을 정리해달라고 통보했다.

"아이고. 그럼 나는 어떻게 합니까? 아무리 그래도 돈 한푼 못 받고 어떻게 나갑니까. 얼마라도 좀 챙겨주세요."

경매 현장에서는 이런 일이 비일비재하다. 원칙적으로는 한푼도 주지 않아도 되지만 우리네 정서상 돈 한푼 주지 않고 내보낼 수는 없다.

"알겠습니다. 생각 좀 해보지요."

몇 번 줄다리기를 하다가 1500만원으로 합의를 보았으며 객실에 비치된 TV, 컴퓨터, 냉장고 등 시설 집기를 승계하는 비용으로 700만원을 별도로 지급했다. 이렇게 해서 세입자 문제는 완전히 해결되었으나 그 뒤에도 돈은 추가로 들어갔다. 다시 새로운 세입자를 찾기 위해서는 건물 전체를 리모델링해야 한다. 각 객실의 화장실을 수리하고, 도배를 새로 하고, 침대도 전부 바꾸었다. 이렇게 들어간 돈이 2억 7000만원이었다. 큰 결단을 내리지 않으면 꿈도 못 꿀 일이다. 그때 일본에 사는 그녀의 친구가 모국을 방문했는데 정말 우연히도 그 친구 역시 일본에서 모텔을 운영하고 있었다. 그 친구의 코치를 받아 모텔 내부를 일본 스타일로 꾸몄다. 내부 인테리어가 진행되는 도중에 나는 그녀에게 물었다.

"어떻게 하시겠어요? 제가 세입자까지 알아봐 드릴까요?"

그녀는 잠시 대답이 없었다.

"리모델링 공사까지 마치니 건물이 완전히 새것처럼 보이네요. 세를 주지 않고 내가 직접 운영을 하면 어떨까 하는 생각이 들어요."

"그것도 좋은 방법이지요. 아직 뒤로 물러날 연세는 아니니까요."

나 역시 그녀의 직접 경영을 적극 추천했다. 자신의 건물은 아무래도 자신이 관리하는 것이 모든 면에서 훨씬 좋다. 또 장사도 적극적으로 하게 된다. 인테리어 공사가 완전히 마무리된 후에 지하는 보증금 4000만원에 월 400만원으로 세를 놓았다.

모텔 경매에 참여할 때는 주변 상권을 면밀히 살펴야 한다. 주변에 어떤 시설이 있는지, 유동인구가 얼마나 되는지 등을 파악하는 것이 무엇보다 중요하다. 또 가장 중요한 것은 모텔의 손님수이다. 하루 시간을 내 모텔 입구에서 드나드는 사람을 일일이 헤아리는 것이 가장 좋은 방법이다. 그래야 기본적인 임대수익을 확인할 수 있다. 꼭 사야겠다는 마음이 들면 손님으로 가장해 안으로 들어가 내부 시설을 꼼꼼히 살펴보라. 시설이 낡아 전부 새롭게 바꿔야 한다면 그 비용은 수억원대를 넘어가기 십상이다.

최근에는 상업지역 내 모텔이 도시형 생활주택이나 고시원으로 전환되는 사례까지 등장하고 있다. 전직 언론인이었던 정일영씨는 평소

틈틈이 부동산을 공부해 친구와 함께 선릉역 이면 도로에 있는 모텔을 경매로 낙찰 받았다. 그 후 건물을 뜯어고쳐 오피스로 활용하고 있다. 선릉역에서부터 역삼역 이면도로에는 모텔들이 많이 밀집해 있는데 그 모텔은 입지는 괜찮았으나 전 소유주의 채무관계가 복잡해 낙찰과 소유권 이전에 애를 먹은 물건이었다. 경매 전문가의 도움으로 문제를 해결한 그는 그 지역에 사무실 수요가 예상외로 많은 것을 보고 사무실로 전환해 현재 연 9%대의 임대수익을 올리고 있다.

재매각물건을 낙찰 받기 어려운 이유

　대전에 사는 주부 한은실씨는 경매투자로 손해를 봤다. 그녀 역시 경매에 관심을 갖게 된 연유는 소액투자를 통해 남편 부담을 덜어주자는 예쁜 마음에서였다. 그런데 막상 시작하자니 은근히 두려운 마음이 들어 친한 고등학교 동창과 의기투합해 경매를 시작했다. 누구나 그렇지만 경매를 처음 시작할 때는 소액부터 출발하기 마련이다. 그녀 역시 마찬가지였다.

　이런저런 조언을 들으니 경매는 자신이 제일 잘 아는 지역부터 시작하라는 조언이 마음에 와 닿았다. 마침 집에서 가까운 곳에 위치한 빌라가 경매로 나왔다는 정보를 입수한 그녀는 현장조사부터 했다. 먼저 동네 사람들을 통해 왜 집이 경매로 나왔는지 내막을 알아보았다.

"그 집 남편이 영화 애니메이션 사업을 한다고 대출을 얻었는데 그 사업이 잘못 되었다더군요."

"집은 경매로 넘어가지만 그 부인은 돈이 제법 있다고 그러던데요."

그녀는 모든 정보를 종합한 뒤 경매에 참여하기로 했다. 부인에게 경제적 능력이 있다면 명도 문제가 그리 복잡하지 않으리라 생각했기 때문이었다. 그녀는 처음이었으나 자신의 힘으로 모든 것을 처리해 나갔다. 컴퓨터의 인터넷등기소를 통해 등기부등본을 발급 받고, 아는 부동산 중개소를 찾아가 권리분석을 하는 등 준비를 철저히 했다. 경매법정에 처음 가본 그녀는 입찰표 쓰는 순서와 방법도 알지 못했다. 그러나 집행관의 친절한 설명을 들으면서 입찰표를 작성했다. 또 안내도 잘돼 있어 초보자도 쉽게 응찰할 수 있었다. 그러나 낙찰 실패였다. 순위는 3등이었다.

약간 아쉬운 감이 있기는 했지만 크게 실망하지는 않았다. 누구든 첫술에 배부를 수는 없었기 때문이었다. 경매의 방법과 절차를 알았다는 것이 큰 소득이었다. 그 배움을 바탕으로 두 번째 경매에 도전했다. 역시 인근에 위치한 소형아파트였다. 그러나 이번에도 실패였다. 총 9명이 입찰에 참여했는데 그녀는 4등이었다. 이번의 실망감은 처음과는 약간 달랐다.

"두 번 연속으로 떨어지자 의기소침해지더군요. 그러던 중 친구가 동네에서 차로 20분 거리에 한 빌라가 있는데 경매에 나왔다고 알려주더군요. 가격도 적당했어요. 그래서 혹시나 하는 마음에 조사를 갔지요. 그런데 이상한 점이 있었어요. 두 번씩이나 낙찰을 받았는데 두 번 모두 낙찰보증금을 포기한 것이었어요. 한번쯤은 그럴 수 있다고 해도 두 번이나 낙찰을 포기하는 건 좀 이상하잖아요."

그녀 말이 맞다. 경매에서 낙찰보증금을 포기하는 경우는 빈번하다. 수익률을 잘못 계산했다든지, 권리분석을 잘못해 문제가 발생했다든지 하는 경우에는 보증금을 포기하고 물러난다. 그런데 그 집은 그런 일이 두 번이나 발생했다. 도대체 무슨 시언이 있는 집일까. 그녀는 평소 잘 알고 지내던 법무사를 찾아가 이 물건에 대한 권리분석을 의뢰했다. 그러나 권리상에는 아무런 이상이 없다는 대답이 돌아왔다.

"그래요? 절망 이상하군요. 그런데 왜 낙찰 받은 사람이 두 번이나 포기를 했을까요?"

"어쩌면 드러나지 않은 문제가 있을 수도 있겠지요."

그녀가 입찰에 참여한 빌라는 60㎡(18평)로 방 3개였다. 그 바로 윗층 빌라는 6개월 전 감정가 8000만원에 나와 5200만원에 최종 낙찰됐다. 그녀는 큰마음을 먹고 경매에 참여해 최저입찰가격에서 거의 올리지 않은 낮은 가격을 써냈다. 경쟁률은 2명에 불과했으며 그녀가 낙찰을 받았다. 즉시 그녀는 현장부터 방문했다.

"계세요? 안에 아무도 안 계세요"

"······."

아무런 인기척이 느껴지지 않자 문에 연락처를 적은 메모지를 남겨 놓은 뒤 집으로 돌아왔다. 그리고 3일 후 전화가 걸려왔다.

"저희 집을 낙찰 받으셨다고요. 반가워요. 우선 좀 만날 수 있을까요"

"그렇지 않아도 기다리던 참이었어요. 어디로 갈까요. 집으로요? 네 알겠습니다. 내일 3시에 찾아뵐게요."

다음날 집을 찾은 그녀는 아연실색하지 않을 수 없었다. 세입자 부부는 모두 시각장애인이었던 데다 어린아이 둘을 데리고 있었다. 집안 내부는 전쟁터는 저리가라 할 정도로 어질러져 있었고 전기가 끊겨 촛불로 겨우 생활하고 있었다. 집안 곳곳이 검게 타 있을 정도였다. 그 모습을 본 그녀는 벌어진 입이 다물어지지 않았다. 집은 어디서부터 손을 대야 할지 엄두가 나지 않을 정도로 훼손돼 있었다.

"저희가 사는 게 이래요. 안마시술소에서 일하며 간신히 먹고 살아 가는데 남편이 보증을 잘못 서서 집이 경매로 넘어갔어요. 보시다시피 지금 우리 형편에 갈 데가 없어요."

그녀는 그제야 왜 두 번이나 낙찰 포기 사태가 벌어졌는지 이해가 갔다. 이들을 내보내고 집을 새로 수리하느니 차라리 보증금을 포기하는 게 낫다는 생각이 들었다. 이 가족을 내보낼 생각을 하자 머리끝이 쭈뼛 서는 것 같았다. 또한 아무리 돈이 중요하기로서니 시각장애인과 그 아이들을 거리로 내쫓을 자신도 없었다.

"왠지 그랬다가는 벌을 받을 것만 같은 생각이 들었어요. 그래서 두 눈을 감고 돌아섰지요. 물론 보증금은 포기했구요."

결국 그녀의 경매 성적은 3전 전패가 되었으나 크게 후회되지는 않았다.

보증금을 포기한 물건은 반드시 문제가 있기 마련이다. 물론 낙찰자의 개인 사정으로 포기하는 경우도 있지만 집에 하자가 있을 때 포기하는 경우가 더 많다. 예컨대 명도에 문제가 있는 집을 가보니 무단 세입자가 집을 방치해 엉망으로 만들어 놓았을 경우가 있다. 경매전문가들은 그래도 어떻게든 명도를 해야 한다고 말한다. 하지만 낙찰자의 시각은 다르다. 그 엉망인 집을 바라보고 있노라면 마음이 달라지는 것이다.

또 수리비도 만만치 않다. 경우에 따라서는 1000~2000만원이 들 수도 있다. 그 돈을 들여 수리를 하고 법적인 절차를 진행하느니 차라리 보증금을 포기하는 것이다. 누구의 판단이 옳은지 섣불리 말할 수는 없다. 결국은 낙찰자의 몫이기 때문이다.

재경매의 정확한 법률용어는 '재매각물건'이다. 누군가 10%의 보증금을 납입하고 낙찰을 받았으나 잔금 납부를 포기하면 재경매가 진행된다. 보증금을 20%로 올려 경매에 나오게 된다. 낙찰 받은 자가 보증금을 자꾸 포기하면 채권회수에 시간이 걸리기 때문에 다음번에 입찰하는 자에게는 보증금을 20% 납입하게 해 되도록이면 잔금을 납부하도록 경각심을 주기 위한

방책이다. 10%의 보증금은 선뜻 포기할 수 있지만 20%의 보증금은 포기하기 쉽지 않다.

주부 한은실씨는 처음 경매를 시작할 때는 시장조사 등을 철저히 했지만 두 번 연거푸 떨어지면서 초심을 잃고 말았다. 처음에는 동네 사람들을 통해 정보를 얻었으나 세 번째는 현장조사를 하지 않고 권리분석에만 몰두했다. 그러나 재경매의 경우 등기상 권리관계에 이상이 없다면 반드시 그 집에 사는 사람들을 조사해야 한다.

두 번이나 낙찰이 포기된 데에는 보이지 않는 사유가 분명히 있다. 나의 경우에도 낙찰 받은 집을 포기한 경우가 있다. 집을 방문하니 90세의 노인이 홀로 살고 있었다. 그 노인은 말도 제대로 알아듣지 못하는 심각한 상황이었다. 손자가 집을 담보로 대출을 받았다가 경매로 넘어간 경우인데 도저히 명도가 불가능하다고 판단해 법원에 불허가신청을 내서 겨우 낙찰금을 돌려받았다. 일반인이라면 보증금을 포기했을 것이다. 또는 집주인의 자살, 타살, 내부 방화 등의 곡절이 있는 경우가 많으므로 이웃 주민들을 통해 철저한 조사가 필요하다.

사찰을 낙찰 받으려면 마음을 비우라

경기도 화성에 사는 김정환씨의 꿈은 소박하다. 14살 때 혈혈단신으로 고향을 떠나 서울로 올라와 숱한 역경을 이겨낸 끝에 현금자산 50억원을 지닌 자산가로 변신했다. 그의 마지막 소망은 개인 사찰을 짓는 것이었다. 물론 처음부터 그랬던 것은 아니다. 공수래공수거가 인생의 좌우명인 그는 어렵게 성취한 재산을 사회에 환원할 방법을 찾던 중 평소 알고 지내던 스님의 조언을 받아들여 개인사찰을 짓기로 결심한 것이다.

자식들의 반발은 불을 보듯 뻔했다. 현금자산만 50억원에 각종 부동산, 유가증권을 합치면 재산이 100억원에 이르는데 이를 사회에 환원하겠다는 것을 자식들은 이해하지 못하겠다는 반응이었다. 하지만 김

씨의 뜻은 확고했다. "내가 번 돈을 내 맘대로 하겠다는데 왜 너희들이 간섭이냐. 대학까지 가르쳤고, 결혼할 때 집 한 채씩 모두 사주었으니 부모 노릇은 다했다. 나머지 재산에는 신경 쓰지 마라."

그는 자신의 결심을 실행에 옮겨 10년 전부터 개인사찰을 지을 땅을 알아보고 다녔으나 관계 법령이 워낙 까다로워 상당히 애를 먹었다. 5년 전 매입한 1000평마저 행정중심복합도시 예정지로 편입되면서 그의 꿈은 물 건너가는 듯싶었다. 그러던 그에게 서광이 비추기 시작한 것은 다름 아닌 경매였다. 경매는 공공기관이 중간에 개입해 가격과 거래 방식을 통제하지만 개인 간 거래의 하나이다. 그래서 사찰, 교회와 같은 종교시설도 종종 나온다.

최근 경기 침체로 종교 부지나 교회, 사찰과 같은 종교시설 물건도 큰 폭으로 늘고 있다. 이는 몇 년간 계속되고 있는 경기 불황의 단면을 그대로 보여주는 것이며, 종교시설의 경매 증가세도 뚜렷해지고 있다. 2010년 말 법원경매 물건 수는 2009년보다 1.5배를 크게 웃도는 수준이다.

일반적으로 사찰은 조계종, 천태종 등 불교 종단 소유라고 생각하기 쉬우나 개인이 직접 소유한 사찰도 많다. 김씨처럼 개인이 직접 사찰을 지어 공익적인 목적으로 활용하고자 하는 사람이 적지 않다는 뜻이다. 종단 소속 사찰들은 거래와 관련된 모든 통제를 종단에서 받기 때문에 경매로 나오는 경우는 없지만 개인 소유의 사찰은 얼마든지 경매에 부쳐질 수 있다.

2004년 개봉된 영화 〈달마야 놀자 2〉를 본 독자라면 쉽게 이해가 될 것이다. 잠깐 그 영화의 내용을 살펴보자. 청명스님은 큰스님의 유품을 전해주기 위해 서울의 무심사를 방문한다. 그러나 이 사찰의 주지는 5억원의 빚을 지고 절을 떠난 상태였다. 사찰 곳곳에 붙어 있는 법원의 차압딱지는 스님들을 기겁하게 만들고 급기야 들이닥친 범식 일당과 청명스님 일파는 무심사를 놓고 한판 대결을 벌인다. 영화를 본 독자들은 알겠지만 개인사찰 역시 경매로 넘어가면 흔히 얘기하는 빨간 딱지가 붙는다. 이는 종교 물품이라 해도 예외가 아니다. 그게 우리 사회의 냉정한 현실이다.

실제 사례도 있다. 천년 역사를 자랑하는 지방문화재 D사찰이 대표적이다. 이 사찰은 대웅전, 극락정사 등 지상물 918.6㎡(227평)와 토지 7514.8㎡(2273평)가 경매에 나왔으며 감정가는 16억 3291만 3960원이었다. 2명의 채권자가 근저당권 행사를 위해 경매를 신청한 것이다. 〈달마야 놀자 2〉의 실제 상황이었다. 이 사찰은 고려 4대 임금 광종에 의해 국사로 임명된 혜거 스님이 창건했으며 8대 임금 현종이 거란의 침입으로 개경이 함락된 뒤 국사를 돌봤던 곳으로 유명하다. 상당수 사찰들이 그렇듯 이곳 역시 전쟁과 종교분쟁, 화재 등으로 여러 차례 수난을 겪다가 1961년 벽암 스님에 의해 복원됐다. 2006년 5월 처음 입찰에 부쳐진 뒤 2번의 변경과정을 거쳐 2007년 4월 채권자였던 A주택건설업체가 34억원에 최종 단독 낙찰을 받았다.

그렇다면 경매에 나온 사찰을 낙찰 받는 것이 과연 쉬울까. 결론적으

로 말하면 '노'이다. 앞서 설명한 바와 같이 개인사찰의 물건에는 법원의 강제 경매신청 권한이 있지만 해당 물건별로 따져보면 강제집행에 상당한 부담이 있다. 가령 주요 성물을 성도들의 헌금이나 시주로 구입했다는 주장이 나오면 낙찰 이후에도 명도 등 소유권 이전이 장기간 지속될 수 있기 때문이다. 이 때문에 종교시설은 통상적으로 낙찰률도 저조하고 낙찰가도 평균 30-40%에 그친다. 무엇보다 개인사찰과 같은 종교시설은 명도가 까다롭다. 소유구조가 불명확하다 보니 낙찰을 받아도 명도 처리가 곤혹스러울 수밖에 없다는 이야기다.

낙찰 후 용도 변경도 힘들다. 영화 속 이야기처럼 개인사찰을 부수고 그 위에 대규모 쇼핑센터를 짓는 것은 사실상 불가능하다. 사찰 신도들의 동의가 없으면 개발 행위는 거의 불가능하다고 보아야 한다. 결국 개인사찰의 가장 큰 약점은 낙찰 후 과정이 너무 복잡하고 제반 법적 절차가 어렵다는 점이다. 이는 교회도 마찬가지다.

개인사찰은 등기부상 소유자와 채무자가 명확하게 정해졌지만 부동산 점유자에 해당하는 집기류의 소유자는 대부분 신도들이기 때문에 쉽사리 경매로 낙찰 받기 어렵다. 나아가 종교시설을 강제로 명도 처리해 입주하는 것 자체가 주위의 따가운 눈초리를 받기 십상이다. 또한 해당 관청이 반대하면 애물단지로 전락할 수도 있다는 것이 전문가들의 충고다.

그러므로 매각 대상물건이 양도가 금지된 재산인지를 꼼꼼히 따져 보는 것도 빼놓을 수 없다. 압류가 금지된 물건에 대해서는 정당한 집행절차에 의해 매각이 됐다고 해도 추후 매각허가에 대한 이의가 제기될 수 있고, 매각불허가결정이 내려질 가능성이 높다. 쉽게 말해 소유권을 실행할 수 없게 될 수도 있다는 얘기다. 사찰의 경우에는 전통사찰보존법 제10조에 의한 건물 등 압류금지 조항을 살펴야 한다.

실제로 D사찰에는 유형문화재 151호 석가여래철불좌상이 있었는데 이 물품은 경매에서 제외되었다. 뿐만 아니라 상당수 종교시설은 개발제한, 군사시설보호구역 등에 위치해 있어 이용에 제한이 따를 수 있다. 개발에 대한 규제가 많다는 것은 그만큼 일반인들의 접근이 쉽지 않다는 뜻이기도 하다. D사찰의 경우에도 토지의 상당수가 개발제한구역에 편입돼 있어 낙찰 후 개발이 사실상 불가능하다.

다시 김정환씨 이야기로 돌아가자. 그는 마음에 쏙 드는 개인사찰을 찾았다. 여주지방법원 경매에 나온 사찰로 경기도 양평군 강상면에 위치한 곳이었다. 대지(임야 포함)는 6105㎡ (1850평)였으며 505㎡(153평)의 대웅전은 완공된 상태였다. 그러나 단청은 되어 있지 않았다. 최초감정가격은 13억 2000만원이었다. 등기상 권리관계를 살펴보니 돈을 빌려주고 근저당권을 설정한 자는 은행이 아닌 개인들이었으며 근저당권 총액은 20억원이 넘었다. 딱 하나 문제되는 것은 누군가 유치권 2억 8000만원을 신고한 것이었다.

이 사찰은 무려 3회가 유찰되어 최저입찰가격은 6억 7000만원에 시작했다. 이렇게 입찰가격이 떨어진 것은 유치권을 신고한 금액이 낙찰

자에게 부담되는 금액임이 분명했다. 낙찰 후 잘못하면 2억 8000만원을 별도로 물어주어야 하기 때문이다. 김씨는 경매에 참여하기는 해야겠는데 유치권 금액이 마음에 걸렸다. 일단 부딪쳐보자는 생각에 그는 사찰을 방문했다.

절 입구에 차를 세워놓고 안으로 들어가니 한 사람이 다가와 왜 왔느냐며 따지듯이 물었다. 자초지종을 이야기하니 자신이 바로 그 절의 소유자라고 밝히는 것이었다. 그곳에서 계속 이야기하기가 어려워 그에게 잠깐 시간을 내줄 수 있느냐고 물었다. 망설이는 그를 차에 태워 인근의 음식점으로 가 차근차근 이야기를 시작했다.

사찰에 욕심이 있어서 경매에 참여하는 것이 아니라 사회를 위해 좋은 일을 하려 한다는 뜻부터 밝히고 이는 자신의 어릴 적부터의 꿈이라고 덧붙였다. 처음에 김씨를 경계하던 소유자는 그의 마음이 진정인 것을 알고는 사실대로 절의 상황을 알려주었다. 설명을 다 듣고 난 김씨는 유치권에 대해 물었다.

"다른 것은 문제가 아닌데 유치권이 문제입니다. 2억 8000만원의 금액이 신고되어 있던데 무슨 연유입니까?"

소유자는 잠깐 생각을 하다가 대답을 했다.

"그 유치권자가 부속건물인 주방과 보일러실 등 5평을 지은 사람입니다. 그 사람은 2억 8000만원을 신고했지만 그가 받지 못한 돈은 2000만원에 불과합니다."

"그래요? 그러면 2000만원만 물어주면 됩니까?"

"그것은 제가 이렇다저렇다 말할 입장이 못 되지요."

김씨는 낙찰을 받으면 반드시 보답하겠다고 약속한 뒤 경매에 참여했다. 입찰가격을 시작가격의 58%에 맞추어 7억 6500만원을 써냈는데 그의 단독 낙찰이었다. 낙찰 후 유치권자를 만났으나 그는 완강히 자신의 유치금액을 주장했다. 김씨는 명도소송을 할 수밖에 없었고 소송 기간은 6개월 동안 이어졌으나 그의 승리로 마무리되었다. 법원이 16.5㎡(5평)에 대한 유치권만을 인정했기 때문이었다. 그는 2000만원을 주고 사건을 해결했다.

위치	경기도 양평군 강상면	물건의 형태	사찰, 6105㎡(1850평)
시세(감정가격)	13억 2000만원	최종낙찰가	7억 6500만원

현재 대웅전의 단청은 모두 마쳤으며 이름도 새로이 지어 현판식도 완료했다. 전 소유자에게는 사례와 더불어 감사의 표시도 잊지 않았

예고등기 ★ 예고등기란 소유권의 다툼 또는 근저당권의 말소 다툼이 있을 때 법원이 직권으로 등기부에 '이런 다툼이 있습니다' 하고 알려주는 것이다. 근저당권 이후에 기입되는 예고등기의 99%는 전부 가짜라고 보면 된다. 2010년 한때 전문 브로커들이 경매가격을 떨어뜨려 헐값에 낙찰을 받기 위해 조직적으로 예고등기에 의한 소송을 벌이다 검찰의 대대적인 단속으로 적발되었다. 예고등기가 있을 경우 해당 물건의 당사자에게 직접 정보를 얻는 것이 가장 안전한 방법이다. 부동산 예고등기는 '처분금지 가처분'으로 대체하면서 50년 만에 '부동산등기법 전부개정안'에 의해 폐지될 예정이다.

다. 그는 이렇게 평생의 소원을 풀게 되었으며 자신의 재산 일부를 사회에 환원해 더 많은 사람들이 종교에 귀의할 수 있도록 하는데 기여했다. 그의 사찰 사랑은 여기서 멈추지 않았다.

얼마 후 사찰 뒤에 자리 잡은 임야가 경매로 나왔다. 그 임야 역시 전 소유자의 것이었다. 사찰과 붙어 있는 임야이기에 꼭 필요한 땅이었다. 김씨는 이 땅을 반드시 구입하리라 마음먹었다. 총 1만 3860㎡(4200평)에 감정가는 4억 2000만원이었으며 4회 유찰돼 1억 7000만원에 경매에 나왔다. 네 번이나 유찰되어 반값도 안 되게 떨어진 이유는 근저당권 이후에 예고등기가 설정되었기 때문이었다. 김씨는 법률전문가의 도움으로 등기부등본을 발급 받아 '예고등기'를 확인했다. 예고등기는 등기순위 4번인 근저당을 말소해 달라는 것으로 낙찰자에게는 불이익 없이 말소되는 것으로 확인됐다. 그리고 입찰에 참가해 낙찰을 받았다. 임야는 소송당사자가 없기 때문에 명도와 관련된 모든 문제를 말끔히 해결했다. 그리하여 대웅전과 임야를 모두 갖춘 훌륭한 사찰로 자리를 잡게 되었다.

권리분석이 쉬운 물건은 없다. 그러나 권리분석이 복잡하다 하여 무조건 포기하는 자세는 좋지 않다. 부딪치며 노력해야 투자의 효과를 얻을 수 있다. 복잡한 권리분석은 대부분 유치권 때문에 발생한다. 그러나 전 소유자의 도움으로 해결하는 사례는 굉장히 많다. 당사자 외에는 권리관계를 설명할 사람이 없기 때문에 당사자와 만나기만 해도 80%는 성공이다.

   그러기 위해서는 사건 현장을 방문하고 자신 있게 문을 두드려야 한다. 그 노력의 대가가 경매에서는 모두 돈으로 직결된다. 잊지 말아야 할 것은 정(情)이다. 경매도 사람이 하는 것이기에 정을 더하면 더 빨리, 더 수월하게 일을 처리할 수 있다.

까다로운 명도를
쉽고 빠르게 하는 방법

경매에서 가장 어려운 점은 무엇일까. 만약 권리분석을 머릿속에 떠올린다면 아직 초보자라 할 수 있다. 경매로 물건을 1-2개라도 받은 경험이 있는 투자자라면 낙찰 전 과정보다 낙찰 후가 얼마나 중요한지를 절실히 알고 있다. 그래서 경매가 어렵다고 말하는 것은 아닐까?

최근 경매시장을 관찰하면 낙찰 전의 투자 컨설팅에 사람들이 너무 관심을 보이는 경향이 있다. 이는 낙찰 후의 문제를 제대로 경험하지 않았기 때문이다. 낙찰 전 투자손익은 정상적으로 소유권이 이전되고 해당 부동산 점유자가 점유를 풀어 낙찰자가 뜻대로 권리를 행사할 수 있을 때 가능하다. 아무리 싸게 낙찰 받았다 해도, 그리고 소유권 이전이 무리 없이 진행됐다고 해도 무작정 떼를 쓰면서 부동산을 점유하고 있을 때는 큰 곤란에 부딪치는 게 경매투자의 피할 수 없는 생리다. 다시 말해 차일피일 시간이 지체되면 애초에 기대했던 투자수익은 꿈도 꾸지 못하는 상황에 이를 수 있다.

경매로 부동산을 매입할 때는 거래되는 시세보다 싸게 사야 한다고 대부분 말한다. 그래야 경매한 보람이 있다는 것이 대부분 투자자들의 설명이다. 과연 그럴까? 정답은 앞서 설명한 것처럼 명도가 순조롭게 마무리돼야 한다는 데 있다. 명도는 수십 번 강조해도 지나치지 않은 경매의 중요 포인트이다. 그런 이유로 명도를 잘해야 부동산 고수라는 말이 나오는 것도 무리는 아니다.

이른바 명도의 대가라 불리는 박진철씨의 사례를 통해 명도의 중요성과 방법을 다시 한번 되돌아보자.

그가 명도를 처리한 물건은 서초동에 있는 100㎡짜리 중형 빌라였다. 감정가가 5억 1000만원인 집을 4억 2000만원에 낙찰 받았다. 위장 임차인 여부를 놓고 막판까지 확인에 확인을 거듭한 끝에 승산이 있다는 결론을 내리고 최종 낙찰을 받았다.

위 치	서울 서초구 서초동	물건의 형태	빌라, 100㎡(30평형)
시세(감정가격)	5억 1000만원	최종낙찰가	4억 2000만원

세입자의 반발은 불을 보듯 뻔했다. 소유권 이전 후 전화로 몇 번 이야기했지만 번번이 거절당하기 일쑤였다. 그는 법적인 절차를 통해 명

도를 처리하기로 결정을 내렸다. 더 이상 시간을 미룰 수 없다는 판단에서였다.

 그는 늘 낮 시간에 낙찰 받은 집을 찾아간다. 토요일이나 일요일 오후에 만나기로 약속을 한 후 가벼운 선물을 사가지고 간다. 처음에는 이런저런 이야기를 나누다가 배가 고프다며 라면을 하나 끓여달라고 부탁한다. 생뚱맞은 부탁이지만 새로운 소유자가 된 사람이 찾아와 라면 하나 끓여달라는데 거절하는 사람은 없다. 이는 우리나라만의 전통적인 정서라 할 수 있다. 라면이 나오면 당연히 김치가 나온다. 그러면 무조건 김치를 칭찬하면서 이야기를 풀어나간다. 김치 맛을 보니 고향이 어디로 추정된다(설사 틀려도 상관없다)는 말로 시작해 학교, 직업, 장사, 군대, 아이들, 취미 등등 여러 가지를 묻는다. 그러면 피차 마음이 열리고 반드시 공통분모 하나를 찾아내기 마련이다. 친구의 친구의 친구가 그곳에서 학교를 나왔다고 무릎을 치는 것이다. 그러면 오랜 친구 같은 기분이 들고 이야기는 계속 이어진다.

 꼭 그 자리에서 먼저 명도 이야기를 하지는 않는다. 많은 대화 끝에 상대가 먼저 명도 건을 꺼내게 만든다. 결국 그는 세입자이고 언젠가는 나가야 한다는 사실을 잘 알기 때문이다. 정작 소유자는 명도의 '명'자도 꺼내지 않았는데 일은 자연스럽게 해결이 된 셈이다. 이 빌라에 사는 임차인 역시 소유자의 어머니로 밝혀져 적당한 이사비용에 합의할 수 있었다.

 그러나 반드시 이 방법을 사용하는 것은 아니다. 사람에 따라 대응

방법이 다르다. 그가 사용하는 또 하나의 방법은 형사로 변장하는 것이다. 현직 형사로 위장하면 불법이기에 전직 형사라고 자신을 소개하는 것이다.

명도할 집을 방문해 처음에는 점잖게 이야기를 한다. 얼굴에 그다지 웃음을 띠지 않고 날카로운 표정으로 꼭 필요한 말만 한다. 물론 상대를 강압적으로 억누르거나 협박하지는 않는다. 무언가 무섭다는 인상만 주면 된다. 몇 차례 요구에도 상대가 명도를 거부하면 법원에서 복사한 상대방의 임대차계약서를 꺼내 보여준다.

그리고 예전에 자신이 형사 생활할 때의 사건을 들려준다. 거짓으로 임대차계약서를 작성한 후 돈을 요구하다가 형무소에 갔다는 이야기, 형제끼리 짜고 불법을 저지르다가 형사문제로 번져 둘 모두 곤욕을 치렀다는 이야기 등을 차분히 들려준다. 물론 그 사건이 세입자에게 해당되는 일은 아닐지라도 문제가 더 커지면 곤경에 처하는 사람은 세입자라는 사실을 깨닫게 한다. 그렇게 되면 세입자는 별다른 저항 없이 명도에 합의한다.

그의 명도 사건은 끝이 없다. 한번은 안주인이 끓여주는 라면을 함께 먹고, 호프집으로 자리를 옮겨 눈물 섞인 하소연을 들어주고, 마지막으로 노래방까지 가서 노래를 불렀다. 그렇게 세 번에 걸쳐 자리를 옮긴 후에야 문제를 해결했다. 또 한번은 집에 가보니 남편은 아직 직장에서 돌아오지 않았고 부인만 있었다. 그 부인과 이런저런 이야기를 나누다가 남편이 고등학교 선배로 밝혀져 핸드폰으로 통화 후 즉시 문

제가 해결된 때도 있었다.

　다음은 내가 그를 따라가 직접 겪은 일이다. 어느 날 법원에 갔다가 우연히 그를 만났다. 반가운 마음에 인사를 나눈 뒤 어디에 가느냐고 묻자, 바쁜 표정으로 경기도 일산에 간다고 대답했다.

　"그곳엔 왜 가세요?"

　"경매로 아파트를 낙찰 받았는데 명도를 하러 갑니다. 시간이 되면 함께 가실래요?"

　나는 그의 명도대왕이라는 명성을 익히 들어 알고 있었지만 실제 명도를 어떻게 하는지는 한번도 본 적이 없었기에 이번 기회에 그 모습을 보고 싶어 쾌히 승낙을 했다.

　"제 차를 타고 가지요."

　그는 차가 신호등에 걸리자 뒷좌석의 가방에서 서류를 꺼내 내게 건네주었다. 그것은 등기부등본이었다.

　"경매잔금 치르고 오늘 소유권 이전등기를 했지요. 그런데 세입자가 있어요."

　"인도명령은 신청했습니까?"

　"하긴 했는데 아직 결정문은 나오지 않았어요. 그런데 제가 급한 사정이 있어서 세입자를 빨리 내보내야 해요. 그래서 오늘 그 집에 가는 겁니다."

　나는 고개를 살레살레 저었다.

　"아무리 그래도 인도명령 결정문이 나오고, 그 다음에 집행관에게 의뢰를 해야지요. 잘 아시는 분이…."

"그건 저도 누구보다 잘 알지요. 하지만 그때까지 기다렸다간 너무 늦어서…. 여하튼 오늘 제가 하는 것만 보세요."

나는 그가 왜 명도대왕이란 칭호를 듣는지 오늘 그 현장을 똑똑히 목격할 것을 생각하니 벌써부터 가슴이 뛰었다. 아파트에 도착한 그는 차를 주차시킨 뒤 곧바로 엘리베이터를 탔다. 벨을 누르자 "누구세요?"라는 소리가 들렸다. 그는 망설이지 않고 가방에서 등기부등본을 꺼내 차임벨의 카메라에 대고 흔들었다.

"저는 집주인입니다. 제 집에 다른 사람이 산다고 해서 왔습니다."

아닌 밤중에 홍두깨라고, 이 생뚱맞은 소리에 곧 문이 열렸다. 그는 다짜고짜 집안으로 들어가 남자에게 큰소리를 쳤다.

"여기는 제 집인데, 왜 제 허락도 없이 여기에 있는 것입니까? 당장 나가주세요."

"제 집이라니? 그게 대체 무슨 소리요?"

그는 등기부등본을 펼쳐 남자의 눈앞에 내밀었다.

"여기 이 이름을 보세요. 903동 1202호, 박, 진, 철. 제가 바로 박진철입니다. 그런데 댁은 누구신데 내집에 사는 겁니까? 지금 당장 나가세요."

"여보세요. 무슨 그런 말 같지 않은 소리를! 나는 이 집의 엄연한 법적 세입자에요."

"난 당신과 계약한 적이 없으니 당장 나가주세요. 그렇지 않으면 경

찰을 부르겠어요."

남자는 어이가 없어 그와 나를 쫓아내려 했으나 그는 핸드폰을 꺼내 빠르게 112를 눌렀다. 그 집의 주부도 가세해 우리를 밖으로 밀어내려 했다. 그러나 그는 버티면서 핸드폰에 대고 큰소리로 외쳤다. 바야흐로 일대 소란이 일어난 것이다.

남의 집에 사람들이 살고 있다는 신고를 받은 경찰은 대체 무슨 일인가 싶어 곧 출동을 했다. 경찰이 오자 남자와 부인, 그가 소란스럽게 서로 이야기를 하자 경찰은 처음에는 혼란스러워 했지만 곧 자초지종을 파악했다. 경찰은 그를 바라보며 일장 훈계를 했다.

"경매로 집을 낙찰 받은 것은 알겠는데, 세입자는 그렇게 내보내는 게 아닙니다. 법적 절차에 따라 처리하고, 집행관을 대동해야 합니다."

설명을 다 들은 그는 그제야 알겠다는 듯 고개를 끄덕이며 큰소리로 남자에게 말했다.

"오늘은 내가 집행관이 없어 돌아가지만 곧 집행관과 함께 올 것이오. 그때는 꼼짝없이 집을 비워줘야 하니까 그리 아시오."

그는 그렇게 씩씩거리다가 나에게 눈짓을 하고는 밖으로 나왔다. 엘리베이터 안에서 그는 나를 향해 빙긋 웃었다.

"어때요? 내 연기가 실감나지 않아요?"

"아, 정말 놀랐습니다. 전혀 문외한인 것처럼 행동하던데 왜 그랬어요?"

"오면서도 말했다시피 이 집은 좀 빨리 빼야 합니다. 그래서 미리 선전포고를 한 것이지요. 처음부터 질리게 나오면 상대가 먼저 손을 들게 되어 있어요. 그 사람들은 설마 내가 경찰까지 부르리라고는 생각하지 못했을 거예요."

나는 그의 선제 기습공격에 혀를 내둘렀다.

과연 그 집은 어떻게 되었을까? 며칠 후 세입자에게서 전화가 왔고 이사 기한과 이사비에 합의를 보았다. 그리고 1개월 후에 모든 일이 정리가 되었다. 만일 인도명령 결정이 나올 때까지 기다리고 그를 바탕으로 집행관을 대동해 강제집행을 했다면 시간이 훨씬 더 많이 걸렸을 것이다. 그러나 그는 속전속결 방식으로 일찌감치 명도를 끝냈으니 가히 명도대왕이란 호칭을 들을 만도 했다.

그의 경매원칙은 생각보다 간단하다. 그는 대부분의 시간을 법원 입찰장에서 보낸다. 집 근처인 서울중앙지법을 비롯해 동부, 서부, 남부지법 경매입찰장이 주 활동무대다. 물론 현장 감각을 쌓기 위해서이며 이 원칙은 경매에 입문한 때부터 지금까지 계속되고 있다. 특별한 약속이 없는 한 오전 시간은 법원 입찰장에서 보내는 것이 성공 비결인 셈이다. 또 하나의 원칙은 절대로 남의 물건은 대신 받아주지 않는다. 그는 오로지 자신의 물건만을 위해 입찰장에서 뛴다. 명도의 귀재라는 소문이 알려지면서 주변에서 경매 컨설팅을 의뢰하지만 그때마다 그는 정중히 거절한다. 심지어 조카의 부탁도 일언지하에 거절한다.

"세상 모든 이치가 그렇듯 경매도 잘되면 내 덕, 못되면 남 탓이에요. 내가 고생하면서 일을 이루어놓으면 고맙다는 말 한마디에 불과하

지만 일이 잘못되거나 복잡해지면 평생 원수가 되지요. 그걸 잘 알기 때문에 나는 나를 위해서만 일을 합니다."

또 하나 덧붙일 수 있는 그의 성공비결은 저가매수이다.

"최근 경매가 과열된다고 하지만 저가매수 원칙은 꼭 지켜야 합니다. 분위기에 휩쓸려 비싸게 낙찰 받으면 아무 소용이 없어요. 아무리 좋은 물건이라도 비싸게 사면 소용이 없어요. 1년에 두 번만 낙찰을 받아도 보통 직장인의 연봉은 나오지요."

인도명령이란 잔금을 납부한 다음에 법적인 권한이 없는 점유자에게 현재 거주하고 있는 곳을 비워달라고 하는 법적인 명령이다. 법적으로는 당장 집을 비워줘야 하지만 무작정 버티는 사람이 있는 경우 법원은 낙찰자에게 강제적으로 집행관을 통해 해결할 권리를 준다. 이것이 집행권리이다.

우리 법에서 규정하고 있는 인도명령 대상자는 돈을 빌려 갚지 못한 채무자, 현재 소유자, 대항력이 없는 후순위 세입자 등이다. 물론 등기부등본에 '경매개시결정'이라고 기입이 된 이후에 해당 부동산을 점유하고 있는 사람도 인도명령 대상자이다.

그렇다면 반대로 인도명령에서 제외되는 경우는 어떤 사람들일까. 우선 대항력을 갖춘 임차인이다. 낙찰자와의 싸움에서 법원이 손을 들어줄 수 있는 사람이다. 또 법의 테두리 내에서 인정받는 유치권자도 있다(여기서는 이런 부류가 인도명령 대상에서 빠진다는 것만 알고 있으면 된다).

명도는 낙찰 후 잔금을 치르자마자 무조건 인도명령을 신청하는 것에서부터 시작한다. 이 행동이 가장 중요하다. 간혹 세입자가 금방 나갈 것이라고 예상해 인도명령신청을 하지 않는 낙찰자들이 있는데, 그러한 안이한 생각이 명도를 꼬이게 만든다. 상대방이 나가든 안 나가든 관계없이 무조건 인도명령서를 법원에 신청해야 한다.

　인도명령 신청은 잔금을 납부한 이후 최장 6개월 이내에 해야만 법적 효력을 인정받는다. 이 기한을 넘기면 신청이 불가하며 소송을 걸어야 한다. 당연히 소송은 시간이 오래 걸리기 때문에 금전적으로 큰 손해이다. 그러므로 낙찰 받자마자 빨리 신청하는 것이 중요하다. 인도명령이 신청되면 해당 부동산을 점유하고 있는 점유자에게는 법원의 인도명령 결정문이 전달된다. 한마디로 집이나 사무실, 상가, 공장을 비워주라는 경고문이다. 일단 법원이 법적으로 명령했기 때문에 낙찰자는 그만큼 유리한 고지를 선점한 것이다.

경매를 할 때는
강제집행까지 염두에 두라

2008년 8월 정우천씨는 서울 신길동에 있는 다세대주택을 2억 3000만원에 낙찰 받았다. 그곳은 대형건설사가 여러 주택을 한꺼번에 매입해 6-7동에 달하는 아파트를 건립할 움직임을 보였던 곳이었다. 3회차에 낙찰을 받아 일단 저가매입이라는 대원칙은 잘 지켰다. 그런데 낭패는 다른 곳에 있었다. 그 집에 살던 사람이 정씨가 낙찰을 받자마자 곧바로 이사를 가고 제3자에게 집을 넘기면서 일이 꼬이기 시작한 것이다.

이 같은 상황이 무조건 낙찰자에게 나쁘다고 말할 수는 없다. 혹시 모를 이러한 상황에 대비해 최근 경매시장에서는 명도 시 점유이전금지가처분 신청을 함께 하고 있다. 이 신청을 하게 되면 점유자가 다른

제3자에게 점유권을 이전했다고 해도 또다시 인도명령신청을 할 필요는 없다. 만약 명도가 어려울 수 있다고 판단되면 점유이전금지가처분신청을 인도명령신청과 동시에 하면 된다.

본론은 이제부터다. 이런 가정을 먼저 해보자. 인도명령을 했는데도 세입자가 집을 비워주지 않으면 어떻게 될까? 참 답답한 노릇이다. 법원이 보낸 인도명령을 받고도 꿈쩍하지 않는다면 그 다음 해결책은 말 그대로 '강제'로 끌어내는 수밖에 없다. 최악의 상황은 피해야겠지만 어쩔 수 없는 경우도 발생하는 것이 경매이다. 이렇게 되면 낙찰자는 집행관사무소에 강제집행신청을 한다. 그 후에는 공권력으로 내보내는 방법이 뒤따른다. 강제집행신청을 하려면 법원의 송달 및 확정증명서류를 첨부한 뒤 집행비용을 우선 납부해야 한다.

이제 명도의 키포인트인 '강제집행'을 살펴보자.

만약 집행관의 현황조사서에 '폐문 부재', '점유자 없음' 등이 기록돼 있다 해도 전혀 걱정하지 마라. 이런 경우에도 강제집행을 하는 데는 별다른 어려움이 없다. 만약 아파트나 빌라의 문이 잠겨 있고 사람이 없다면 관리실이나 이웃 주민 등 2명을 증인으로 세운 뒤 집행관이 문을 열고 집안으로 들어가면 그걸로 끝이다. 혹시 추후 발생할 수 있는 분쟁에 대비해 비디오카메라로 촬영을 해놓는 것도 좋은 방법이다.

최후까지 버티는 사람이 있다면 이러한 방법으로 집안에 들어간 뒤 모든 물건을 끄집어내야 한다. 이 글을 읽는 독자들 중에는 '굳이 이렇게까지 하면서 해야 하나'라는 생각을 할 수도 있을 것이다. 하지만 경매를 시작했다면 이 정도의 일은 각오해야 한다. 힘들게 모은 돈으로 경매를 통해 정당하게 집을 구입했는데 그 집에 다른 사람이 산다는 것은 있을 수 없는 일이다.

만일 이러한 강제집행을 할 자신이 없다면 처음부터 경매에 참여하지 말아야 한다. 상황에 따라서는 단수, 단전 조치도 취해야 한다. 명도는 무조건 상대방과의 관계에서 우위를 점해야 한다.

집 주인이나 세입자와 만날 수 없어 명도가 안 됐다면 2인 이상의 성인이나 경찰, 공무원 등의 입회하에 강제집행이 가능하다. 이때 집행관은 각종 살림살이를 목록에 기재해 낙찰자 부담으로 이삿짐센터 등에 보관하게 한다. 이 비용은 추후 채무자에게서 다시 받을 수 있으니 염려하지 하라. 만약 채무자가 보관료를 내지 않으면 보관된 물품으로 그 비용만큼 동산경매에 붙이면 된다. 야간이나 휴일에도 강제집행을 할 수 있는데 이때는 법원의 허가명령을 받아야 한다.

최근에 명도를 전문적으로 취급하는 법률사무소와 경매법인업체들이 있기 때문에 이들을 적극 활용하는 것도 좋다. 그렇다고 해서 명도를 이상하게 보거나 나쁜 행위라고 여겨서는 안 된다. 자칫 조직폭력배와 연계된 것으로 비난하는 사람이 있으나 전혀 그렇지 않다. 채권추심을 전문으로 하는 회사가 있는 것처럼 명도만을 기술적으로 하는 회사도 있는 것이다.

이제 정우천씨의 이야기로 돌아가보자. 그는 제3자를 만나 어떻게 이 집에 들어오게 되었는지 물었다. 제3자는 "나도 집주인에게 돈을 받을 게 있어 들어왔다. 나도 피해자다"라고 하면서 집을 비워줄 것을 완강히 거절했다. 그는 자신의 신분을 밝히는 것도 거부했다.

정씨는 하는 수 없이 112에 신고해 경찰의 도움을 받았다. 자신의 집에 아무런 법적 권리가 없는 사람이 무단으로 거주한다고 신고한 것이다. 경찰관 입회하에 이름과 주민등록번호를 알아낸 후 법원에 '인도명령에 기한 승계신청서'를 작성해 제출했다. 이후 승계집행문을 받아 집행을 완료했다. 법원은 기존 소유자가 이사 간 후에 들어온 자는 무단거주자로 분류해 소유자와 동일하게 그 조건을 승계한다고 판단해 승계집행문을 부여하는 것이다.

평범했던 농지가 노다지로 바뀐다면

 2000년 초반부터 농지투자로 수익을 올린 남궁 승호씨의 사례이다. 전형적인 베이비붐 세대답게 그 역시 시골에서 태어나 스무 살 때 서울로 올라와 고생 끝에 자수성가했다. 야간상업고등학교를 졸업한 뒤 인천의 중소기업에서 경리부장으로 근무한 덕분에 일찍부터 숫자에 밝았다. 그런 그가 경매에 관심을 갖게 된 것은 IMF 외환위기 이후인 1999년부터다.
 고향 친구들과 동창회를 갖던 중 한 친구로부터 경매투자를 권유받은 것이 발단이 돼 지금은 상당한 내공이 쌓였다. 특히 그는 전공을 살려 자신만의 투자수익을 분석하기로 유명하다.
 그러나 처음 경매를 접하던 시기를 회상하면 그 역시 초보의 티를 벗기 힘들 정도로 미숙했다. 친구의 권유로 경매 책을 구입했지만 내용이 어려운 법률 용어로 구성돼 있어 특별한 흥미를 갖지는 않았다. 그는 젊은 시절 영세한 회사에 들어가 밤낮으로 일해 탄탄한 중소기업으로 자리를 잡을 때까지 큰 역할을 했다. 젊음을 바쳐 충성한 회사이지만 IMF의 감원 태풍은 피해갈 길이 없었다. 수십 년 동안 내 일처럼 열심히 일했기에 실망과 상처는 더욱 컸다. 그가 책장에 꽂아놓기만 했던 경매 책을 다시 꺼내든 것은 어쩌면 피할 수 없는 숙명이있다.

정든 직장을 나온 그에게 남은 것은 인천 구월동의 49.5㎡(15평)짜리 아파트 한 채와 퇴직금, 명퇴금 명목으로 받은 3억원이 전부였다. 당시 경매는 이제 막 대중화의 길로 접어들던 시절이었다. 지금도 그렇지만 대부분의 사람들은 경매 물건에서 주거용 주택에 관심을 갖는다. 그러나 그는 고향을 떠날 때부터 늘 귀농을 꿈꾸어 왔다. 고향은 아니지만 수도권 인근에서 농사를 지으면서 마음 편하게 사는 것이 평생의 간절한 소원이었다.

그런 이유로 그는 처음부터 토지물건에 주목했다. 다른 경매 물건도 마찬가지지만 토지투자는 목적이 명확해야 한다. 개발이익을 거둘 것인지, 아니면 직접 경작할 것인지를 처음부터 명확하게 결정해야 한다. 투자이익을 환수하는 기간도 주거용 부동산에 비해 2-3배 길다. 경우에 따라서는 (운이 좋으면) 막대한 시세차익도 올릴 수 있으나 그런 뜬구름 잡는 식의 투자는 커다

란 실패로 이어질 수 있다. 또 함정도 엄청나게 많다. 경매에서 아파트로 사람들이 대거 몰리는 이유도 따지고 보면 그만큼 안정성이 있기 때문이다. 아파트는 현재 시세를 정확히 알 수 있으며 소유관계도 명확하다. 물론 함정이 없을 수는 없으나 다른 부동산 상품에 비하면 극히 적은 편이다. 더군다나 매입 뒤 재매각까지 걸리는 시간이 다른 부동산에 비해 훨씬 짧다.

이에 비해 토지는 여기저기 함정이 널려 있다. 우선 농지부터 살펴보자. 가장 기초적인 것이 농지 여부를 확인하는 일이다. 많은 독자들이 "그럼 농지가 아닌 농지가 있단 말인가?"라고 생각할 것이다. 결론적으로 말하면 농지 아닌 농지는 얼마든지 많다.

현행 법률에서 전, 답, 과수원 등 지목으로 분류하고 있다 해도 실제로 다년생 농작물이 경작되고 있는지가 중요하다. 해당 토지가 농지로 규정돼 있지만 실제 이용 상황을 확인한 결과 농지로 사용되고 있지 않은 경우도 많다. 그럴 경우 관할 구청이 발급하는 서류가 중요한 증빙서류가 된다.

농지는 농지소재지 기관에서 농지증명을 매각 결정일까지 제출해야만 매각 허가를 받는다. 따라서 매각 집행관에게 입찰보증 영수증을 받으면서 동시에 본인이 이 농지의 낙찰을 받았다는 서류도 함께 받아 농지취득증명서류에 신청해야 한다. 그래야 농지증명서류를 발급받는다. 간혹 낙찰 받은 농지가 실제로는 잡종지이거나 땅 위에 무허가 건물이 세워져 있을 수도 있다. 이렇게 되면 해당 지역 공공기관에서는 이 토지가 경작용 토지가 아니라는 이유로 농지취득자격증명원 신청을 거부하기도 한다. 이러한 경우에는 반려된 신청서를 법원에 제출하면 된다. 간혹 농지취득자격증명원을 제출하지 않아 매각불허가 결정을 받는가 하면 경우에 따라서는 입찰보증금까지 몰수 당하는 불상사가 있으므로 이를 명심해야 한다.

그렇다고 모든 농지에 농지취득자격증명원이 필요한 것은 아니다. 도시계획구역 내 농지는 농지취득자격증명서류 대신 토지이용계획 확인서가 필요하다. 도시지역 내의 농지로 주거, 상업, 공업지역 등 도시계획시설 예정지구로 지정된 토지는 지목이 농지라도 농지취득자격증명서류가 필요하지 않다. 다만 도시계획구역 중 녹지지역 내 농지는 도시계획사업에 필요한 농지이거나 전용허가를 받은 농지만이 해당된다. 자연녹지 내 농지는 농지취득자격증명서가 필요하다. 임야는 농지에 포함되지 않으므로 임야 입찰 시 농지취득자격증명서를 별도로 제출할 필요는 없다.

남궁씨가 경매로 선택한 곳은 경기도 광주시 광주읍에 위치한 농지(밭) 3234㎡(980평)였다. 법원의 감정가격은 3억 9200만원이었으며 2회 유찰되어 경매시작금액은 2억 5000만원이었다. 그는 마침 광주시청에 재직하는 고등학교 동창에게 이 땅에 대해 이것저것을 물었다. 그의 친구는 전반적인 개발 가능성이 있으니 미래를 보고 투자하라고 조언했다. 우선은 주말농장을 하는 것도 하나의 방법이라고 알려주었다.

그러나 이 농지의 가장 큰 단점은 맹지라는 점이었다(맹지에 대해서는 122쪽 참조). 도로와 연결된 길이 없는 농지였다. 등기상 권리관계는 아무런 이상이 없기에 한 번 더 유찰 후 들어갈까 고민하다가 참여하기로 결정하고 최저가격에서 100만원을 올린 2억 5100만원에 입찰했다. 결과는 그의 단독입찰이었다. 낙찰이 되자 처음에는 "입찰을 하지 말 것을 괜히 했다"는 후회가 들었다. 자신이 응찰하지 않았으면 유찰이 되었을 것이고 그러면 가격이 내려가기 때문이었다. 그러나 훗날 그가 여러 차례 경매에 참여하면서 그 생각은 잘못된 것이라는 사실을 알게 되었다.

경매는 매번 상황이 바뀐다. 내가 이번에 단독 입찰을 했으니 만일 내가 참여하지 않았다면 유찰되었을 것이라는 생각은 완전히 잘못된 생각이다. 만일 내가 참여하지 않았다면 다른 누군가가 참여했을지도 모른다. 그러므로 매 경매마다 최선을 다해야 한다.

여하튼 그렇게 낙찰을 받은 지 2년이 흘렀다. 그는 그곳에 자신이 직접 야채를 심어 가꾸기도 하고 주말농장으로 사람들에게 대여도 해주었다. 그 땅을 가지고 당장 큰돈을 벌 계획은 없었으며 여건상 그렇게 할 수도 없었다. 그러던 어느 날 건설업자에게서 전화가 왔다. 그 땅에 아파트를 짓겠다는 것이었다. 남궁씨는 드디어 기다리던 때가 왔구나 무릎을 치면서 계약을 맺었다.

계약금으로 받은 금액은 3억원이었다. 훗날 내가 최종 금액으로 얼마를 받았냐고 묻자 그는 그저 빙긋 웃기만 했다. 계약금이 3억원이었으니 잔금은 얼마를 받았을까? 통상적으로 계약금은 매매가의 10% 수준이다. 이 땅의 매매가는 독자 여러분의 추정에 맡긴다.

위 치	경기도 광주시 광주읍	물건의 형태	농지, 3234㎡(980평)
시세(감정가격)	3억 9200만원	최종낙찰가	2억 5100만원
현재 시세	15억원 추정		

경매를 취하하는 방법

이번 사례는 경매에 참여하는 사람의 입장이 아닌 경매에 부동산이 넘어간 사람의 입장이다. "나는 절대 내 재산을 경매에 넘길 일은 없다"고 자신하는 사람일지라도 다음에 설명하는 사항을 알아두면 경매투자에 도움이 된다.

경매취하란 쉽게 말해 경매가 열리지 못하도록 법원에 요청하는 것을 말한다. 채권자의 취하 신청이 법원에 접수되면 경매개시 결정 등기는 법원의 직권으로 취하로 처리된다. 이런 물건은 투자 유망 지역일수록 비율이 높다. 경매투자에 있어 꼭 알아야 하는 사항이 경매취하이다.

취하에도 방법과 원칙이 있다. 아무 때나 취하 신청을 한다고 해서 법원이 전부 취하결정을 내려주지는 않는다. 취하를 신청할 때 가장 중요한 것은 가급적 빨리 시작해야 한다는 점이다. 입찰일에 낙찰자가 결정되면 취하에 어려움이 생긴다. 그러므로 경매취하를 하려면 가급적 입찰일 전에 해야 한다. 늦으면 큰 낭패를 보는 게 취하다.

물론 낙찰되더라도 최고가 낙찰자와 차순위 낙찰자의 동의를 얻으면 취하가 가능하다. 이것도 낙찰자가 잔금을 전액 납부하기 전에 처리해야 한다.

그러나 애써서 경매에 참여해 낙찰을 받았는데 누가 선뜻 취하에 동의해 주겠는가? 더구나 그 물건이 값어치가 있다면 취하의 확률은 현저히 줄어든다. 현실적으로 거의 가능성이 희박하다고 봐야 한다. 즉, 입찰일 전에 경매취하서 제출이 경매취하의 제1조건이다

경매취하에는 몇 가지 서류가 필요하다. 우선 경매취하서 2통과 경매신청채권자의 인감증명서 1통이 있어야 한다. 또 채무변제증서 또는 채무변제를 연기(유예)한다는 채권자의 승낙서가 함께 제출돼야 한다. 한마디로 돈을 갚았거나 기한을 연장해준다는 동의서라고 보면 된다. 만약 본인이 직접 제출하지 못한다면 위임장과 함께 법원에 제출한다.

다시 한번 명심해야 할 점은 서류 접수 여부다. 반드시 경매 입찰일 전까지 서류를 제출하라. 간혹 다음과 같은 경우가 있다. 빌린 돈 전부를 입찰 기일 전에 채권자에게 돌려줬다고 생각해 법원에 특별한 서류를 제출하지 않았다고 가정해보자. 혹시 경매 개시일 이후에도 이 같

은 취하서류를 제출하지 않았다면 이러한 행위는 무효다. 대법원 판례에서도 이 같은 결정은 경매취하에 아무런 영향을 미치지 않는다고 판시했기 때문이다. 그러므로 경매를 취하시킬 생각이면 되도록 일찍 준비하라. 돈을 갚았으니 경매가 실시되지는 않겠지 생각해서는 큰코다친다. 채권자가 경매취하서를 정식으로 법원에 접수를 해야 경매가 취하되는 것이다.

이는 반대로 경매투자자 입장도 고려한 처사이다. 가령 정상적으로 입찰에 참여해 낙찰을 받았는데 느닷없이 그 경매가 무효라고 하면 황당하기 그지없다. 낙찰의 기쁨은 잠시이고 얼마나 혼란스럽겠는가. 실제로 취하 때문에 경매투자에 적잖은 어려움을 겪는 사람도 상당하다. 특히 공매는 더욱 그렇다. 공매가 열리는 경우는 국가기관에 제때 세금 등 공공자금을 납입하지 못해 내몰리는 케이스다. 많게는 수억원의 채무가 발생해 공매가 집행되는 경우도 있지만 현실적으로 공매로 내몰리게 된 채무액은 수백, 수천만원에 불과하다. 이런 금액은 공매 개시 전에 상당수가 취하결정을 받아 입찰 자체가 취소될 수 있다.

현재 국내 공매 물건 중 30~40%가 이런 이유로 취하되고 있음을 명심하라. 열심히 시험공부를 하고 있는데 갑자기 시험이 연기되거나 취소됐다는 소식을 들으면 수험생으로선 얼마나 허탈하겠는가. 법원이 경매 취하에 신중에 신중을 기하는 것도 바로 그런 이유에서다.

그러므로 투자자는 공매든 경매든 취하 여부를 항상 염두에 두어야 한다. 마음에 드는 물건이 있다면 단순히 권리관계 등 정보만 파악하지 말고 추후 진행 상황도 꾸준히 체크해야 한다. 한참 물건을 분석하고 있는데 취하 결정이 내려진다면 이보다 황당한 경우가 또 어디 있겠는가.

취하에 대한 사례를 보자. 서울 구로동에 사는 정성현씨의 이야기이다. 그는 2005년 사업 실패로 부동산 자산의 50%가 경매로 넘어가는 아픔을 겪었다. 그중에서도 가장 아까운 것은 신정동에 있는 상가였다. 이 건물은 신정뉴타운 지역에 자리 잡고 있어 상당한 투자수익을 올릴 수 있는 곳이었다. 정씨는 다른 재산은 다 처분하더라도 이 건물만은 꼭 보유하고 싶었다.

그런 이유로 정씨는 경매취하를 신청하기로 마음을 굳혔다. 다행히 3개월만 버티면 어느 정도 목돈이 생겨 상가의 채무를 갚을 여력이 있었던 것이다. 그러나 문제는 채권자의 동의를 받기가 쉽지 않다는 점이었다. 채권자 입장에서는 빨리 경매를 신청해 법원으로부터 돈을 받아내는 게 급선무였기 때문이다.

만약 경매를 신청한 채권자가 채무자의 사정을 딱하게 여겨 경매취하서를 법원에 제출하면 경매는 취하가 된다. 그러나 돈을 다 갚았는데 채권자가 경매를 신청하거나, 경매신청에 어떠한 권리상 하자가 있음을 알았다면 경매를 취소해 달라는 소송을 해당 법원에 낸다. 이때 강제경매와 임의경매에 약간의 차이가 있으니 정확히 이해한 뒤 활용해야 한다.

다행히 정씨는 채권자와 빨리 협의해 경매 취하를 신청함으로써 법원으로부터 경매를 풀었다. 그 덕분에 가장 애착이 가는 신정동 건물이 경매로 처분되는 최악의 상황은 면했다. 그리고 5년이 지난 지금 그 상가는 당시 시세보다 3배 이상 뛰어 재기의 발판을 마련할 수 있었다.

그러면 지금부터 경매 취소에 대해 자세히 알아보자. 우선 강제경매부터 살펴보자. 강제경매 시에는 채무를 변제(채권자에게 돈을 다 갚는 것) 또는 변제 공제하고 '청구에 관한 이의 소'를 제기하는 것부터가 시작이다. 그런 다음 해당 법원에 경매 진행을 막아달라는 '강제집행정지신청'을 제출해야 한다. 만약 법원이 강제집행정지 결정을 내리면 이후부터는 해당 결정문이 모든 것을 결정하는 캐스팅보드 역할을 한다. 우선 여기까지 오면 경매절차는 정지된다.

간혹 이 과정을 알지 못해 정지를 막지 못하는 일이 생긴다. 정씨처럼 재빠르게 대처하면 일을 그르치는 경우는 없겠지만 상황에 따라서는 소송 중에 경매가 진행될 수 있다. 경매 청구 이의(異議) 소송만으로 경매절차를 정지시킬 수는 없다. 확정판결, 즉 법원이 경매절차에 심각한 문제가 있다고 판단해 채무자(여기서는 정씨)의 손을 들어줘야만 가능하다. 따라서 경매청구 이의 소송과 동시에 반드시 해당 재판부에서 강제집행정지 신청으로 인한 결정문을 받아 법원 경매계에 제출하는 것을 잊어서는 안 된다.

　추후 정씨는 청구에 관한 이의 소송을 벌였으며 재판을 통해 승소 판결을 받았다. 이렇게 되면 사실상 경매입찰은 불가능해진다. 확정 판결문만 법원에 제출하면 법원 직권으로 등기소에 경매개시 결정 기입 등기가 말소돼 경매는 일단 취소된다. 시기는 가급적 앞당겨야 한다. 현실적으로 봤을 때 경매입찰개시일 이전에 모든 것을 추진하는 것이 좋다.

　만약 경매입찰 이후 낙찰자가 결정된 다음에 소송이 진행되면 문제는 더욱 힘들어진다. 모든 경매가 그렇듯 낙찰자가 적법하게 낙찰을 받았고 잔금까지 납부했다면 사실상 법원이 소유권을 넘겨준 것이라고 봐야 한다. 경매잔금은 낙찰일로부터 14일이 지나면 납부할 수 있기 때문에 이 기간 안에 모든 것(강제집행정지결정문 제출)을 해결해야 한다.

　임의경매는 근저당, 전세권 등 담보권에 대한 채권을 변제하고 이와 관련된 서류 일체를 넘겨받아야 한다. 그런 다음 등기소에 근저당권말소신청을 해 말소가 된 등기부등본을 첨부해 경매개시결정에 대한 이의신청서와 경매절차정지신청서를 법원 경매계에 제출해야 한다. 만약 법원이 이를 적법하다고 판단하면 경매를 취소시킨다.

　쉽게 표현해 '취하'는 채권자 개인이 하는 것이고, '취소'는 법원의 결정으로 진행한다고 보면 된다.

　모든 경매 취소에 빠지지 않는 것이 있다. 경매 신청자가 이미 지급한 경매실행비용과 채무액(원금과 이자)을 모두 갚았는지를 확인하는

것이다.

경매는 공공기관이 거래를 허락하는 것이기 때문에 거래 자체는 아무런 문제가 없다. 다시 말해 현행법 테두리 내에서 구입이 불가능한 부동산 물건도 법원이 중간에 나서서 강제매각을 시켜주기 때문에 구입에 별다른 어려움은 없다.

> **경매 취하의 방법** ★ 경매가 진행 중일 때 취하하는 방법은 두 가지이다. 그 기준점은 경매가 낙찰이 되었느냐, 안 되었느냐이다. 낙찰 전 취하를 하려면 채권자가 법원에 경매취하서만 제출하면 끝이다. 하지만 낙찰이 된 후에는 낙찰자가 취하에 동의를 해주느냐 안 해주느냐에 따라 달라진다. 낙찰자가 동의를 해주면 취하동의서와 함께 채권자가 취하서를 내면 끝이다.
> 하지만 동의를 해주지 않으면 임의경매 시에는 경매 신청권자의 근저당권을 말소등기 후 채권자의 취하서를 제출해야 하며, 강제경매 시에는 '청구이의의 소'를 제기 후 '강제집행결정신청'을 한 후 결정문을 경매계에 제출 후 판결문으로 취소를 해야 한다

토지거래허가제도의 예봉을 피할 수 있는 경매

정부가 내세운 토지거래허가제의 취지는 국토이용의 효율성을 기하고 토지의 투기적 거래를 억제하기 위함이다. 투기적 거래가 성행하거나 땅값 급등의 우려가 있다고 판단되면 정부는 해당 지역을 토지거래허가구역으로 지정해 거래에 제한을 한다.

정부가 우려하는 지역은 도시계획 등 토지이용계획이 수립되거나 변경되는 지역, 법령의 재·개정 또는 폐지로 인해 토지이용에 대한 제한이 완화, 해제되는 지역이다. 또 법령에 의한 개발 사업이 진행, 예정되는 것도 토지거래허가지역으로 묶일 수 있다. 한번 지정되면 5년간 묶이며 재지정도 가능하다. 서울에서 재개발이 추진 중인 뉴타운 등도 토지거래허가구역으로 상당수가 묶여 있다.

물론 전혀 거래가 안 되는 것은 아니다. 토지 소재지 주변에 6개월 전에 전입신고가 돼 있어야 하며 거주 요건도 충족시켜야 한다. 해당 관청으로부터 토지를 매매하는 목적과 자금계획 등을 밝혀 본인의 거래가 투기가 아니라는 것을 증명해야 한다. 판단은 해당 관청의 몫이다.

그런데 경매는 예외다. 경매는 법원의 강제매가권을 우선시하기 때문이다. 채권 회수가 중요한 시점에서 이런 부분까지 허가사항으로 묶는 것은 오히려 심각한 부작용을 낳을 수 있다. 그러므로 토지거래허가구역 내의 토지는 경매로 취득하는 것이 좋다. 물론 괜찮은 물건만 있으면 말이다.

2006년 무렵의 일이다. 후배의 전화를 한 통 받았다.

"형님. 저 찬혁인데요. 제가 아는 사람이 토지를 경매로 낙찰 받고 싶어 합니다. 그런데 그곳이 토지거래허가구역이래요. 찾아가면 도움 좀 주세요."

토지거래허가구역이라는 말에 눈이 번쩍 뜨였다. 허가구역으로 지정됐다는 사실은 뭔가 개발될 가능성이 있다는 뜻 아닌가. 그를 만난 것은 이틀 뒤였다.

"안녕하십니까. 찬혁이 선배되는 사람입니다. 심일구라고 합니다."

인사를 나눈 뒤 그는 경매에 대한 이야기를 꺼냈다.

"제 처가가 인천 옹진입니다. 나중에 그곳에 집을 지어 노후에 살려고 토지를 알아보고 있는 중이에요. 그런데 괜찮은 물건이 있더라고요. 경매는 저도 몇 번 해봐서 좀 알긴 하지만 이번 물건은 규모가 커서 망설여집니다. 사는 건 문제가 없겠는데, 처분이 힘들어지면 말짱 도루묵이잖아요."

그가 내민 물건현황서를 살펴보니 안산시 단원구 대부도에 위치한 4620㎡(1399평)짜리 임야였다. 감정가는 9718만 8000원으로 이제 막 신건으로 올라온 물건이었다. 내가 골똘히 생각하자 그는 자기의 생각을 말했다.

"대부도면 그 위로 영종도, 시화공단 등 한참 개발이 진행되는 곳이니까 괜찮아 보여요. 비싸지도 않고. 게다가 대부도면 직장인들이나 대학생들 MT장소로도 괜찮은 곳이죠. 정 어려우면 나중에 펜션이나 짓고 살려구요."

이 물건은 강화옹진축협이 2001년 6월 7350만원의 채권을 설정해 놓고 있었다. 나는 그에게 몇 가지 코치를 한 뒤 헤어졌다. 며칠 후 경매에 참여해 그는 그 임야를 1억 440만원에 낙찰 받았다. 제반 비용까지 합치면 1억 5000만원이 소요되었다. 신건일 뿐만 아니라 감정가를 다소 상회한 금액이라 판단할 수 있겠지만 토지거래허가구역이라는 매력은 사람들의 관심을 불러일으키기에 충분하다. 경매에 무려 11명의 입찰자가 몰린 것만 보아도 알 수 있다.

그는 낙찰을 받은 뒤 토지거래허가와는 무관하게 소유권을 이전했고 어떻게 개발을 할지 이리저리 궁리했다. 그러나 딱히 좋은 아이디

어가 떠오르지 않아 장기 고민에 들어갔다. 낙찰 받은 이후의 땅 운용은 그 사람의 몫이므로 제3자가 섣불리 개입할 수 없는 사항이다. 나는 그에게 활용을 잘해서 큰돈을 벌라는 격려의 말을 하는 것으로 대신했다.

그로부터 2년 뒤 그를 다시 만났다. 화제는 자연스럽게 대부도 땅으로 옮겨갔다.

"그 땅 어떻게 하셨어요. 팔았나요? 아니면 그냥 갖고 계신가요?"

"너무 덩치가 커서 팔았죠. 4620㎡ 중 1320㎡(400평)만 우선 팔았습니다. 이제 두 달 되었군요. 처음에 고민을 많이 했는데 분할 매각하니까 쉽게 답이 나오더라구요. 나머지 토지도 필지분할을 하려고 계획하고 있어요."

토지분할을 통해 그가 판 매각금액은 평당 37만원이었다. 즉 1320㎡를 1억 4800만원에 판 것이다(양도소득세로 3000만원을 냈다). 처음 구입비용에서 약간 모자라는 돈을 상쇄하고도 3300㎡(1000평)의 토지를 여전히 갖고 있다. 큰 수확이라고 할 수 있다. 더구나 이 지역의 땅값은 앞으로도 계속 오를 수밖에 없는 상황이다. 그는 대부도 땅을 통해 토지투자의 매력을 실감했으며 크게 만족했다.

위치	경기도 안산시 단원구 대부도	물건의 형태	임야, 4620㎡(1400평)
시세(감정가격)	9718만 8000원	최종낙찰가	1억 440만원
최종매매가	1320㎡ 매각, 1억 4800만원		

지금까지는 아파트, 주택 등 환금성이 좋은 물건에만 투자했으나 대부도 땅을 기점으로 토지투자를 자신의 중장기 투자포트폴리오로 포함시킨 것도 하나의 수확이었다.

허위 임차인에 대처하는 법

　가장(假裝) 임차인, 한문으로 쓰면 그럴 듯하지만 우리말로 풀이하면 한마디로 '가짜 세입자'다. 정상적인 세입자라면 법원에서 낙찰금을 배당 받든 아니면 근저당권에 밀려 한푼도 배당을 받지 못하는 불행한 경우도 있다. 그러나 가장 임차인은 법적으로 그러한 지위에 있음을 가장하여 배당을 받거나 낙찰자에게 임차인임을 빌미로 돈을 뜯어내는 자를 말한다.
　경매에서 골치 아픈 점의 하나는 권리도 없으면서 권리가 있다고 주장하는 세입자들이다. 그들의 전형적인 수법은 몇 가지 패턴이 있다. 법원에서 내린 판결에 따라 배당에서 제외되는 경우를 살펴보면, 임차인이 부동산 소유자 또는 채무자의 친인척인 관계가 많다. 이는 가짜 세입자 문제에 있어 가장 대표적인 사례이다. 소유자와 친인척 관계에 있는 사람이 임대차계약이나 임대보증금 없이 주민등록만 이전해 놓고 사는 것이다. 특히 경매를 앞두고 갑작스럽게 이사를 오는 일도 있다. 그런 경우 대부분은 소유자와 세입자가 담합을 해 임대차계약서를 허위로 작성한다.

등기부상 최초근저당권보다 뒤에 전입신고를 한 세입자라면 낙찰자에게 피해를 주지 않지만 간혹 최초근저당권보다 앞서 전입신고를 했다면 당황하기 일쑤다. 낙찰자가 잔금을 다 내고 낙찰 받은 집으로 갔는데 세입자가 불쑥 나타나면 당황하기 마련이다. 이렇게 되면 세입자를 상대로 명도소송을 제기해야 하는데 이때 가짜 세입자는 전입신고가 기록된 주민등록등본과 허위 전세계약서를 여봐란듯이 내놓는다. 참 난감한 상황이 아닐 수 없다. 가장 좋은 방법은 권리관계를 차근차근 추적해 나가는 것이다. 우선 소유자와 임차인이 친인척 관계에 있는지의 여부를 잘 따져보아야 한다.

건물에 대한 저당권이 설정돼 있다면 가짜 세입자의 임차권리는 이 저당권보다 먼저 설정돼 있을 것이다. 그럴 경우 해당 금융기관이 이를 정확하게 취급하고 확인했는지도 살펴야 한다. 저당권을 설정한 금융기관에서는 그 부동산에 선순위 임차인이 있는지를 확인하는 것이 관례다. 곧 저당권보다 앞서 전입신고된 임차인이 있는 경우 은행은 그 임차인에게 무상임대차확인서를 받아둔다.

두 번째로 임대차계약을 소유자와 하지 않고 채권자 등 제3자와 한 경

우다. A라는 주택이 있는데 이 집의 소유자는 B이다. 그가 빚을 많이 져 최대 채권자인 C가 사실상 소유자라고 주장한다. 그래서 C와 임대차계약을 맺었다. 결과적으로 이에 대한 법적인 효력은 발생하지 않는다. 특히 경매에서는 더욱 그렇다. 단 다음과 같은 경우는 예외다. 소유자는 남편인데, 그 부인이 대리인의 자격으로 임대차를 계약했고, 두 사람이 법적인 부부라면 이는 법적으로 인정을 받는다. 또한 실질적 주거관계를 확인해야 한다. 그곳에서 진짜로 살고 있느냐에 대한 문제이다.

자, 이제 명도소송에 진입했다고 가정하자. 여기서 승부의 분수령은 보증금 지급 여부와 확정일자의 진위 여부이다. 그리고 이 사항이 임대차계약서에 분명히 명시돼 있어야 한다. 상당수 가짜 세입자들은 보증금을 내지 않고 전세계약서만 작성해 세입자라고 주장하기 때문이다.

의외로 허위 임차인 문제는 경매에서 자주 등장하는 단골메뉴다. 이는 채무자 입장에서는 한푼이라도 더 얻어내기 위한 악질적인 수단이다. 그렇다고 해서 너무 걱정할 필요는 없다. 복잡하지만 아주 간단하게 풀리는 것이 허위임차인 문제이기 때문이다. 강남구 논현동 E빌라 4층을 낙찰 받은 정균환씨에게서 그 해답을 찾아보자.

이 빌라는 7호선 논현역을 기점으로 북동쪽에 위치한 건물로 인근은 단독주택과 다세대주택이 뒤섞여 있는 곳이다. 걸어서 영동시장을 이용하기가 편리해 강남에 직장을 둔 신혼부부들이 가장 선호하는 지역 중 한 곳이다. 109㎡(33

평)짜리 빌라가 경매로 나온 것은 2008년 무렵이다. 이상진씨가 소유한 이 집은 2001년 8월 옛 서울은행(현 하나은행)이 1억 8000만원의 근저당을 설정했다. 이후 산업은행 강남지점이 근저당권을 추가로 설정했는데 그 무렵 이씨의 사업이 어려워지면서 결국 경매로 넘어갔다. 임대사업을 생각하던 정씨가 이 물건을 놓칠 리 없었다. 강남 논현동은 월세, 전세 수요가 특히 많은 곳이다.

"그런데 좀 이상했어요. 감정평가액이 5억원이었는데, 경매가 3번 유찰되면서 입찰가가 2억 560만원까지 떨어져 있었던 거예요. 감정평가서에는 땅값만 2억원이고 건물가격은 3억원이었거든요. 그래서 더 조사를 했더니 임차인이라고 주장하는 사람이 있지 뭡니까. 배당요구도 하지 않은 상태에서 전입신고도 적합하게 돼 있으니 낙찰과 동시에 전세금을 내줘야 할지도 모른다는 생각에 사람들이 입찰에 응하지 않았나 봐요."

우선 정씨는 현장조사부터 벌였다. 관건은 세입자가 채무자와 어떤 관계인지를 밝혀내는 것이었다. 동네 사람들에게 물어봤지만 제대로 아는 사람이 없었다.

"동네 사람들과 워낙 왕래가 없었어요. 그 집에 누가 사는지조차도 모르더라구요. 뭘 알아야 대응책을 취할 텐데 참 답답했죠. 그러다가 채권자인 은행을 방문했어요."

해답은 정씨가 생각했던 것보다 가까운 곳에 있었다. 통상 은행은 대출 전에 해당 부동산에 세입자가 있는지를 반드시 현장조사를 거쳐 확인하는 것이 관례다. 만약 세입자가 있어 후순위로 밀리면 당연히

대출은 쉽지 않다. 금융기관은 선순위가 아니면 대출 받기가 어렵다. 당시 은행은 현재 세입자라고 주장하는 사람에게서 무상거주확인서를 받아둔 상태였다.

사건은 이랬다. 소유주인 이씨는 급한 돈이 필요했다. 돈을 빌리면서 혹시 모를 경매처분을 대비해 자신의 6촌 형을 세입자로 위장하고 허위 임대계약을 체결한 것이다. 그 뒤 은행에서 대출을 위해 현장을 조사했는데 세입자가 있어 대출이 어렵다고 거절하자 "현재 이 집에 사는 세입자는 정식 세입자가 아니다"라는 무상거주확인서를 써줬다. 가짜 세입자라는 사실이 완전히 들통 나는 순간이었다.

이를 확인한 정씨는 경매에 참여해 5억원짜리 건물을 4억 800만원에 낙찰 받았다. 세금까지 포함해 들어간 돈은 4억 2500만원이다. 넉 달 뒤 이 집을 5억원에 되팔았다. 4개월 동안 그가 번 돈은 7500만원 상당이다. 양도소득세 2500만원을 제하면 5000만원의 수익을 챙겼다.

위치	서울 강남구 논현동	물건의 형태	빌라, 109㎡(33평형)
시세(감정가격)	5억원	최종낙찰가	4억 800만원
최종매매가	5억원	세금 공제 후 수익	5000만원

은행은 대출에 있어 매우 까다롭다. 대항력 있는 선순위 전입신고자가 있으면 대출을 해주지 않는다. 그럼에도 대출을 받으려는 사람은 세입자가 실제 세입자가 아니라고 말하면서 대출을 받으려 한다. 그러면 은행은 '무상거주확인서'를

받은 뒤 대출을 해준다. 만일 소유자의 아버지나 형제 등이 전입되어 있으면 무상거주확인서를 쉽게 써준다. 이러한 물건이 경매로 나왔다면 "가짜 세입자이므로 문제가 잘 해결될 것이다"라고 미리 판단하지 말고 전문가의 의견을 듣는 것이 좋다.

명도에 관해서는 나 역시 쓰라린 경험이 있다. 일산의 아파트를 낙찰 받았을 때의 일이다. 저당권보다 앞서 전입신고한 임차인이 있었다. 그 임차인은 아파트 채무자의 부인이었다. 소유자의 부인이 아닌 채무자의 부인임을 기억해야 한다. 곧 채무자는 은행에서 돈을 직접적으로 빌려 쓴 사람이고 소유자는 '담보제공자, 물상보증인'이다. 내가 아파트를 낙찰 받은 후 임차인을 채무자의 부인으로 기재해 인도명령 신청을 했으나 기각을 당했다. 다시 명도 소송을 했으나 1, 2심 모두 패소를 당해 억대가 넘는 임차금을 물어주었다.

패소 원인은 1)채무자의 부인은 임대차계약서 작성 당시 꽃집을 운영해 임차보증금을 충분히 지급할 능력이 있었다는 점, 2)남편은 사업 때문에 집에 거의 들어오지 않았다는 사실, 3)임대차계약서에 확정일자가 있다는 사실, 4)남편이 은행에서 돈을 빌린 것과 이를 알지 못한 부인이 집주인에게 임차보증금을 준 행위는 별개의 행위인 점 등을 들어 패소했다.

이런 예는 무수히 많다. 시집간 딸이 이혼 후 다시 들어와 아버지와 체결한 임대차계약, 세입자의 남편은 무상거주확인서를 작성했지만 이를 알지 못한 부인의 임대계약 성립 여부, 지방에 거주하는 어머니

명의의 집에 결혼한 아들의 임대차계약 등 나는 수많은 소송에서 변수를 경험했다. 그러므로 이 같은 함정에 빠지지 않도록 주의를 기울여야 한다.

아파트 단지와 인접한 상가를 노려라

상가라는 단어에서 무엇을 떠올리는가? 고정적인 월세수입이 들어온다는 긍정적인 생각보다는 경기에 민감하다, 공실이 너무 많아 수익이 나지 않는다는 부정적인 생각이 먼저 떠오르는 사람들도 있을 것이다. 결과만 놓고 보면 틀린 말은 아니다. IMF 이후 상가처럼 서민들의 삶을 힘들게 만든 부동산투자 상품도 없었을 것이다.

동대문 밀리오레, 두타의 성공으로 비교적 소액자본이 투입되는 테마형 상가는 서민들에게 대박의 환상을 심어주기에 충분했다. 이 때문에 서울, 수도권, 지방 할 것 없이 전국적으로 테마상가 열풍이 휘몰아쳤다. 때마침 경기가 살아나면서 상가는 투자자들에게 엄청난 부를 안겨줄 거라는 기대감을 갖게 만들었다.

그러나 대박을 향한 탐욕의 끝은 낭떠러지밖에 없다. 동시에 너무 많은 상가들이 쏟아져 나오면서 상가는 공급과잉의 부작용을 양산했다. 그리고 경기가 소강상태에 접어들면서 수많은 상가들은 문을 닫아야 했다. 운영 노하우도 없이 분양만 하면 된다는 식의 밀어내기식 분양의 말로는 비참 그 자체였던 것이다.

그 때문에 상가는 일반인들의 뇌리에 '위험한 투자물건'이라는 인식이 팽배하다. 그도 그럴 것이 해당 업종에 종사하지 않은 사람이 테마상가로 돈을 벌었다는 이야기를 주변에서 듣기란 말처럼 쉬운 일이 아니기 때문이다. 그러나 모두가 꼭 그런 것만은 아니다. 대박은 아니지만 꽤 안정적인 수익을 올리는 사람들도 많다.

부천 중동에 사는 윤일천씨가 대표적인 사례이다. 실내 인테리어 가게를 운영하는 윤씨는 2006년 3월 부천 상동의 N종합상가 1층을 낙찰 받았다. 그 상가는 근린상가였지만 4차선 도로 바로 앞에 대단지 아파트가 있어 근린상가와 단지내 상가로 쓰기에 모두 적합한 물건이었다. 40㎡(12평형)짜리 1층 상가의 감정가는 3억 7000만원으로 1회 유찰돼 30% 하락한 2억 5900만원에 입찰이 열릴 예정이었다. 그가 낙찰 받기까지 이 상가는 부동산 중개소로 사용되고 있었다. 권리분석 결과 별다른 이상이 없어 입찰에 참여했다. 그만의 단독입찰로 2억 7370만원에 최종 낙찰 받았다. 세금까지 합친 금액은 2억 9600만원이었다.

"상가를 낙찰 받고 기분이 좋아 가게 앞에서 점심을 먹고 있었어요. 그런데 저만치 앉아 밥을 먹던 어떤 사람이 일행에게 말하는 게 들리더군요. 제가 받은 상가 2층에 은행 지점이 들어온다는 것이었어요. 그 은행 지점이 근처에 없어서 불편했는데 점포가 들어오면 버스 타고 멀리까지 갈 필요가 없겠다고 하더군요. 나중에 알고 보니 그 사람은 현재 그 부동산 중개소의 주인이었어요. 물론 그 사람은 제가 그 상가를 낙찰 받았다는 사실을 알지 못했죠."

은행 지점이 들어온다는 말에 너무 기분이 좋은 그는 은행에 전화를 걸어 사실을 확인했다. "00은행을 이용하는 사람인데 이 근처에 지점이 없어 불편하다. 혹 개점 계획이 없느냐?"고 물은 것이다. 은행 직원은 친절하게 N상가 2층에 지점이 생긴다고 알려주었다. 전화를 끊은 그는 자신이 무척 운이 좋다고 생각했다. 보름이 흐른 후 그 은행에서 전화가 왔다.

"윤 선생님이시죠. 이번에 N상가 1층을 낙찰 받았다고 부동산 중개업소를 통해 들었습니다. 다름이 아니라 저희 은행이 상가 2층에 지점을 내게 됐습니다. 그래서 1층에 ATM기를 설치하고 싶은데 저희에게 파시거나 임대를 하실 생각은 없습니까?"

이제 막 잔금을 치른 마당에 이게 웬 횡재인가 싶어 그는 차차 생각해 보겠다고 말한 뒤 전화를 끊었다. 제안을 받자마자 OK를 하면 값을 깎자고 할 것이 틀림없기 때문이었다. 그의 예상처럼 며칠 후 다시 전화가 왔고 이번에는 만나서 협의를 하자고 제안했다. 그렇게 몇 번

의 줄다리기 끝에 3억 5000만원에 되팔았다. 단 명도 문제를 완벽하게 해결해준다는 조건이 붙어 있었다. 다행히 이 상가는 명도에 별다른 어려움이 없었다. 부동산 중개소를 운영하는 세입자는 이사비 몇 백만원만 주면 즉시 사무실을 비워주겠다고 약속했기 때문이었다.

그렇게 그는 낙찰 받은 지 2달 만에 5400만원의 시세차익을 남겼다. 지금도 이 상가는 은행 점포로 운영되고 있다. 그는 "전혀 예상치 못한 행운이 따랐다"면서 "부동산투자에서 모든 정보는 돈이라는 위력을 새삼 느꼈다"라고 귀띔했다.

위 치	경기도 부천시 상동	물건의 형태	상가, 40㎡(12평)
시세(감정가격)	3억 7000만원	최종낙찰가	2억 7370만원
최종매매가	3억 5000만원	세금 공제 후 수익	5400만원

상가를 낙찰 받을 때 중요한 점은 활용성이다. 장사가 잘되는 상가는 거의 대부분 좋은 위치에 자리 잡고 있다. 즉 활용도가 그만큼 높다는 뜻이다. 아파트 단지와 인접해 있는 단지내 상가는 활용도가 가장 높다.

신문을 꼼꼼히 훑어
경제의 흐름을 읽으라

　조남영씨를 경매법정에서 정말 오랜만에 만났다. 그녀는 50대 초반이라고는 믿겨지지 않을 만큼 날씬하고 세련된 여성이다. 늘 활기찬 표정이며 치밀한 경매투자로 적지 않은 수익을 올리고 있다. 그런 연유로 서초동 경매법원 주변에서 조박사로 통한다.

　그녀가 경매시장에 뛰어든 것은 참으로 우연한 일이 계기가 됐다. 30대 후반 즈음에 남편이 학원사업을 했는데 실력이 좋아 생활 걱정은 없었다. 그러나 갑자기 대형 학원 프랜차이즈가 등장해 하루아침에 정말 쪽박 하나만 차고 나왔다.

　"지금도 그때만 떠올리면 아무런 생각이 나질 않아요. 무슨 정신으로 살았는지 모르겠어요. 정말 치가 떨리는 나날이었죠."

살던 집에서 쫓겨난 그들이 급히 거처를 마련한 곳은 동작구 대방동의 반지하 월세집이었다. 남편의 사업이 잘나가던 시절에는 165㎡(50평) 아파트에서 남부럽지 않게 살았지만 한순간에 지나간 일이 되고 말았다. 그녀의 앞에 닥친 상황은 참담함 그 자체였다.

"그동안 살림만 했지 아무런 사회 경험이 없었죠. 남편이 벌어다주는 돈 관리하고, 저축하고. 처음에는 참 억울하더라구요. 내가 도대체 무슨 잘못을 해서 이렇게 살아야 하는지라는 분노가 많이 들었어요."

그렇게 단칸방에서 서러움을 달래며 살아가던 어느 날 우연히 집주인의 우편물에서 얇은 잡지가 정기적으로 배송되는 것을 보았다. 집주인이 휴가를 떠나 우편물을 대신 받은 그녀는 호기심에 무슨 잡지인가 하고 보았다. 〈경매가이드〉라는 잡지였다(이 책은 경매에 대한 다양한 정보를 우편으로 보내주는 사설경매정보지다). 후에 집주인이 돌아오자 우편물을 건네주면서 경매에 대해 이것저것 물었다. 그것이 그녀가 경매에 관심을 갖게 된 출발점이었다.

"그런데 그 사람도 경매에 대해 잘 몰랐어요. 배달되는 잡지 보면서 공부한다고 하더군요. 그러면서 마음에 드는 부동산이 나오면 평소 친하게 지내는 경매 컨설턴트와 상담해 낙찰을 부탁한다고 하더군요. 내가 그렇게 관심을 보이니까 시간나면 함께 구경삼아 가보자고 잡아끌었어요."

그녀는 처음 경매법정에 가서 경매를 구경했을 때 마치 신세계를 발견한 것과 같은 느낌이었다. 그렇게 가슴이 콩닥콩닥 뛴 적도 없었다.

그러지 않고서야 어떻게 첫 경매현장 방문이 그녀의 인생을 송두리째 바꿀 수 있었겠는가. 그녀는 돌아오자마자 경매 책을 구입해 독학에 들어갔다. 시험 공부하듯이 두 번을 통독한 뒤 매일 법원경매장으로 출근했다. 서울에 있는 5개 법원을 하루도 빠지지 않고 나갔다.

1년을 나가면서 경매를 참관하고 사람들과 이야기를 나누고 정보를 얻고 노하우를 배워나갔다. 전문가로 보이는 사람에게는 커피도 사주고 식사도 함께 하면서 실전경매를 공부했다. 그녀는 비록 수중에 돈은 없었지만 가상으로 낙찰가를 적어가면서 만약 자신이 써낸 금액이 입찰이라도 되면 덩달아 기뻐하곤 했다. 그렇게 1년여의 시간이 지나자 재기가 불가능해보였던 남편의 사업이 다시 제자리를 찾아가기 시작했고, 어느새 그녀의 수중에는 3000만원이라는 종잣돈이 생겼다. 그녀는 그 돈으로 경매투자에 본격적으로 나섰다.

"그렇게 1년을 연습했는데도 막상 진짜 내 물건 찾아 투자하려고 하니 이만저만 떨리는 게 아니더라구요. 첫 번째 물건은 보기 좋게 떨어졌지요. 그뿐 아니라 1년 동안 100건 가까이 도전했는데 번번이 떨어졌어요. 가상 경매에서는 그렇게 낙찰도 잘되더니만 실전에서는 왜 그렇게 힘들었는지. 100번째 떨어지자 '경매는 나와 인연이 아닌 것 같다'라는 회의감까지 몰려오더라구요."

여기서 중요한 것은 100이라는 숫자가 아니다. 100번의 입찰에서 실패했다는 사실은 100번의 현장조사를 했다는 뜻이다. 거기에 투자한 돈과 시간, 정열을 생각하면 벌어진 입이 다물어지지 않는다. 그렇

게 회의감이 몰려들 무렵 그녀는 자신의 입찰 방식을 되돌아봤다.

'도대체 내 방식이 왜 잘못되었을까? 혹 내가 놓친 것이 있지는 않은가?'를 곰곰 생각해보자 결론이 나왔다. 제출한 입찰가격이 너무 저가였음을 깨닫게 된 것이었다.

'내가 많은 투자이익을 남기려는 욕심에 너무 저렴하게 입찰가를 썼구나', '큰돈을 벌려고 하다 보니 너무 마음이 앞섰구나' 하는 결론에 다다랐다. 그런 결론에 이르자 입찰 기준을 바꿨다. 일단 마음부터 가다듬고 이익은 과감하게 줄이자고 생각했다. 5000만원 수익률은 3000만원으로 줄이고, 3000만원은 2000만원으로 줄였더니 성공 확률 100%를 기록하게 됐다.

어느 날은 하루에 두 건을 동시에 낙찰 받는 일도 있었다. 다른 사람의 물건을 대신 낙찰 받아주는 것이 아니라 자신의 물건을 한 달에 5개씩이나 받았다는 사실은 대단한 집중력이라 할 수 있다.

그녀의 부동산 투자법을 살펴보자.

그녀는 서울 노량진에 뉴타운이 시작된다는 기사를 신문에서 읽고 노량진이 뉴타운으로 개발되면 주민들이 인근 지역으로 대거 이사를 가겠다고 생각했다. 마음속으로 결론을 내린 그녀는 노량진과 가까운 대방동을 집중 공략했다.

그녀의 눈에 들어온 주택은 대지 99㎡(30평)의 낡은 3층 주택이었다. 2m 도로의 골목 끝에 위치해 주거환경도 썩 좋은 편이 아니었다.

법원의 감정가격은 2억 9000만원, 2회 유찰한 경매 입찰가는 1억 8500만원이었다. 세입자 현황을 살펴보면, 3층은 소유자가 살고 2층은 전세 6000만원, 1층은 보증금 700만원에 월 45만원의 세입자가 살고 있었다. 조금 흠이라면 2층 세입자가 저당권보다 후순위로 전입신고를 해 법원에서 배당을 한푼도 받지 못한다는 사실이었다. 낙찰 후 2층 세입자를 그냥 내보내야 한다는 뜻이었다. 이 부분이 마음에 걸리기는 했지만 법적으로는 어쩔 수 없었다. 그 외의 권리관계는 아무런 이상이 없었다.

입찰자는 3명이었는데 전부 초보인지 경매시작 금액 수준으로 입찰금을 써냈고 그녀가 1억 9700만원을 써 낙찰을 받았다. 그녀가 이렇게 입찰가를 정한 이유는 만약 매매를 못하게 되면 전세를 놓아도 (1층당 6000만원) 3개 층의 전세를 합쳐 1억 8000만원이 나오기 때문이었다. 추가로 드는 2000만원은 투자금이었다. 그냥 가지고만 있어도 시간이 지나면 집값은 오를 것이라고 생각했다.

잔금처리까지 마치니 이제는 명도만 남았다. 우선 3군데 모두에 인도명령신청서를 보낸 후 접촉을 시도했다. 전 소유자는 동대문에서 의류 수출을 한 사람이었는데 사업이 망해 신길동에 있는 공장까지도 모두 경매로 처분됐다며 "갈 곳이 없으니 알아서 하라"는 배짱으로 나왔다. 1층 세입자는 노량진수산시장에서 가게를 낸 지 얼마 되지 않아 돈이 없어 월세를 그동안 못 냈다는 대답이 돌아왔다. "지난 두 달의 월세는 받지 않겠다. 단, 앞으로 2개월의 말미를 줄 테니 방을 빼주든

지 재계약을 하든지 하라"고 통보했다. 그랬더니 바로 재계약하겠다고 연락이 와서 문제가 해결되었다. 이제 남은 사람은 가장 어려움이 예상되는 2층 세입자였다. 그녀는 세입자를 만나 "전세금을 되돌려주지 못하는 게 마음이 아프지만 그것은 자신과 무관한 문제"라고 밝혔다.

"내가 보증금을 받은 게 아니니 내게 항의를 해도 소용이 없습니다. 확인도 안 하고 무턱대고 보증금을 준 게 잘못이니 전세를 소개한 중개업소에 가서 항의해보세요."

그러나 이런 경우 부동산 중개소에서 전세금을 전액 보상해주지는 않는다. 이 문제에 대해 낙찰자가 관여할 필요는 없으며 우선은 세입자를 충분히 위로하고 이사비용에 합의한 뒤 그들을 내보내야 한다. 그녀는 자신의 고난의 시간을 떠올리고는 이사비용으로 500만원을 주었다. 사실 그녀가 그럴 의무는 없지만 아무런 잘못이 없는 세입자의 입장을 고려해 선뜻 500만원을 준 것이다.

2층 세입자 문제가 해결되자 3층의 집주인 역시 더 이상 버티기 힘들다고 판단했는지 이사비용 명목으로 300만원을 요구했다. 또한 그동안 밀린 전기료 등 공공요금도 모두 내달라고 요구했다. 그녀는 두말없이 비용을 모두 부담하고 그를 내보냈다. 이렇게 그녀의 명도는 예상 밖으로 쉽게 끝났으며 3년 후 3억 5000만원에 팔았다.

위치	서울 영등포구 대방동	물건의 형태	주택, 99㎡(30평)
시세(감정가격)	2억 9000만원	최종낙찰가	1억 9700만원
최종매매가	3억 5000만원	비용 공제 전 수익	1억 5300만원

물론 그녀의 경매투자가 늘 성공했던 것만은 아니다. 최근 그녀는 동대문상가를 하나 낙찰 받았으나 아주 곤란한 지경에 처했다. 나를 찾아온 이유도 경매 성공담을 들려주기보다는 동대문상가 문제를 상의하기 위해서였다. 그녀는 경매로 상가의 지분을 낙찰 받아 소유권까지 이전등기를 마쳤다. 그런데 그만 명도에서 문제가 발생했다.

　지분상가를 가지고 있기에 점유하고 있는 사람을 상대로 명도소송과 임대료청구소송을 세기했으나 1심 법원이 "이 사건 지분에 관해 진행한 경매절차는 실제로 매수한 내용과 그 위치 및 면적이 너무 달라 실제의 권리관계를 반영하지 못한 무효의 등기이기에 이를 기초로 진행된 경매는 무효"라고 판결했다. 그녀는 2심 법원에 항소했으나 역시 패소했다. 이에 대법원에까지 상고를 했는데 기적적으로 파기 환송되어 다시 2심 법원에서 법정 다툼을 벌이고 있다. 이 소송에 매달린 지 벌써 2년째이다. 그래서인지 그녀는 경매를 잠시 쉬고 있다.

　경매는 확률로 이루어진 게임이다. 낙찰 받은 건수가 늘어나면 늘어날수록 위험의 요소도 비례해 늘어난다. 이는 오랜 세월 경매를 경험한 모든 사람들의 공통점이다. 방심은 정말 예상치 못한 곳에서 발생하기 때문에 "돌다리도 두드려 본 후 건너라"는 속담을 잊어서는 안 된다. 확인에 확인을 거듭해 실수를 최소화시키는 것이 최고수 경매투자자에게 요구되는 덕목이다. 차라리 낙찰을 안 받으면 안 받았지 위험요소를 안고 낙찰을 받으면 그에 따른 스트레스도 상당하다.

처음 경매에 참여한 대부분의 초보자는 낙찰을 받지 못한다. 그 주된 이유는 경매는 무조건 싸게 낙찰을 받아야 한다는 인식 때문이다. 경매는 그렇게 터무니없이 싸게 사서 비싸게 파는 투자법이 아니다. 무엇보다 중요한 것은 끈기이다. 경매전문가의 노하우 중에는, 입찰에서 계속 미끄러지면 우선 급매 수준에라도 무조건 낙찰 받은 뒤 소유권 이전, 명도를 진행하면 경험이 쌓여 입찰 확률을 높이는 방법이 있다.

조씨의 사례에는 경매 투자에 입문하는 초보자들이 배워야 할 점이 많다. 무리수를 두지 않고 써내는 입찰금액, 부담 없이 자금계획을 세울 수 있는 물건 선택, 안정적인 명도, 투자금 회수를 위한 부동산 매도 등이 모두 모범사례다. 무엇보다도 그녀가 1년에 100번의 입찰에서 떨어지면서도 도전한 끈기는 감동 이상의 수준이다. 끈기 있게 노력하는 자는 반드시 성공한다는 게 이 사례의 교훈이다.

마지막으로 그녀가 한 말을 전하고 싶다. "경매에서 권리분석은 당연히 중요한 사항이지만 한편으로는 그리 중요하다고 생각하지 않습니다. 쉬운 물건을 하다가 어려운 물건이 생기면 그때는 경매 전문가에게 자문을 구하면서 일을 진행하면 됩니다. 결국은 경매를 전반적으로 아우르는 느낌이 중요해요. 일종의 흐름이죠. 입찰가격부터 자금조달, 명도까지 흐름을 이해하면서 진행하는 것이 가장 중요합니다."

부동산경매 투자에서 손꼽히는 행운아들

경매로 부동산을 낙찰 받는 여러 유형 중 말 그대로 느낌 하나만 믿고 낙찰 받는 경우가 많다. 어떤 경우는 횡재할 수도 있다. 모두가 횡재를 한다면 얼마나 좋을까. 그러나 이 같은 사례는 거의 일어나지 않는다. 결코 경매로 일확천금을 꿈꾸어서는 안 된다. 다음의 행운 사례는 '아! 이런 경우도 있구나'라는 정도로만 이해해주길 바란다.

임야는 자신이 잘 아는 지역 내지는 아주 절친한(믿을 수 있는) 사람이 권유하는 경우 외에는 가급적 참여해서는 안 된다. 지금도 그렇지만 대선, 총선을 앞두고 각종 개발공약이 발표되면 가장 먼저 움직이는 게 땅이다. 그러나 이미 우리가 수차례 경험을 했듯이 공약으로 혜택을 받는 경우가 얼마나 되는가. 극히 일부분에 불과하다.

아이러니하게도 토지를 개발하는 사람들은 하나같이 확대 해석의 명수다. 이따금씩 걸려오는 기획부동산의 전화를 받아본 사람이라면 이 말이 무슨 뜻인지 짐작이 갈 것이다. 나 역시 이 같은 기획부동산의 전화를 자주 받는다. 최근에 걸려온 전화는 하남시 인근 임야가 경매로 나왔는데 그 주변이 보금자리 주택에 편입이 된다면서 경매에 참여하라는 권유였다. 예전 같았으면 단순 매매를 권유했으나 지금은 기획부동산도 경매로 범위를 넓히고 있다.

소액투자를 미끼로 한 이 같은 기획부동산의 유혹에 넘어가는 투자자들이 의외로 많다. 적은 돈을 투자해 대박을 터트리겠다는 환상에 사로잡혀 낙찰을 받고 하염없이 기다리는 소유자가 전국에 어디 한두 명이겠는가.

반면 자신이 잘 아는 곳의 토지를 구입해 큰 행운을 거둔 사람도 있다. 건축업자인 임대호씨는 고향이 충북 음성이다. 고향에 대해서는 누구보다도 잘 알고 있는 터라 언젠가 여유가 생기면 고향에 토지를 장만하고 싶다는 소망을 갖고 있었다. 그러던 중 자금에 여유가 생겼고 중부고속도로에 위치한 음성휴게소 인근의 임야가 경매로 나왔다는 사실을 알게 되었다.

이 임야를 경매로 산다는 것은 다른 부동산을 사는 것보다는 이익이 적다는 것을 잘 알고 있었다. 임야는 경매로 사든 일반매매로 사든 차이가 많지 않다. 등기부의 권리관계와 땅 형태 정도만 알면 되기에 낙찰만 받으면 그리 큰 문제가 없다.

경매에 나온 임야는 13만 2231㎡(4만평)로 꽤 컸다. 법원의 감정가격은 6억 1000만원, 경매 시작가격은 3회 유찰되어 3억 1000만원에 시작되었다. 법원의 감정평가서를 살펴보니 별다른 문제는 없었으나 중간 부근에 작은 분묘 2기가 있는 것이 흠이었다.

보통 임야를 낙찰 받을 때 가장 골치 아픈 것이 분묘다. 왜냐하면 분묘는 법이 정한 분묘기지권이 있어 함부로 손 댈 수 없다. 낙찰 후 인근 주민에게 수소문해 묘 주인을 찾아낸 후 적당한 금액으로 합의를 보는 것이 최선의 방법이다. 만일 묘 주인이 합의를 거절하고 예상 밖의 금액을 요구하면 "지료청구소송을 하겠다"고 말하면 합의에 이를 수 있다.

그는 이 정도 크기의 임야에 그 정도 흠은 어쩔 수 없다고 판단해 경매에 참여를 했다. 금액은 최저금액을 그대로 써서 단독으로 낙찰을 받았다. 그는 낙찰을 받을 때 그 땅을 어떻게 하겠다는 구체적인 계획은 없었다. 막연히 고향땅에 토지를 갖고 싶은 마음뿐이었다. 잔금을 치르고 소유권을 이전한 지 2년 만에 느닷없이 행운이 찾아왔다. 갑자기 누군가가 전화를 걸어 땅 주인을 만나고 싶다는 것이었다.

"제가 땅 주인인데 왜 그러시나요?"

"다름이 아니라, 이번에 충북 음성에 231만 4049㎡(70만평) 규모의 골프장을 지으려고 합니다. 그러기 위해서는 선생님이 소유한 임야가 꼭 필요합니다. 이미 근처 임야의 주인들을 다 만나 매매계약을 완료

한 상태입니다."

그 말을 듣는 순간 임씨는 마음속으로 쾌재를 불렀다. 그러나 상대의 정체를 정확히 파악하지 않은 상태에서 곧이곧대로 믿을 수는 없었다. 며칠 후 건설업자를 만난 자리에서 계약서를 볼 수 있느냐고 요구했다.

"제가 확인을 먼저 하고 싶은데 다른 땅 주인과 계약한 계약서를 볼 수 있나요?"

그러자 건설업자는 선뜻 계약서를 보여주었다. 그런데 자신이 산 금액의 10배가 넘는 금액으로 매매계약이 체결된 것이 아닌가. 이쯤 되면 더 이상 임야를 팔지 않을 이유가 없었다.

"고맙습니다. 나도 이 가격이면 매매할 의사가 있지요."

임씨는 망설이지 않고 그 자리에서 매매계약을 체결했다. 3억원을 투자한 임야가 2년 만에 30억원으로 변하는 순간이었다. 그는 처음에 임야를 사서 대박을 터트리겠다는 일확천금의 꿈같은 것은 아예 꾸지도 않았다. 마음속에 고향을 심어놓기 위해서였다. 그런데 그 고향이 거금을 안겨준 것이다.

이 같은 행운은 일생에 한번 찾아올까말까 한다. 또 아무에게나 오지도 않는다. 평소에 선행을 쌓은 결과라고 말하기도 어렵다. 어쩌면 그 사람의 운명일 수도 있고 순전히 우연일 수도 있다. 경매에는 그런 우연이 간혹 있는 법이다.

위치	충청북도 음성	물건의 형태	임야, 13만 2231㎡(4만평)
시세(감정가격)	6억 1000만원	최종낙찰가	3억 1000만원
최종매매가	30억원		

비슷한 사례를 하나 더 소개한다.

2011년 L그룹이 동대문의 패션몰을 통으로 얻어 10년 장기임대로 중저가 패션몰 사업을 시작했다. 그 동대문 최고상권의 상가 하나를 경매로 매입한 이야기이다.

주로 중국에서 사업을 하는 김호경씨는 친구들과 술자리를 가졌다가 경매를 한다는 친구의 요상한 권유를 받았다. 동대문에 상가가 하나 나왔는데 1억원짜리가 11번이나 떨어져 1000만원까지 하락했다는 이야기였다. 신문에 자주 등장하는 동대문 패션상가 광고가 떠올라 귀가 솔깃했다. 친구의 말을 종합하자 '분양 금액은 1억 2500만원, 실평수는 5.6㎡(1.7평), 분양평수는 13.2㎡(4평)'라는 현황이 나왔다.

"이번 경매는 860만원에 시작하니 그냥 1000만원 묻어두는 셈 치고 참여해봐."

그 말을 듣고 김씨는 패션상가를 방문했다. 1000만원이든 1억원이든 일단 현장을 보아야 한다는 철저함 때문이었다. 막상 현장을 보자 투자하고 싶은 마음이 들지 않았다. 건물은 썰렁하고 주변 분위기가 패션과는 어울리지 않는 삭막한 모습이었다.

그러나 동대문운동장 주변은 패션타운으로 변신을 모색 중이다. 그런 면에서 볼 때 장기적인 전망은 매우 밝아보였다. 그는 현재의 모습보다는 상가가 활성화되는 먼 미래의 모습을 상상했다. 그 순간 무언가 그림이 그려졌다.

신중하게 고민을 한 끝에 "1000만원을 잃어도 사업에 큰 지장은 없고, 지금 당장 망하는 것도 아니므로 미래를 보고 투자를 하자"는 결론을 내렸다. 세입자는 없었으며 등기부를 보니 은행에서 2000만원을 대출 받고 갚지 않아 경매로 나온 상태였다. 등기부등본도 깨끗했다. 남은 문제는 얼마를 쓰느냐였다. 앞서 11번 떨어질 때의 금액은 1073만원이었다. 이 정도로 많이 떨어지면 반드시 입찰자가 여럿 붙는다는 친구의 조언에 따라 조금 넉넉하게 1235만원에 입찰을 했다.

경쟁자는 4명으로 모두 1100만원대를 써냈기에 그가 낙찰을 받았다. 소유권을 이전한 후 그냥 내버려둔 채 사업을 위해 중국으로 떠났다. 그러던 몇 주 후 상가운영관리단으로부터 우편물이 왔다. L그룹에서 상가 건물 전체를 10년간 임차해 쓰기로 했으니 동의서에 서명을 하라는 내용이었다. 10년간 임대료를 받는다 생각하니 기쁨이 매우 컸다. 그는 당장 관리단으로 달려가 내용을 알아봤다. 임대료는 연 단위로 증가하며 월 예상 임대수익은 80만원 정도 된다는 것이었다. 뜻하지 않은 월세 행운이 찾아온 것이다. 이후 그는 편안한 마음으로 매월 월세를 꼬박꼬박 받고 있다.

위치	서울 동대문구	물건의 형태	상가, 13.2㎡(4평)
시세(감정가격)	1억 2500만원	최종낙찰가	1235만원
수익	10년간 매월 80만원		

　재테크에서 우연한 행운을 잡기란 당연히 어려우며 이는 부동산투자에서도 마찬가지이다. '우연한 행운'을 지나치게 강조하는 사람을 경계 대상 1호로 삼는 이유도 우연이 가져다주는 피해가 워낙 크기 때문이다. 투자수익을 따지기 위한 수학적인 확률 계산은 가능하다. 서대문구에 대규모 뉴타운을 시작하면 그곳에 살고 있는 사람들이 이주를 할 것이고 그 결과 인근 다세대주택의 전세나 매매가가 상승한다. 그러므로 그쪽을 공략하면 수익을 올릴 수 있다는 등식은 성립이 된다. 그러나 그러한 예측이나 정보 없이 '맨땅에 헤딩하기' 식의 투자는 큰 상처가 된다.

　위 사례는 막연한 마음으로 시작한 경매물건이 생각지도 않게 큰돈이 된 경우이다. 그러나 이런 행운은 자주 찾아오지 않는다. 노력한 만큼 돈을 번다는 사실을 명심해야 한다.

　앞의 임대호씨의 사례에서 우리가 알아야 할 것이 또 있다. 임야는 겨울에 사라는 말이 있다. 꽃이 만발한 봄이나 숲이 우거진 여름은 그 임야의 경계를 볼 수 없고 풍경에 현혹되어 땅의 본질을 볼 수 없기 때문이다. 지리적 환경과 도로와의 연계성 등을 고려해 향후 발전된 모습을 그려보는 것이 임야 선택의 첫 번째 기준이다. 또한 임야는 그 자

체가 커야 사업성이 발생한다. 우연이든 아니든 임야는 일단 면적이 커야 대박을 맞더라도 크게 맞는다. 단 여유자금으로 해야 하며, 말 그대로 오랫동안 묻어두어야 한다는 사실도 잊지 마라.

상가 관리비 ★ 상가는 낙찰 받는 것도 중요하지만 오피스텔과 마찬가지로 공용부분의 관리비가 항상 큰 문제이다. 전 소유자가 망했기 때문에 경매로 나온 것이며 그 사람이 관리비를 내지 않은 것은 당연하다. 이때 밀린 관리비 중 공용부분 관리비는 자동적으로 낙찰자가 승계 받게 되어 있다.

몇 년 전 강남의 유명한 S헬스클럽이 경매로 나왔는데 지하의 수영장까지 포함해 상당한 규모였다. 그 헬스클럽의 소유자도 경매로 낙찰을 받았으나 빌린 돈을 갚지 못해 다시 경매로 나왔다. 그런데 공용관리비를 전 소유자와 전전 소유자 모두 내지 않아 3년 동안 밀린 관리비가 3억원에 가까웠다. 그 후 낙찰 받은 사람은 밀린 공용관리비를 고스란히 떠안아 소송까지 가는 어려움을 겪었다. 그러므로 상가나 오피스텔을 낙찰 받고자 한다면 반드시 사전에 관리사무소를 방문해 관리비 체납금액을 확인해야 한다.

뛰는 고수 위에 나는 강남부자들

경매시장에서 돈을 벌었다고 광고하는 사람들의 성공스토리는 투자자를 모집하기 위한 일종의 미끼 무용담이 대부분이다. 내가 만난 경매 최고수들에게 "신문을 보면 경매전문가가 몇 년 만에 수십억원을 벌었다고 한다"고 말하면 돌아오는 대부분의 반응은 '말도 안 된다'는 것이다. 진정한 경매 고수들은 그런 언론의 보도를 신뢰하지 않는다.

문제는 이 같은 지나친 성공사례에 흥분하는 사람들이 많다는 점이다. 물론 이런 기사를 보고 경매시장에 뛰어드는 것은 나쁜 현상은 아니지만 경매에서 한탕주의 사고는 반드시 버려야 한다. 경매초보자들은 어느 정도 경매를 해보고서야 비로소 경매가 뜬구름이 아니라는 사실을 깨닫게 된다.

'브레이크 없는 비행기'로 통하는 윤석종 사장은 서초동 경매계에서는 꽤 유명인사로 통한다. 그에게 "왜 브레이크 없는 비행기가 별명이냐"고 물으니 너무 저돌적이라 주변 사람들이 지어준 별명이라고 대답했다. 그는 저돌적이기는 하지만 경매에서 큰 성공을 거두었다. 지금부터 소개하는 그의 성공스토리는 매우 특이한 경우다. 그러므로 그를 똑같이 따라하면 안 된다. 그의 사례가 성공으로 이어지기 위해서는 여러 가지 변수가 맞아떨어져야 하는데 그러한 가능성은 확률적으로 굉장히 낮다.

한때 그는 대한민국 최고의 은행에서 가장 활기차게 일을 했던 사람이었다. 은행 인맥은 18년이 지난 지금도 전혀 변함이 없으며, 당시 내가 대출을 요청하면 현장에서 바로 승낙 여부를 결정해주는 시원스런 성격의 소유자였다. 말이 끝나기가 무섭게 바로 진행하는 화끈한 성격이었던 것이다.

그가 잘나가던 은행을 그만둔 것은 지금으로부터 18년 전이다. 활기찬 그의 성격은 보수적인 은행문화에서는 튀어 보일 수 있었다. 대출을 받으려 방문한 중소기업 사장 입장에서 그는 구세주 같은 사람이었다. 항상 안 되는 것이 없으니 웬만한 대출 건은 적극적으로 나서 도와주었다. 그런 그가 더 이상은 안 되겠다 싶어 은행에 사표를 내고 도전한 일은 주택사업이었다. 강남의 낡은 구옥이나 대지를 구입해 빌라를 건축하고 분양하는 사업을 시작했다. 화끈한 성격에 은행원 특유의 꼼꼼함이 더해져 사업은 급성장을 했다.

처음 시작한 '나홀로 빌라'가 대성공으로 이어지자 그는 자신의 천직이라 여길 정도로 부동산 사업의 매력에 푹 빠졌다. 그 결과 모두 여섯 동까지 빌라 분양을 마쳤을 때는 온통 내 세상 같았다. 그러나 기쁨도 잠시 개발사업장을 동시에 3군데로 넓히면서 조금씩 분양의 어려움을 겪게 됐고 자연스럽게 회사도 자금난에 빠지기 시작했다. 급기야 한 직원이 2중 분양을 하게 되고 사기로 고소되면서 사업은 점차 어려워졌다. 결국은 구치소에 수감되는 최악의 상황까지 맞았다. 5개월을 구치소에서 보낸 뒤 2년의 집행유예 선고로 풀려났다. 이때가 인생의 첫 좌절이었다.

담보로 근저당권이 설정된 집은 경매로 처분이 되고 미분양 연립도 전부 경매로 처분되면서 가정은 깨지고 가족들은 여기저기를 떠도는 괴로움의 나날이었다. 그렇게 세월을 보내다 옛 은행 동료를 만나 차를 마시던 중 탁자 위에 놓인 신문에서 'ㅇㅇ대학교 경매과정'이라는 광고를 우연히 보았다. 그 광고를 보자마자 친구에게 돈을 빌려 강의를 신청했다.

그때가 우리나라에서 처음으로 대학에서 경매강좌 개설이 시작된 때였다. 3개월의 경매과정을 마치면서 수석으로 수료한 그는 곧 경매에 뛰어들었다. 처음부터 평범한 부동산에는 별 관심을 보이지 않았다. 복잡한 권리분석을 요구하는 물건으로 승부를 보겠다고 작심하고 소송까지 전제로 하면서 유찰이 많이 된 부동산을 찾았다.

한 달 만에 찾은 물건은 광진구 구의동에 위치한 99.1㎡ (30평)의 빌라였다. 4층 꼭대기층에 위치한 이 빌라는 법원 감정가격이 1억 6000만원으로 4회 유찰된 6500만원에 경매가 시작됐다. 최초근저당권보다 앞서 주민등록전입신고 한 사람이 있어 낙찰자가 물어주어야 할 세입자의 보증금은 법원에 신고된 금액으로 8000만원이었다. 나머지 권리관계는 평범했기에 이 세입자가 누구인지만 밝히면 승산이 있다고 생각한 그는 초반부터 정공법으로 나섰다.

일단 그 집을 방문해 문을 두드렸다. 아무도 열어주지 않아 계속 두드리다가 돌아서려 할 때 문을 열고 사람이 나왔다.

"이 집이 ○○○씨 댁 아닙니까? 내가 집을 잘못 찾았나. 혹시 누구세요?"

"○○○씨 집 맞아요. 전 딸인데요. 왜 그러시죠?"

그 딸은 적어도 30대 중반의 나이였다. 윤 사장은 순간적으로 기지를 발휘해 빚을 받으러 왔다고 둘러댔다. 딸은 난처한 표정을 지었다.

"이거 어쩌나. 아버지는 멀리 출타중이신데."

그 말을 듣고 더 이상 아무런 말없이 돌아서왔다. 더 오래 이야기할 필요가 없어서였다. 그러나 집 앞의 슈퍼에서 음료수를 사 마시면서 이것저것을 물었다.

"저 집에 딸이 있기는 해요. 결혼해서 나갔는데 이혼하고 다시 들어왔죠. 6개월도 안 돼서 이혼했을 거예요. 본가로 다시 돌아온 지는 벌써 4년이 넘었지요."

　윤 사장은 속으로 쾌재를 불렀다. 그 딸이 세입자일 확률이 높았다. 그는 큰 부담 없이 경매에 참여해 혹시 다른 경쟁자가 있을지 몰라 앞서 유찰된 금액에 근접한 8000만을 써냈다. 그의 단독 입찰이었다.

　잔금을 치르기도 전에 그는 경매 낙찰 영수증과 접수하지 않은 인도명령신청서를 가지고 다시 집을 방문했다. 딸을 만나 경매로 낙찰을 받았다는 이야기를 들려준 뒤 낭신의 신분에 대해 누구보다 잘 안다며 여의치 않으면 소송을 걸겠다고 엄포를 놓았다. 만약 순순히 물러나지 않으면 형사소송을 걸어 끝까지 추적하겠다고 반 협박조로 말했다. 즉 거짓 세입자란 사실을 알고 있으니 순순히 집을 비워달라는 뜻이었다.

　그러자 딸은 망설이다가 얼마의 합의금을 줄 수 있느냐고 물었다. 그 자리에서 확답을 해줄 수는 없으나 반드시 이사비 명목으로 돈을 주겠다는 약속을 하고 서류 한 장을 받았다. 'ㅇㅇㅇ은 대항력 있는 임차인이 아니다'라는 확인서였다. 대신 그는 딸에게 '6개월 후까지 집행을 보류하겠다'라는 확약서를 써주었다.

　이렇게 해서 세입자 문제를 해결했으나 그는 완전한 무일푼이었다. 경매에 참여하기 전에 보증금을 마련하기 위해 은행 친구를 찾아가 사실대로 말하고 2000만원을 빌렸다. 그중 1000만원은 아내에게 생활비로 주고 1000만원으로 입찰 보증금을 냈다. 이제 남은 것은 잔금이었다. 그러나 그는 망설이는 성격이 아니었다.

　자신이 다니던 은행에 찾아가 사실대로 이야기를 하고 합의서를 보

여준 뒤 대출을 부탁했다. 경매로 낙찰 받은 집이 있고 그 집에 아무런 문제가 없기에 은행은 1억 3000만원(법원 감정가는 1억 6000만원)을 대출해주었다. 그의 첫 번째 경매 도전은 그렇게 성공적으로 완수했다.

위치	서울 광진구 구의동	물건의 형태	빌라, 99.1m²(30평형)
시세(감정가격)	1억 6000만원	최종낙찰가	8000만원

그런 뒤 1개월이 지나지 않아 은행에서 전화가 왔다. 과거에 그는 빌라를 지으면서 그 빌라를 담보로 그 은행에서 대출을 받았다. 그런데 대금을 갚지 못해 빌라가 모두 은행으로 넘어간 것이다. 은행에서는 그 빌라를 경매로 넘겼는데 한 빌라가 계속 유찰이 되어 가격이 하락하고 있으니 이를 해결해줄 수 없느냐는 부탁이었다.

그는 생각해보겠다고 답을 한 뒤 전화를 끊었다. 그러자 만감이 교차했다. 빌라사업으로 돈을 벌던 시절, 구치소에 있던 시절…. 가장 아이러니한 것은 자신이 지은 빌라를 자신이 경매로 다시 산다는 것이었다. 그야말로 만감이 교차했다. 그러나 그런 감정에 잠겨 있을 때가 아니었다. 정신을 차리고 경매 사항을 살펴보았다.

법원이 정한 감정가격은 148m²(45평) 빌라에 2층이었는데 3억 7000만원이었다. 3회 유찰되어 1억 9000만원에 시작하는데 대항력 있는 임차인이 문제였다. 그 연유로 3회씩이나 유찰이 된 것이었다. 그는 기억을 더듬었다. 당시 분양을 하면서 대항력 있는 임차인이 없었다는 기억이 떠올랐다. 곰곰이 생각해보니 소유자의 형이 전입신고가 되어 있어 대출시 무상거주확인서를 제출하고 대출을 받았다는 사실이 떠올랐다.

그는 무릎을 딱 친 뒤 은행에 전화를 걸었다. 은행에서는 "손실의 마지노선은 최소 2억 1000만원입니다. 그 선에서 낙찰이 되어야 그나마 손실이 없습니다"라고 알려주었다. 그는 걱정하지 말라고 한 뒤 경매에 참여해 2억 1000만원을 써냈다. 그의 단독입찰이었다.

"그다지 하고 싶지는 않았으나 저를 믿고 대출해준 은행에 보답하는 차원에서 참여했지요. 또 옛 동료들이 피해를 입는 것을 보고 싶지도 않았죠."

그는 잔금을 치른 후 거주자를 찾아가 "당신이 거짓 세입자라는 사실을 알고 있다"고 말했다. 그러나 그는 완강히 부인했다. 윤 사장은 그럴 줄 알았다며 준비해 간 '무상거주확인서'를 꺼내 보여주며 원만한 합의를 설득했다. 그러나 세입자는 끝까지 고집을 부리면서 합의를 거부했다. 그 정도는 예상하고 있었기에 윤사장은 인도명령신청서에 세입자의 무상거주확인서를 첨부해 법원에 접수했다. 법원은 심문기일을 정해 세입자를 호출했으나 그는 출두하지 않았다. 윤사장의 승리였다. 그는 집행에 앞서 이사비용으로 2000만원을 주겠다고 했으나 세입자는 쓸데없는 고집을 부리면서 돈 받기를 거부했다.

집행 당일 집행관과 함께 도착해 문을 아무리 두드려도 나오지 않아 집안에 사람이 없는 것으로 판단해 보증인 2명의 서명을 받은 후 열쇠 수리공을 불러 문을 열었다. 법원 인부들이 집안으로 들어가 이리저리

둘러보니 사람이 아무도 없었다. 그러다가 욕실에서 커다란 비명소리가 났다.

"인부 한 명이 욕실에 들어가보니 욕조에 커다란 담요가 덮여져 있더랍니다. 이게 뭔가 싶어 들어내니 그 안에 사람이 숨어 있었어요. 너무 놀라 비명을 지른 거지요. 세입자 부부가 욕실에 담요를 넣고 숨어 있었던 거예요. 왜 숨어 있었냐고 물으니 강도가 온 줄 알고 당황해서 숨었다는 겁니다. 우리가 갑자기 들이닥친 것도 아니고 벨을 몇 차례나 눌렀는데 강도라니요? 지금 생각해도 이해가 안 돼요. 일찍 합의 보고 선선히 이사를 갔으면 손해도 덜 보고 그런 일도 겪지 않았을 텐데 말이에요."

어쨌거나 이런 우여곡절을 거쳐 그는 문제를 해결했다. 처음에 그는 이 빌라의 경매에 참여하면서 낙찰을 받으면 이 집에 들어와 살려고 했다. 그러나 명도기간이 지연되면서 계획은 틀어졌고 현재 살던 전셋집은 나온 상태라 잠시 떠돌이 생활을 할 수밖에 없었다. 이삿짐을 전부 컨테이너에 실어 보관창고로 보낸 뒤 가족들은 인근 원룸을 얻어 2개월가량 생활을 했다. 그가 강제집행을 서두를 수밖에 없는 이유였다.

강제집행 기일을 기다리던 중 또 다시 은행에서 연락이 왔다. 은행의 직원 중 1명이 사고를 내고 잠적했는데 이제야 신원을 확인할 수 있게 됐다면서 그 직원이 살던 집의 매도권한 서류 일체를 가지고 있으니 상담을 하자는 이야기였다.

이 직원은 은행에서 현금사고를 내고 지방으로 잠적했다. 이에 은행이 정식으로 검찰에 고소하려 하자 자신이 살고 있는 상계동 C아파트 138㎡(42평)를 대신 줄 테니 합의하자고 연락을 해온 것이다. 은행은 이 집을 시세보다 싸게 줄 테니 사라는 요청이었다. 그가 법원경매를 한다는 소문이 은행에 나면서 윤 사장이 매입하면 좋을 것 같다는 결정을 내렸다는 것이었다. 그는 이리저리 조사를 한 뒤 매입해도 아무런 문제가 없다고 판단해 제안을 받아들였다. 금액은 3억원이었다. 그는 이렇게 처음 내집 마련의 꿈을 이뤘다.

그는 사업도 순식간에 망했지만 재기도 순식간이었다. 불행이 올 때는 한꺼번에 오지만 행운도 역시 한꺼번에 온다는 것을 실감했다. 증시 격언 중 "달리는 말에 올라타라"는 말이 있듯이 일이 될 때는 무엇을 해도 된다는 확신을 가진 것이 성공의 요인이었다. 그는 이후 서초동 법원 인근에 경매 컨설팅회사를 차리고 직원 10명을 데리고 경매 사업을 벌이고 있다. 이 모든 성공은 그가 경매광고를 우연히 본 것에서 시작되었으니 그 우연이 정말 커다란 행운이 된 것이다.

물론 그가 항상 성공만 한 것은 아니다. 그에게도 실패의 순간은 여러 번 있었다. 컨설팅회사를 운영하면서 가장 큰 실패로 꼽는 투자는 강남대로변에 있는 1층 상가였다. 이 상가는 감정가격 60억원에서 5번이 유찰돼 19억원으로 떨어진 상태였다. 5번이나 유찰된 까닭은 유치권이 있었기 때문으로 추측되었다. 그는 명도소송에서 이길 자신이 있어 2억원의 입찰보증금을

내고 낙찰을 받았으나 막상 곰곰이 따져보니 잔금을 치르고 소송에 들어가면 기간이 너무 걸릴 것 같다는 생각이 들었다. 그렇게 되면 금융이자도 발생하고 만약 소송에 지면 그동안 쌓아놓은 기반 전체가 흔들릴 것 같다는 우려가 들어 과감히 보증금 2억원을 포기했다.

"그게 큰 불찰이었어요. 시간이 지나면서 그 건물은 가격이 엄청나게 치솟았죠. 지금 돌이켜보면 그때 잔금을 치르고 총력전을 펴 소송을 했어야 하지 않았나 싶어요. 하지만 다 지난 이야기죠. 2억원을 잃고 큰 교훈을 배운 셈 치는 거죠."

또 이런 경우도 있었다. 송파구 오금동에 대지 1652㎡(500평)의 오리구이 전문점이 경매로 나왔다. 대지·건물 전체가 나온 것이 아니라 건물 2동만 경매에 나왔다. 감정가 2억 6000만원으로 1회 입찰에 참가해 2억 8000만원에 낙찰을 받았다. 그때 계획으로는 나중에 대지도 경매로 나오면 입찰에 들어가 낙찰을 받자는 생각이었다. 그러나 이후 땅값이 계속 올라 은행에서 토지 소유주에게 대출을 계속 연장해주는 바람에 무려 5년간 땅주인과 소송을 벌여야 했다. 그러다가 결국 낙찰받은 금액에 다시 건물을 되팔고 물러났다. 손해만 본 셈이다.

고등학교 친구에게 조언을 잘못해줘 낭패를 당한 경우도 있었다.

대학 졸업 후 고시공부를 하며 사법시험 1차만 두 번 붙은 친구가 어느 날 윤 사장을 찾아왔다. 학창시절 전교 1등은 도맡아 하던 친구였으나 고시에 번번이 미끄러지면서 생활이 무척 힘들어졌다는 소식은 들었지만 막상 만나서 그간 살아온 얘기를 들으니 사정이 무척 딱했다. 이에 한번 도와주겠다고 약속하고 입찰보증금 10%만 준비해서 다시 찾아오라고 했다.

서울 동작구 상도동의 물건이 나오자 소개해준 뒤 경매 노하우도 가르쳐줬다. 이 물건은 대항력 있는 임차인이 살고 있는 연립주택이었는데 당시 임차인은 소유자 부인의 여동생이었다. 낙찰을 받고 소유권 이전 후 인도명령신청서를 접수하자 법원이 심문기일을 지정해 세입자를 출두토록 했다. 그런데 판사가 "여기서 판단할 문제가 아니다"고 하지 않겠는가. 즉 정식 재판을 하라는 말이었다. 이에 그는 정식으로 명도소송을 진행했다. 1심에서 "임대차계약서가 없으며 세입자의 전화 가설 시기도 전입신고한 날과 너무 차이가 난다"며 여러 정황을 보건대 실제 세입자가 아니라고 판결을 내렸다.

'가집행하라'는 판결문을 근거로 세입자를 내보냈는데 추후 그 집을 매매하려고 등기부등본을 발급 받으니 그 세입자가 낸 '임차보증금 반환청구 소송에 기한 가압류'가 기재되어 있었다. 이에 다시 2심 항소심을 진행했다. 세입자가 '장롱 뒤에서 찾았다는 임대차계약서'와 이사오기 전 살고 있었던 집주인의 '사실확인서'를 제출하면서 패소하고 말았다. 그 결과 그와 친구는 세입자의 임차보증금을 꼼짝없이 물어주어야 했다.

그러던 그에게 또다시 기회가 찾아왔다. 이 이야기는 뛰는 놈 위에 나는 놈이 있다는 교훈을 들려준다. 그들은 강남의 아줌마 부대였다. 송파구 마천동에 오래된 협동주택이 있다. 협동주택이란 다세대주택

이 나오기 전의 거주 형태로, 등기부등본상 협동주택이라 기재되어 있지만 정의가 명확하지는 않다.

그 협동주택이 건물 79㎡(24평)에 대지가 76㎡(23평)로 감정가 1억 3000만원에 4회 유찰되어 5300만원에 경매로 나왔다. 이 주택이 많이 유찰된 이유는 대항력 있는 임차인의 전세금이 7500만원이 있기 때문이었다. 도전의식이 발동한 윤 사장은 권리분석을 했다. 문제는 협동주택에 최초근저당권보다 앞선 임차인의 번지수에 대한 전입신고는 있었으나 그 점유하고 있는 호수(101호, 203호 등)의 기재가 없다는 점이었다. 이를 발견한 그는 '과연 협동주택이 집합건물인가 아니면 단독주택인가'를 놓고 분석을 하다가 '집합건물이면 동·호수가 기재되어야 하나 동·호수를 기재 못한 세입자의 책임으로, 이는 무조건 명도소송에서 승소할 수 있다'는 결론을 내렸다. 이는 대법원 판례이기도 했다. 만약 단독주택으로 분류되면 동호수와 상관없이 선순위 대항력 있는 임차인이기 때문에 보증금을 낙찰자가 물어주어야 한다.

그는 송파구청을 찾아가 건축물관리대장을 신청해 표제부를 보았다. '1동의 건물의 표시'라고 표기되어 집합건물임을 알게 되었다. 확신을 한 그는 입찰에 참여해 5300만원을 써 낙찰을 받았다. 소유권이전 후 세입자를 만나 자신이 작성한 '세입자가 대항력이 없는 이유'를 조목조목 설명했다.

"제 말이 의심스러우면 변호사 사무실 몇 군데를 방문해 확인을 해 보세요."

그리고 자신 있게 돌아왔는데 3일 후 연락이 왔다. 세입자는 두말없이 나가겠다고 하면서 이사비용으로 800만원을 요구했다. 그는 선뜻 승낙해주는 조건으로 명도완료일을 2개월 안에 끝내기로 했다. 그런데 1개월 후 세입자로부터 연락이 왔다. 바로 나갈 테니 도와달라는 하소연이었다. 그 요청을 거절할 수 없어 처음 약속한 것보다 400만원을 보태 1200만원을 주고 명도를 완료했다. 명도 후 한 달에 걸쳐 수리를 했는데 총 비용은 3000만원이었다. 그 후 전세를 1억 1000만원에 놓아 투자된 원금을 모두 회수하고도 돈이 남았다.

위치	서울 송파구 마천동	물건의 형태	협동주택, 79㎡(24평형)
시세(감정가격)	1억 3000만원	최종낙찰가	5300만원
최종매매가	2억 3000만원	비용 공제 전 수익	1억 7700만원

2년 후 부동산 중개소에서 이 빌라를 팔라는 연락이 왔다. 중개업자의 말이 "강남구에 거주하는 아주머니인데 이곳 시세를 잘 모르는 것 같다"며 "평당 1000만원을 준다"고 하니 바로 팔라는 권유였다. 망설일 이유가 없어 2억 3000만원에 매매를 했다. 매매대금을 받으면서 '시세가 잘해야 1억 6000만원인데 참으로 미안하다'라는 마음이 들기도 했다. 하지만 그의 실책이었다. 1년 후 거여·마천 뉴타운이 발표되면서 대지가 넓은 빌라는 없어서 못 팔 정도로 상한가를 쳤다. 나중에는 평당 3000만원이 넘어갔다. 그때까지 가지고 있다가 팔았으면 6억원이 넘는 금액이었다. 씁쓸했지만 어쩔 수 없었다.

"강남 아줌마 베개 맡에서 일어난 일은 아무도 당할 수 없지요."

즉 강남에 거주하는 아줌마들은 잠잘 때 고위직에 있는 남편들이 귀띔하는 말을 듣고 즉시 투자를 해 거금을 벌어들인다는 뜻이다. 결국 자기가 아무리 날고뛰어도 강남아줌마의 남편에게서 전해들은 부동산 정보에는 당할 수 없다는 것이었다.

그의 사례를 살펴보면 성공과 실패가 엇갈린다. 멋지게 성공을 한 적도 있었지만 예상 못한 문제에 걸려 어이없게 실패한 경우도 있었다. 즉 아무리 뛰어난 사람도 인생에서 늘 성공만 거두는 사람은 없다는 교훈을 경매는 우리에게 알려주는 것이다.

경매로 낙찰 받은 사람들과 이야기를 나누면서 배운 점은 여러 가지이다. 그중 하나는 은행대출에 대한 태도이다. 대부분의 사람들은 '은행돈을 무서워하라'고 말한다. 틀린 말은 아니지만 그 인식에서 벗어나 '은행돈을 잘 이용하라'로 바뀌어야 한다.

맨손으로 시작해 성공한 사람들은 '은행돈 내지는 빌린 돈'이 출발점이었다. 부지런히 현실과 부딪치다보면 결실이 생기는 법이다. 은행돈을 무서워해 경매 참여를 망설인다면 아무것도 얻지 못한다. 과도한 대출은 가계운영에 심각한 타격을 줄 수 있지만 자신이 감당할 수 있는 정도의 대출은 반드시 필요하다.

50억원 수익을 올린 3인의 공동입찰기

양재동의 토종 경매꾼 김기수씨의 성공 사례도 특이하다. 그는 자신을 소개할 때 "권투챔피언 김기수입니다"라고 한다. 요즘 젊은 사람들은 김기수라는 이름을 잘 알지 못하지만 1960년대 무렵 세대는 김기수라는 이름을 잘 안다. 그래서 처음 만나 인사를 나누어도 상대는 그 이름을 결코 잊지 않는다.

그는 한때 건설업을 하며 돈을 적지 않게 벌었지만 늘 도전하는 삶을 살다보니 우여곡절도 많았다. 용인의 한적한 골프장 옆에 있는 빌라에서 술로 세월을 보내며 살기도 했고, 한남동 최고급 빌라에서 서울 입성 파티를 열기도 했으며, 인천에서 4층짜리 건물을 경매로 낙찰받아 사업을 하기도 했다. 그의 삶은 드라마틱했으며, 평범하고 심심

한 삶은 아니었다.

법원경매는 어깨 너머로 배운 지식도 상당하지만 대학에서 법률을 전공해 법률지식도 많았다. 평소 지론이 "자동차 운전을 하면 본의 아니게 사고를 낼 수 있는 것처럼 법치국가에서 살다보면 법을 어길 수도 있다. 이걸 이렇게 하면 무슨 법에 걸리고 저걸 저렇게 하면 무슨 법에 걸린다. 그걸 걱정하면 사업을 하지 못한다. 그러므로 법을 잘 이용하면서 사업을 해야 한다"였으며 주변 사람들에게 이를 설교하는 스타일이었다.

또 '빚'이란 것에 대해서도 명확한 가치관을 가지고 있었다. "빚을 두려워해서는 사업하기 힘들다. 자신에게 꼭 맞는 사업 아이템이 있고 그 사업을 잘 운영해 나갈 자신이 있으면 빚을 내서라도 사업을 해야 한다. 단지 빚이 두려워 사업을 망설인다면 그것은 바보나 마찬가지다. 자신에게 더 큰 능력이 있다고 판단되면 많은 빚을 내는 것도 두려워하지 마라. 단 역경을 극복하고 사업을 성공시킬 자신이 있어야 한다. 곧 빚도 재산이다"라고 주장한다.

이러한 특이한 사고방식을 가진 사람은 어떻게 경매에 성공할까. 그의 성공기를 따라가보자.

그는 라이온스클럽 멤버였다. 2010년 4월, 몇몇 멤버들과 저녁을 먹는 자리에서 경매 이야기가 나왔다. 그는 경매에 성공한 경험이 있기에 자신의 성공기를 재미삼아 들려주었다. 그러자 멤버 두 명이 관심을 보이며 공동투자를 제안했다. 의기투합한 3명은 공동으로 경매를 낙찰 받기로 그 자리에서 합의했다. 처음 찾아낸 물건은 충남 태안군 근흥면에 위치한 비치리조트호텔이었다. 토지가 1658㎡(501평)에 6층 짜리 호텔로 2002년 준공된 건물이었다. 감정가격은 36억원이었으며 1회 유찰되어 경매시작가격은 25억원이었다. 1순위 저축은행에서 14억원을 대출 받아 갚지 못해 경매에 나온 물건이었다.

그들은 친목도 도모할 겸 일요일에 힘께 경매물건을 보러 가기로 하고, 올라오면서 바다바람도 쐬며 회도 먹고 오기로 했다. 마침 태안에 사는 회원과 연락이 닿아 함께 호텔에 갔다. 의외로 깨끗하고 전망도 아주 좋았다. 옆에는 18홀 골프장도 있어 더 없이 주변 환경이 좋았다. 더구나 태안 회원은 이곳이 향후 관광지로 개발된다는 정보와 인근 작은 간척지를 매립해 테마공원이 조성될 계획이라는 등 여러 정보를 알려주었다. 3명은 각자 10억원을 부담해 경매에 공동으로 참여하기로 했다. 위험한 권리분석이 있나 조사해보니 근저당권 외에는 아무런 문제가 없었다. 최근 흔한 유치권도 없었다. 최초근저당권이 있고 그 뒤로 압류나 가압류 등 지극히 평범한 권리분석이었다.

우선 보증금 10%인 2억 5000만원을 3명이 마련하고, 처음 하는 경매인지라 경매 장소인 대전지방법원 서산지원에 함께 가기로 했다. 도착해 한 일은 공동입찰을 위해 법원에 비치된 '공동입찰신고서'와 '공동입찰자목록'을 작성하는 일이었다. 여기서 주의할 점은 공동입찰을 할 때는 입찰표에 각자의 지분을 표시하는 것이다. 그리고 각자가 목록

에 간인(間印)을 찍어야 한다. 그들은 지분을 1/3로 나눠 각자 지분등기를 표시하고 입찰금액은 만약의 경쟁자를 견제하기 위해 2억원을 더 쓴 27억원을 기재했다. 다행히 경쟁자 없이 단독으로 낙찰을 받았다.

그중 한 명이 웃으면서 "으이그, 아무도 없네, 2억원 떡 사먹었네"하며 아쉬워했다. 아무래도 지방은 서울·수도권과는 달라서 큰 금액에서는 입찰자가 적었다. 그래도 처음 하는 공동경매에서 한 번에 낙찰된 것이 다행이라 여겼다.

서울로 올라오면서 앞으로 호텔 영업은 어떻게 하고, 운영은 어떻게 하며, 수익금의 배분은 어떻게 한다 등 갖은 상상을 다하며 올라왔다. 일주일이 다 되어갈 시점에 김기수씨에게 전화가 왔다. 낙찰 받은 호텔의 소유자였다. 경매신청권자를 설득해 경매를 취하하려 한다는 것이었다.

"보증금에 5000만원을 더 주겠습니다. 경매취하동의서를 작성해주시면 고맙겠습니다."

그는 순간적으로 혼란이 일었다. 한편으로는 즐겁고(짧은 시간에 5000만원을 벌 수 있으므로) 한편으로는 호텔 경영인이 되지 못해 아쉽다는 생각이 들었다.

"이 물건은 나 혼자 산 것이 아니라 3명이 공동입찰로 산 것입니다. 내가 결정할 수 없으니 상의 후 연락을 드리겠습니다."

멤버들은 모두가 그냥 밀고 나가자는 의견이었다. 호텔이 워낙 마음에 들어 놓치기가 아까운 심정이 강했기 때문이었다. 곧 소유자에게 취하를 해줄 수 없다고 통보했다.

"취하동의서를 써주시지 않아도 어차피 우리가 등기부의 근저당권을 말소하고 경매를 취소할 것입니다. 이렇게 해도 취하, 저렇게 해도 경매는 취하되니 보상금 5000만원을 받는 게 낫지 않습니까?"

난처한 김씨는 다시 멤버들에게 취하에 동의해주자고 했으나 두 명은 완강히 반대였다. 그렇게 차일피일 시간이 지나고 잔금을 납부해야 할 때가 되었다. 그러나 법원에서 들려준 말은 예상 밖이었다. 소유자 측에서 경매신청 근저당권을 말소하고 경매취하서를 신청했기에 경매가 취소되었다는 것이었다. 모두가 실망할 수밖에 없었다. 그럴 바에야 보상금 5000만원을 받을 걸 하는 후회가 밀려왔다.

미안해진 멤버 두 사람은 앞으로는 김씨의 말을 따르겠다고 약속을 하고 새로운 물건을 찾아 나섰다. 두 달 후 새로운 물건이 그들 앞에 나타났다. 강원도 춘천시 신북읍의 온천건물이었다. 이곳은 온천공 보호구역으로 대지는 4608㎡(1393평)였으며 건물은 3층으로 전층에서 온천물이 나오는 사우나건물이었다. 법원의 최초감정가격은 46억 7000만원, 2회 유찰돼 22억 8000만원에 시작했다. 그 전에 S법인회사가 26억원에 낙찰을 받았다가 잔금을 납부하지 못해 재경매로 나온 물건이었다. 현 소유자도 이 건물을 경매로 낙찰을 받아 경락잔금 11억원을 대출 받았으나 상환하지 못해 다시 경매에 나온 것이다.

이 경매에 걸림돌이 있다면 첫째, 전 소유자가 낙찰로 이 건물을 산 후 시설투자를 과다하게 해 공사대금 유치권이 5억여원 있다는 점, 둘째, 사우나 내부의 이발소, 매점, 식당 등 세입자들의 임차금이 3억여원 있다는 점이었다. 이는 적지 않은 부담이었다. 권리분석을 하니 등기부에는 근저당권 외에는 아무런 문제점이 없었고 세입자들은 근저당권 이후에 대부분 사업자등록을 신고했기에 큰 문제는 없었다. 유치권을 신고한 업체를 조사해보니 내부 인테리어와 냉난방시설 공사와 관련된 금액이었다. 즉 앞선 낙찰자가 10%의 보증금인 2억 2000만원을 포기해야 하는 사정에 별다른 특이점은 없었다.

결론적으로 앞서 입찰보증금을 포기한 낙찰자는 이 사건 등기부등본의 2순위 채권자였다. 2순위 채권자가 낙찰을 받아 잔금을 치르려면 자신이 받을 배당금은 상계처리하면 되지만, 1순위 근저당권의 금액은 납부해야 한다. 1순위 저당금액이 11억원인데 이 금액을 납부하지 못해 보증금을 포기한 것으로 최종 분석되었다.

이 온천사우나는 춘천의 유일한 온천탕으로 전철 개통과 더불어 향후 춘천의 명소로 자리매김한다면 그 가치는 100억원 이상이 될 것 같았다. 이러한 모든 분석을 마친 뒤 세 사람은 입찰을 결정했다. 입찰금액에 대해 의견이 분분했으나 일단 보증금의 20%인 4억 5000만원을 마련하고, 앞서 보증금을 포기한 이력, 유치권 등 여러 불안요소가 내재해 있기에 일반 입찰자들이 입찰을 꺼릴 것으로 예측되어 금액을 낮추려 했으나 안전선을 지키기 위해 26억 1000만원을 쓰기로 했다.

입찰일 춘천지방법원은 의외로 사람이 없었다. 최저입찰가에서 3억 원을 더 올려 쓰려고 하니 약간 기분이 머뭇거려지고 호텔의 경우처럼 단독입찰할 것 같아 금액을 내리려 하다가 애초 결정한 대로 입찰가를 적기로 했다. 결과는 또 다시 단독입찰이었다. 이젠 잔금 납부를 위해 은행을 방문하자 10억원을 연 5.2%로 대출을 해주었다. 소유권은 1/3씩 공동으로 등기를 했다.

유치권자와 세입자, 소유자를 모두 만나보니 보통 만만한 사람들이 아니었다. 아닌 말로 굴을 파놓고 먹잇감을 기다리는 맹수 같았다. 자기들끼리 약속을 하고 움직이는 것 같았다. 세 번을 만나고 식사를 함께 해도 도무지 명도의 길이 보이지 않았다. 그들이 일관되게 주장하는 것은 오로지 돈이었다. 해결책이 보이지 않자 세 사람은 경매 전문가에게 자문을 구했다. 자초지종을 다 들은 전문가는 다섯 가지 의견을 내놓았다.

❶ 이 사건 뒤에는 법률자문을 해주는 사람이 있다. 흔히 경매컨설팅을 해준다는 자들로 이들은 존재하지 않는 유치권 신고서를 만들거나 강제집행을 방해하는 각종 법률서류를 만들어주고 돈을 받는다. 이럴 경우는 각개전투를 해야 한다. 곧 전체를 상대하는 것이 아니라 그곳의 대표를 한 명 선정해 집중 공략하는 전법이다.

❷ 무조건 법으로 선점하라. 경매는 절차법이다. 소유권이전을 했으면 그곳을 점유하고 있는 모든 사람을 인도명령 대상자로 포함해 인도명령결

정문을 받으라.

❸ 유치권 소송이 걸리면 끝까지 가겠다는 각오로 임하라. 저편에서 양보를 하면 이편도 양보를 하지만 양보하지 않으면 한푼의 동정도 없다는 것을 강하게 주입시켜라.

❹ 가능하면 합의를 하되 생각지도 못했던 합의 금액을 던져라. 그들이 1억원을 주장하면 어찌어찌 다투다 막판에 5000만원은 주겠지 하고 생각할 것이다. 그때 7-8000만원을 준다고 하라. 그리고 다시 생각지도 못하게 1억원을 주고 끝내라. 경매는 시간이 돈이다. 한 달 이자와 주변 상황을 고려해야 한다.

❺ 이 사우나는 공중위생법과 상위법인 온천법이 법률적으로 혼재되어 있는 관계로 명도가 된다고 해서 일이 완전히 끝나지 않는다. 온천공 이용 허가권을 양도양수 받아야 비로소 사업을 할 수 있다. 그런 복잡한 법률이 있으므로 가능하면 당근 정책을 써야 한다.

전문가의 코치를 받은 그들은 곧 실행에 들어갔다. 그들이 택한 상대는 유치권자도 세입자도 아닌 소유자였다. 우선 세입자 전원을 인도명령 대상자로 설정해 인도명령신청서를 접수한 뒤 전 소유자를 만나 서류를 보여주었다. 그리고 단도직입적으로 물었다.

"사장님, 솔직히 마음을 터놓고 이야기합시다. 유치권 5억원, 세입자 3억원, 총 8억원이라고 주장하는데 실제 얼마 정도면 해결이 가능합니까? 그 금액을 알려주시면 저희가 그 돈을 사장님께 전부 드리겠습니다. 해결은 사장님이 하십시오."

뜻밖의 제안에 전 사장은 말을 잃었다. 곰곰이 생각하다가 이윽고 입을 열었다.

"5억원을 주십시오."

"5억원이면 됩니까? 혹시 모르니 저희가 6억원을 드리지요."

사장의 눈이 갑자기 커졌다. 자기는 마음속으로 다 계산을 마치고 좀 붙여서 5억원을 불렀는데 통 크게 6억원을 준단다. 벌어진 입이 다 물어질 줄 몰랐다.

"6억원 드리지요. 대신 15일 안으로 해결해주세요. 그렇지 않으면 이 돈은 회수합니다. 그리고 끝까지 법으로 투쟁할 겁니다."

말이 끝난 뒤 김씨는 종이 한 장을 꺼내 계약서를 작성했다. 그렇게 한순간에 명도 문제는 완전히 해결이 되었다. 이제 남은 문제는 사우나를 어떻게 활성화 시키는가였다. 피차 사우나를 경영한 적은 한 번도 없었지만 머리를 모아 묘책을 짜냈다. 여러 가지 행사와 이벤트를 논의한 끝에 김씨의 아이디어를 실시하기로 했다. 지방방송국과 연계해 춘천노래가요제를 개최하기로 한 것이다. 무대설치 비용 4000만원, 가수섭외비 및 진행비 6000만원을 모두 부담하되 장소는 건물 사우나 앞마당에서 개최하기로 했다.

1억원의 비용이 지출되는 큰 행사였지만 세 사람은 이왕 할 거면 크게 하자는 데 의견을 모으고 전문가를 섭외해 행사를 진행했다. 유명 가수가 초대되고 이날은 사우나비용을 50% 할인하는 등 대대적인 광

고를 했다. 개최 당일 의자는 1만 개를 준비했으나 1만 5000명의 인파가 몰리는 대성황을 이루었다. 사우나가 한순간에 춘천의 명소로 자리를 잡은 것은 두말할 나위가 없다. 현재는 춘천역, 춘천지하철역 등에 광고를 실시하고 있으며 각 역에서 사우나를 오가는 셔틀버스를 운영해 하루에 3000여 명의 손님들로 북적인다.

현재 이 사우나는 법인으로 운영되고 있으며 세 사람의 급여는 월 500만원이고 수익 배분은 6개월에 1회씩 하기로 했다. 예전에는 사우나 진입 도로가 2차선이었으나 지금은 6차선 도로로 확장 공사가 진행 중이다. 매매가는 벌써 80억원을 호가하고 있다.

위치	강원도 춘천시 신북읍	물건의 형태	상가, 4608㎡(1393평형)
시세(감정가격)	46억 7000만원	최종낙찰가	26억 1000만원
현재시세	80억원	비용 공제 전 수익	53억 9000만원

최근에 유행처럼 공동입찰이 번지고 있다. 공동투자에서 가장 중요한 것은 상호신뢰이다. 서로 간에 믿음이 없으면 공동투자와 경영은 한순간에 무너진다. 3인의 공동투자가 성공한 것에는 여러 가지 요인이 있다. 첫째는 오랜 세월을 함께한 회원 간에 이루어진 것이라는 점이다. 둘째는 땅처럼 환금성이 느린 것에 투자한 것이 아니라 현금사업, 즉 모텔이나 사우나, 대형 상가 등에 투자한 점이다. 토지의 경우 몇 년을 기다려야 하는데 대부분 결산 배당 전에 내분이 일어나 갈라서는 경우가 많다.

공동투자는 위험성을 서로 분산한다는 의미에서 바람직하며 각자의 경험을 바탕으로 일을 배분하기 때문에 전문성을 살릴 수 있다. 가장 큰 장점은 혼자 감당할 수 없는 금액의 부동산경매를 몇 명의 돈을 합쳐 살 수 있다는 점이다. 1억원 미만의 부동산도 2-3명이 돈을 합쳐 산다면 재미있게 경매를 할 수 있다. 물론 이익은 줄어들겠지만 자본금이 적어 아예 하지 않는 것보다는 훨씬 낫다.

최근에는 경매에서도 부부가 공동으로 입찰해 소유권을 1/2씩 가져가는 경우가 흔하다. 예전처럼 한 사람에게 소유권이 있을 때는 배우자 몰래 집을 담보로 돈을 빌릴 수 있지만 공동소유는 그러한 행위가 불가능하다. 서로 힘을 합쳐 세상을 살아가야 하는 부부의 도리라는 측면에서도 큰 의미가 있다.

하지만 공동소유는 '소유권만을 준다'는 의미만으로 악용되는 사례가 있으므로 주의해야 한다. 가장 흔한 사례가 부동산 다단계 업체들이 해준다는 지분경매이다. 큰 땅을 평당 1000원에 사서 등기해 준다고 한 뒤에 각 개인들에게 100평, 200평식 쪼개 파는 행위이다. 등기부에는 '홍길동, 25/1000㎡' 등으로 이름과 함께 기재가 되지만 실질적으로는 지분권만 있지 재산권과 관련된 사용·수익 행위를 할 수 없다.

공동입찰경매는 인원수가 3-4명으로 한정되어야 한다. 수십 명, 수백 명 단위는 아무런 의미가 없다. 공동입찰경매를 모방한 경우도 조심해야 한다. 여러 명이 모여 대표 1명을 세운 후 그 사람 이름(또는 법

인명)으로 낙찰을 받는 방법이다. 만약 대표 1명이나 법인이 잘못돼 낙찰 받은 부동산에 가압류나 압류가 들어오면 개인의 문제가 전체로 번진다.

 마지막으로, 위의 사례에서 온천공 문제를 살펴보자. 온천을 낙찰 받으면 지하에 박혀 있는 온천공은 누구의 것인가. 결론부터 이야기하면 낙찰자의 것이다. 위 사건에서는 온천공이 낙찰 받은 대지의 번지수에서 약간 벗어나 있기에 이상과 같이 합의한 것이다.

 **에필로그 |**

   경매에 뛰어든 지 어느덧 19년째다. 종이에 기록해 제출하는 방식이 아니라 말로 입찰금액을 부르며 상대방과 경쟁했던 호가제 경매부터 입찰제까지 긴 시간을 거쳐 왔다. 경매는 내 젊은 시절의 모든 것이었으며 불혹을 훌쩍 넘긴 지금의 나이기도 하다. 그 세월 동안 함께 울고 웃었던 많은 사람들이 주마등처럼 스쳐 지나간다.

   초창기에 경매 브로커들로 인해 법원이 무법천지였던 적도 있었다. 그 시절 나는 먹을 게 떨어져 낚싯대를 들고 강가로 나가는 아버지의 절박한 심정으로 경매장을 드나들었다. 때로는 그냥 법원에 나가 서 있기만 해도 돈이 들어오던 시절도 있었다. 그러면서 20년에서 한 해가 모자란 시간을 보냈다. 그 시절이 헛되지 않았기에 많은 사람들에

게 경매컨설팅을 할 수 있었고 서민들에게 내집 마련의 꿈을 이루어 줄 수 있었다. 또 법과 질서가 공존하는 공정한 경매시장이 자리를 잡아 누구보다도 기쁘고 감사하다.

경매는 돈이 가장 중요하다. 그러나 돈보다 더 중요한 것은 사람들의 살아가는 삶이다. 우리는 그들의 이야기에 귀를 기울여야 한다. 가슴이 없이는, 사람에 대한 이해가 없이는 경매의 고수가 될 수 없다. 그 이해를 바탕으로 이 책을 읽는 모든 사람이 자신의 꿈을 이루어 가기를 바라며 마지막으로 경매의 핵심을 여섯 가지 사자성어로 정리한다.

1. **부득탐승(不得貪勝)** 이기려고 집착하면 이길 수 없다. 부동산경매뿐 아니라 일반 부동산에서도 임자는 따로 있다고 생각하라. 어떤 것이 내 것이 되려면 자연스럽게 얻어진다. 꼭 낙찰을 받아야겠다고 작심하고 덤비는 사람은 얻지 못한다. 소신 있게 떨어지는 것이 잘하는 경매다. 낙찰에 너무 집착하지 말고 정확한 권리분석으로 입찰에 응하라.

2. **입계의완(入界宜緩)** 상대의 세력권에 깊이 들어가지 말라. 경매에서 가장 큰 유혹은 돈이 되는 특수 물건이다. 특수 물건이란 경매를 당하는 사람들이 미리 만들어놓은 세력권 안으로 들어가 싸우는 것이다. 이는 굉장히 어려운 일이다. 많은 실전과 경험이 있는 자들의 도움 없이는 힘든 싸움이다. 완벽하다고 생각될 때 들어가 싸워라. 하지만 누군가의 유

혹에는 동참하지 마라. 일반 경매물건에는 먹을 게 없다는 유혹에 넘어가서는 안 된다.

3. **공피고아(功彼顧我)** 상대를 공격할 때는 나의 결점부터 살펴라. 특수 물건에 참가하거나 명도를 할 때는 나의 지금 위치를 알아야 한다. 경매를 하다보면 낙찰 받은 사람의 부동산이 다시 나오는 경우가 많다. 은행에서 80% 대출을 해주므로 내 돈 조금만 있어도 된다는 생각에 일을 그르치는 것이다.

5억원짜리 부동산을 1억원만 가지고 사려는 사람은 반드시 낭패를 본다. 그들이 산 부동산이 다시 경매에 나오는 것이다. 이러한 현상을 막기 위해서는 등기비용, 이자, 명도비용, 시간 등 자신의 처지를 알아야 한다. 특수 물건은 낙찰을 받아도 대출이 안 되는 경우가 80-90%이다. 자신의 현금동원 능력을 분명하게 깨달아야 한다.

4. **기자쟁선(棄子爭先)** 버릴 것은 버리고 앞선 것을 잡아라. 경매를 하다보면 내집은 당연히 마련한다. 이후 낙찰 건수를 늘리면서 경험을 쌓아나가고 수익을 올려라. 처음에는 돈이 되든 안 되든 –무리가 없는 선에서– 무조건 하나를 낙찰 받아라. 그 물건으로 대박을 터트릴 생각을 하지 말고 제반 과정을 몸에 익혀라. 즉 수를 늘리라는 것이다.

그러다보면 버릴 물건과 가져갈 물건들이 정리된다. 어떤 부동산은 단기로 매매해야 하며, 어떤 부동산은 장기로 가져가야 한다. 이를 구분

하는 눈이 생긴다. 이때 처분해야 할 것은 미련을 가지지 말고 과감히 처분하고, 가져가야 할 부동산은 잘 가꾸어 나가라.

5. **봉위수기(縫危須棄)** 위험을 만나면 과감히 손을 떼라. 입찰보증금 10%가 아깝다고 90%를 쫓아가면 쉽게 망할 수 있다. 말 그대로 '한 방에' 갈 수 있다. 보증금 10%를 내고 낙찰을 받았으면 7일 이내에 완벽한 자신감을 가져야 한다. 그 부동산의 내역부터 거주자, 세입자의 면면까지 속속들이 알아야 한다. 잔금을 납부해야겠다는 자신감이 없으면 '매각허가결정에 대한 이의신청'을 하라. 아니면 보증금을 과감히 포기하라. 경매에서 문제가 생겼을 때는 가장 먼저 법원의 담당계장을 찾아 도움을 청하라. 그래도 해결책을 찾지 못하면 보증금은 포기해야 한다. 주식으로 수억원(혹은 수십억원) 날린 사람의 이야기는 주변에 너무 흔하다. 그러나 경매로 수십억원을 날렸다는 이야기는 듣지 못했을 것이다. 하지만 실상은 그렇지 않다. 수백억원에 대한 입찰보증금 포기는 매달 일어나고 있다. 단지 알려지지 않았을 뿐이다.

6. **신물경속(愼勿輕速)** 서두르지 말고 신중하게 진행하라. 낙찰에 떨어졌다고 조바심 내면서 서두르지 마라. 1년을 매일 해도 떨어지는 사람이 많다. 바쁠수록 돌아가라는 격언은 경매에서는 너무나 정확한 표현이다. 계속 입찰에 떨어져 화풀이로 감당 못할 부동산에 욕심을 부리면 큰 곤란에 빠진다. 입찰 마감 5분 전에 뛰어 들어와 입찰표를 급하게 쓰는

사람들도 많다. 이런 사람들은 대부분 성공하지 못하며 낙찰을 받았다 해도 실수했다는 것을 즉시 깨닫는다. 경매는 처음부터 끝나는 그 순간까지 차분히 신중하게 진행해야 한다. 낙찰 후 소유권 이전, 명도 등의 과정도 마찬가지이다. 낙찰되었다고 환호하며 소리치지 마라. 오르막이 있으면 반드시 내리막이 있다. 늘 겸손하게 바위처럼 행동하라.

우리는 누구나 자신의 집을 소유할 수 있으며 부자도 될 수 있다. 공부하고 도전하는 사람에게 기회는 반드시 온다. 이 책을 통해 건강한 경매에 도전해 꿈을 이루기를 간절히 바란다.

부
록

꼭 알아야 할 경매 용어

등기부등본 보는 법

경매 권리분석 다이어그램

경매 절차 다이어그램

한눈에 보는 경매의 모든 것_경매 성공 8계명

한눈에 보는 명도의 모든 것_명도 성공 6계명

가상입찰

부록 1

꼭 알아야 할 경매 용어

운동경기와 마찬가지로 경매에도 엄격한 규칙이 있고 그에 따른 기본 용어가 있다. 기본 용어를 알지 못하면 경매에 참여해 승리하기가 어렵다. 그러므로 기본 용어를 익힌 뒤에 경매에 참여해야 한다. 그러나 외울 필요는 없다. 상식을 배운다 생각하고 차근차근 읽어나가면 된다.

가등기 등기부등본을 볼 때 꼭 알아야 하는 용어이다. 소유권을 가지지 못한 일종의 가짜 소유권등기로, 더 정확하게 표현하면 '예비등기'다. 가등기는 그 자체로는 소유권에 관한 등기로서의 효력은 없다. 그러나 나중에 본등기(실제 소유권을 갖는 등기)까지 마치면 그 순위가 가등기를 기준으로 소유권을 얻는 결정이 된다. 그래서 매우 중요하다. 예를 들어 가등기 뒤에 저당권이 생겨도 이 가등기가 본등기를 하면 뒤에 있는 모든 저당권은 말소가 된다. 효력을 인정받지 못한다는 뜻이다.

만약 경매의 권리분석이나 전·월세를 얻을 때 등기부에 이것이 있으면 무조건 법률사무소에 가서 자문을 구하라. 종류로는 매매예약가등기와 담보가등기가 있다. 하지만 등기부에 구분되어 표시되지는 않는다. 경매사건에서 선순위가등기가 있다고 무조건 포기하지 마라. 담당계에 문의해 담보가등기로 신고가 되었다면 이는 선순위근저당권과 동일하게 취급하기 때문에 법원에서 금액 전액을 배당해준다.

선순위 보통 등기부등본에서 1번, 즉 맨 처음 지워지지 않고 등록되어 있는 등기를 선순위라 부른다.

감정평가액 법원은 경매가 열리면 지정한 감정기관에 의뢰해 해당 물건의 정확한 가격을 매기게 한다. 그때 결정된 금액이 바로 감정평가액이다. 경매로 부동산이 법원에 접수되면 감정사가 경매금액을 정해주고 처음 기준이 되는 금액도 바로 이 감정평가액이다. 부동산경매에서 처음 시작하는 금액을 말한다. 또는 '신건'(新件)이라고도 한다.

강제경매 채무자 소유의 부동산을 압류해 경매로 넘기는 모든 절차를 말한다. 돈을 갚지 않으면 소송을 제기하고 승소하면 판결문이 나온다. 그 판결문으로 돈을 빌린 사람 소유의 부동산을 경매로 진행하는 절차가 강제경매(일반 개인이 주로 함)이다. 돈을 빌려준 후 등기부에 저당권을 기재하게 되는데 만약 돈을 갚지 않으면 그 저당권으로 경매를 실행하면 임의경매(은행이 주로 함)라고 한다.

경매개시결정 경매 신청과 관련된 서류가 모두 준비되면 법원은 이제 경매를 시작해도 좋다는 결정을 내린다. 그 결정이 경매개시결정이다. 이 시점이 중요한 이유는 채무자에게 전달될 때 또는 경매신청의 기입등기가 된 때 비로소 압류의 효력이 발생하기 때문이다. 쉽게 말해 등기부등본에 경매를 진행한다는 것을 기재하는 행위이며 이때 경매사건번호를 부여받는다. 경매의 사건번호는 중간에 '타경'이라 기재한다. '2011 타경 6543호'는 2011년에 경매가 진행된 사건임을 알 수 있다.

경매기일 공고 경매가 언제 열리는지를 알려주는 공고로 보통 대법원의 경매 홈페이지(www.scourt.go.kr)에 자세하게 나온다.

경매물건명세서 경매와 관련된 모든 내용이 기록된 자료다. 여기에는 해당 물건의 위치, 채무관계, 관계인 진술, 임차인의 내역 등이 상세히 기재돼 있다. 법원은 이를 경매가 열리기 1주일 전에 해당 법원에 일반인이 열람할 수 있도록 비치한다. 인터넷 대법원 경매 사이트에도 자세히 나와 있다. 흔히 '물건명세서'로 불리며 경매의 가장 기초 서류이기 때문에 모든 사건의 기본이다.

권리관계 이해관계인 간에 법률상 또는 등기상 이해관계를 의미한다. 경매에서 권리관계를 말할 때는 임차인, 소유자, 등기부의 저당권 등 여러 법률관계를 수학문제 풀듯 풀이하는 것을 말한다.

기간입찰 입찰기간이 1주일 이상 1개월 이내에 열리는 경우다. 개찰일은 입찰기간이 끝난 후 1주일 내에 정해야 한다. 입찰 방법은 입찰표에 관련 내용을 빠짐없이 적은 후 매수 신청에 대한 보증을 받아야 한다. 방법은 크게 두 가지이다. 우선 관할 법원의 예금계좌로 매수신청보증금을 입금한 후 법원보관금영수필통지서를 입금증명서에 첨부하는 것과 경매보증보험증권을 입찰봉투에 넣어 보내는 방법이 있다.

기일입찰 기간입찰과 달리 정해진 날짜에 법원에서 입찰이 열리는 가장 일반적인 방식이다. 우리가 흔히 법원에 가서 경매에 참여한다고 말하는데 그때 말하는 경매가 기일입찰이다.

낙찰기일 입찰일로부터 1주일 이내에 법원은 최고가 낙찰자에게 낙찰허가 여부를 최종 결정한다. 이를 낙찰기일이라 한다. 특별한 일이 없으면 바로 허가결정이 나며 법원의 공고나 인터넷에 올린다. 따로 우편으로 통보하지는 않는다. 경매법정에서 1등을 하면 최고가 매수인으로 법원은 일주일 후 최종 허가를 내려준다. 큰 의미는 없다.

낙찰허가결정 낙찰기일에 법원은 해당 경매물건에 특별한 하자가 없다고 판단되면 낙찰허가를 결정한다. 하지만 흠결사항이 발견되거나 불허가신청서가 접수되면 어떤 관계인지를 파악한 후 불허가 결정을 내릴 수도 있다. 잔금 납부는 통상적으로 법원에서 낙찰 받은 날로부터 14일 후에 낙찰자는 잔금을 언제든지 납부할 수 있다. 또 낙찰자는 법원이 통지하는 기일 내에 잔금을 모두 납부하면 된다.

대항력 세입자가 주민등록 전입신고를 하면 그 다음부터는 소유자가 제3자로 바뀌더라도 이에 대항할 수 있는 능력을 갖게 된다. 이것이 바로 대항력이다. 즉 최초근저당권보다 앞서 전입신고가 되어 있는 임차인의 임차보증금을 낙찰자가 물어주어야 하는 경우가 있다. 이런 유형이 가장 골치 아픈 경우이다.
〔부록 3〕에서 설명하는 '권리관계 다이어그램'을 이용하면 쉽게 해결할 수 있다. 우리가 흔히 입찰보증금을 포기하거나 생각지도 못한 금액을 물어주는 경우가 대부분 이 대항력 있는 임차인의 권리관계를 파악하지 못할 때 나타난다. 다른 말로 선순위임차인이라고도 한다.

말소등기 기존등기가 실제 사실과 다를 경우 기존 것을 모두 없애버리기 위해 신청하는 등기다. 예로 근저당권말소등기, 소유권말소등기, 가압류말소등기 등이 있다.

매각기일   실제 매각하는 날짜로, 법원은 매각기일 14일 이전에 매각 시기, 장소 등을 대법원 경매정보 사이트나 일간신문 등에 공고한다.

매수보증금   경매에 참여하는 사람은 각 법원이 정하는 보증금액(최저 매각가의 10% 또는 20%)를 입찰표와 함께 법원에 제출해야 한다. 이를 매수보증금이라 부른다. 경매 후 법원은 최고가 매수신고인, 차순위 매수신고인을 제외한 나머지 탈락한 신청인에게는 즉시 매수보증금을 돌려준다. 차순위 매수신고인은 2등을 한 본인이 (1등을 발표한 후) 차순위 매수인이 되겠다고 집행관에게 구두로 신고한다(원하지 않으면 포기해도 된다). 자격은 1등과 입찰금 차이가 10% 이내여야 한다.

배당요구   채권자가 경매에 임하기 전 채권 상환을 법원에 요구하는 권리다. 우선변제청구권이 있는 채권자나 세입자 등 법원에 주택, 상가임대차보호법이 정하는 임차금 등을 요구할 수 있다. 여기서 중요한 사항은 법원이 정한 배당요구종기일이다. 임차인이 이 기간 안에 배당요구를 해야만 배당을 받을 수 있다. 쉽게 말해, 채권자들이 "돈 받을 게 얼마 있으니 법원에서 주십시오" 하고 신청서를 제출하며 요구하는 행위이다.

부동산인도명령   부동산은 경매로 낙찰 받은 뒤에도 입주 내지는 점유를 하지 못하는 경우가 발생할 때가 있다. 낙찰자는 대금을 납부한 후 6개월 내에 법원에 해당 부동산을 강제로 인도할 수 있도록 허락해달라는 요청을 한다. 이를 부동산인도명령이라 한다. 명도의 가장 기본이며 낙찰대금 납부와 동시에 신청하는 것이 좋다. 예전에는 소유자, 채무자만 인도명령 대상자였으나 지금은 세입자, 전입신고가 안 되어 있는 무단점유자 등 모든 대상자를 상대로 하기에 무조건 인도명령신청서를 잔금과 동시에 접수하는 것이 최선이다. 명도는 경매당한 집에 살고 있는 사람들을 내보내는 일을 말하며, 점유는 부동산을 차지하고 있는 사람이다.

상계 채권자가 낙찰자인 경우 배당받을 채권액을 잔금으로 전환하는 방식이다. 이때 낙찰자는 현금을 내지 않고 채권으로 교환한다. 이렇게 하려면 채권자는 매각결정기일이 끝날 때까지 법원에 상계처리 여부를 신고해야 한다.

우선매수권 지분을 경매할 때 다른 지분을 가지고 있는 공유자는 최저매각가격의 10%에 해당하는 금액을 계약금으로 내고 최고매수신고가격과 같은 금액으로 경매나온 채무자의 지분을 우선 매수하겠다고 신고할 수 있다. 이때 법원은 최고가매수신고가 있더라도 우선매수를 신고한 공유자에게 우선 매각을 허가해야 한다. 이렇게 되면 최고가매수신고인은 차순위매수신고인의 지위를 받는다. 예를 들어 아파트의 1/2이 경매에 나오면 나머지 1/2을 가진 자에게 우선 아파트를 사도록 특혜를 주는 법률행위이다. 예컨대 아파트를 1/2씩 공동으로 가지고 있는 사람이 있다. 즉 전체 건물이 100㎡일 때 A의 지분이 50㎡, B의 지분이 50㎡일 때

A가 자기 지분을 담보로 빌린 돈을 갚지 못해 경매에 나오면 낙찰자가 선정되어도 B가 그와 동일한 금액으로 우선 매수할 수 있는 권리를 말한다.

유찰 매각일에 해당 부동산이 팔리지 않으면 법원은 유찰을 선언하고 경매 물건은 다음 회차로 넘긴다. 이때 가격은 20-30% 정도 떨어져 다시 경매가 열린다. 곧 1억원에 시작한 부동산을 아무도 입찰하지 않으면 1회 유찰되어 다음번에는 20% 떨어진 8000만원에 시작하는 것을 말한다. 2회 유찰되면 6400만원이 된다. 경매에서 유찰은 횟수에 제한이 없으며 계속 떨어지면 1억원이 수백만원도 되는 경우가 발생한다.

일괄매각 여러 개 부동산을 한꺼번에 매각하는 방식이다. 예전에는 일괄입찰이라고도 불렸다.

저당권(근저당권설정)과 가압류 등기부등본에 기재되는 가장 중요한 용어이다. 채무를 담보하기 위해 등기부등본에 기록한 권리로 만약 채무자가 이를 변제하지 않아 경매로 넘어가면 채권자는 우선 변제를 받는다. 돈을 빌려주고 등기부에 그 금액을 기입하는 물권(物權)으로 시기가 가장 중요하다. 예를 들어 1억원에 낙찰된 부동산이 있을 때 1순위저당권이 6000만원이고 2순위 저당권이 6000만원이면 법원은 배당 시 1순위 6000만원, 2순위 4000만원을 주고 배당을 종결한다. 결국 2순위권자는 2000

만원을 손해 본다. 같은 날 근저당권을 설정하면 접수번호가 앞선 근저당권이 우선 배당을 받는다.

하지만 가압류는 5년 전 등기부에 기재된 가압류금액이나 2개월 전의 가압류금액이나 동일하게 안분(按分) 배당한다. 가압류는 '가짜 압류'로 반드시 재판을 받아 판결문이 있어야만 법원에서 배당을 받을 수 있으며 가압류만으로는 배당을 받을 수 없다. 안분된 배당금은 법원 공탁소에 보관된다. 배당요구종기 이후에 가압류된 금액은 배당에서 제외된다.

지상권 다른 사람의 토지 위에 건물을 지을 경우 토지를 사용할 수 있는 권리를 말한다. 흔히 '법정지상권'이 없다는 말은 토지 소유자가 건물을 철거할 수 있다는 뜻이다.

차순위매수신고인 최고가 낙찰자 다음으로 (10% 이내) 높은 가격을 써낸 사람이다. 차순위 매수신고를 하면 매각대금은 즉시 돌려받지 못한다. 다만 최고가 매수신고인(낙찰자)이 낙찰대금을 제때 내지 않으면 법원으로부터 낙찰 여부를 결정 받을 수 있다. 즉 입찰자 중 2등을 말한다.

경매법정에서 입찰자를 가릴 때 1등을 호창한 후 집행관이 2등에게 차순위 매수신고를 할 것인지 묻는다. 이때 무턱대고 차순위 신고를 할 것이 아니라 상황을 잘 판단해야 한다. 차순위 신고를 하면 보증금 10%를 1등한 낙찰자가 대금을 납부할 때까지 찾아가지 못한다. 운이 없는 경우 그 사건에 소송이라도 걸려 1등이 잔대금을 납부하지 못하면 1년

이상도 잡혀 있는 경우도 있다. 그러므로 차순위 신고는 보통 그 부동산을 꼭 사야 할 사람 또는 1등을 설득해서 1등 보증금을 물어주고서라도 그 부동산을 꼭 사야 하는 절박한 사람만이 이용하는 것이 좋다.

취하 경매신청 후 경매기일 사이에 경매신청인은 임의로 해당 물건의 경매 진행을 취소할 수 있다. 주의할 점은 낙찰 전이 아닌 낙찰 후 취하를 하려면 경매신청인은 최고가 매수인(낙찰자)과 차순위 매수인(2등 입찰자)의 동의를 얻어야 취하가 가능하다. '낙찰'은 경매법정에서 입찰된 부동산이 팔린 것을 의미한다.

토지별도등기 토지에 건물과는 별도로 서로 다른 등기가 설정돼 있는 경우이다. 보통 건물과는 별개로 토지에 근저당권 등이 새롭게 설정된 경우를 말한다.

항고보증금 법원의 매각허가결정이 억울하다고 생각되어 항고하는 사람은 보증금으로 매각대금의 10%를 현금 내지는 법원이 인정한 유가증권으로 내야 한다. 채무자나 소유자가 대체로 이 제도를 이용해 경매의 지연을 모색한다. 만약 항고가 기각되면 보증금은 전액 몰수돼 배당금액에 포함된다. 그 외의 사람이 항고를 할 경우에는 전액이 아닌 이자를 제외한 일정 금액만을 돌려받는다.

현황조사보고서 경매개시결정을 내리면 법원은 집행관에게 점유관계, 임차인 유무 여부 등을 조사해 현황조사보고서를 제출케 한다. '매각물건명세서'와 함께 경매의 기초가 되는 서류다.

환가 경매신청에서 경매실시까지 진행되는 모든 상황을 환가절차 내지는 환가(換價)라고 한다. 이혼소송 후 부동산을 1/2씩 나누어 가지라고 판결했을 때, 부동산을 반으로 쪼갤 수는 없다. 그 부동산을 환가하기 위해 경매로 매각 후 금액을 반으로 나누는 것이 대표적인 환가경매방식이다.

2 부록

등기부등본 보는 법

경매를 이제 막 시작한 초보자부터 경매 경험이 풍부한 경험자까지 모두 포함해 가장 기초적인 경매 상식을 알 수 있도록 다이어그램DIA-GRAM으로 만들었다. 늘 옆에 두면서 공부를 하면 큰 도움이 된다.

이 다이어그램은 3가지이다. 첫째, 등기부등본을 쉽게 보는 방법, 둘째, 경매의 권리분석을 산수문제 풀듯이 해결하는 방법, 셋째, 경매절차를 쉽게 보는 방법이다.

만약 3억원으로 집을 산다고 가정했을 때 등기부등본을 볼 줄 모른다면 까막눈과 다를 게 없다. 부동산 매매에서 단 한번일지라도 실수는 치명적인 결과를 가져온다. 이를 막기 위해 반드시 등기부등본 보는 법을 알아야 한다. 경매를 시작하면서 등기부등본을 볼 줄 모른다면 경매는 시작할 수 없다. 해서도 안 된다. 다른 관점에서 보자면, 성인으로서 등기부등본 보는 법을 모른다면 인생을 살아가는 데 많은 애로사항이 발생한다. 더 나은 경제생활을 위해 단 10분만 투자하면 평생 활용할 수 있는 지혜를 얻는다.

등기부등본을 확인해야 하는 이유는 무엇일까?

첫째, 이 부동산이 누구의 이름으로 되어 있나? 둘째, 내가 부동산을 사도 지워지지 않는 권리관계가 있는가? 셋째, 이 부동산으로 갚아야 할 돈(채무액)이 얼마나 있는가? 이 3가지로 요약된다.

❶ 등기부 첫 장에 '갑구' 라 적혀 있고 맨 위에 '주소지'가 나온다. 주소가 맞는가?

→ 예

❷ 바로 밑 표제부의 '건물내역'을 보자. 건물의 면적이 ㎡ 단위로 나와 있다. '평'으로 환산을 원하면 ㎡ ÷ 3.3을 하여 건물의 크기를 알아본다.

→ 예

❸ '소유권보존' 란의 접수기일은 그 부동산이 탄생한 생일이며, 오른쪽의 '권리자'는 누가 해당 부동산의 '소유자'인지 인적사항을 알려준다.

→ 예

↓ 아니오

등기부등본을 잘못 발급 받았으니 주소를 다시 확인하라.

❺ '을구'로 넘어가 ——로 지워진 것은 무시하고 처음에 기재된 '접수' 란의 연월일을 적는다. 두 번째 '접수'일은 참고로 적어둔다.

← 예

↓ 예

❻ 4번과 5번에서 '접수' 란 맨 오른쪽을 보면 금액이 적혀 있다. 그 금액을 모두 더한 총액이 이 부동산에 담보된 채무액수 총액이다.

※ 총액이 과도하면 전·월세 등 모든 행위를 중지한다. 경매는 상관 없다.

등기부등본을 보기 위해서는 처음에 무조건 메모지와 연필을 옆에 두고 시작해야 한다. 볼펜을 사용해서는 안 된다. 등기부는 '갑구'와 '을구'가 있다. 갑구에는 소유권과 관련된 것, 을구에는 돈을 빌린 채무 사항을 기재한다. 이를 꼭 기억하라. 갑구를 보면 현재 이 부동산의 주인이 누구인지, 혹은 과거 누가 주인이었는지를 알 수 있다. 을구는 이 부동산으로 돈을 언제, 누구에게, 어떻게 빌렸다가 갚고, 현재는 얼마의 빚이 남아 있는지를 알 수 있다.

❹ ──로 지워진 것은 말소된 것이므로 무시한다. 제일 처음에 가처분, 가등기, 예고등기가 쓰여 있는 게 있는가?

메모지에 접수일자, 권리자를 기재한다.

가압류가 있다면 제일 처음에 있는 '접수일'의 연월일을 메모지에 기재한다. 두 번째 가압류 '접수일'은 참고로 적어둔다.

'을구'로 가서 제일 처음 적혀 있는 '근저당권설정' 옆에 '접수' 란의 연월일을 기재한다. 갑구의 연월일이 을구의 연월일보다 앞서는가?

을구란의 연월일이 앞서면 경매를 진행하는 데 큰 문제는 없지만, 매매, 전·월세는 '갑구'의 해결을 위해 전문가에게 상담한다.

무조건 법률전문가를 찾아가 상담하거나 매매, 전세, 월세, 경매 등 모든 행위를 중지한다.

TIP

매매시 등기부를 보면서 사기를 당하지 않는 방법

★ 부동산 매입 시 지나치게 싸게 나온 부동산이나 의심 가는 부동산을 매입할 때는 ❶ 등기부등본의 소유자 이름, 주민등록번호를 확인하라. ❷ 주민등록증의 사진과 실제 당사자의 얼굴을 확인 대조하라. ❸ 대금지급 시에 등기상의 이름과 동일한 은행 계좌로 이체하라.

✱ 은행대출이 있는 부동산을 매입하는 것도 좋은 방법이다. 은행에서 대출을 해줄 때 1차 신원조회를 마쳤기 때문이다.

만약 등기부등본에 아무것도 없으면 돈을 한푼도 빌리지 않았다는 뜻이고, '갑구'에 가압류 2000만원, '을구'에 근저당권 8000만원이 기재되어 있으면 이 부동산은 1억원의 채무가 있다.

예컨대 내가 전세를 5000만원에 들어가야 하는데 전셋집의 등기부에 채무총액이 2억원이고 시세가 2억 3000만원이면 전세로 들어가면 안 된다. 향후 집주인이 2억원의 채무이자를 제대로 납부하지 못하면 경매에 들어갈 수 있고, 경매에서는 기본적으로 20% 정도 감정가격이 떨어진다. 그러므로 내가 이 집에 들어가기 위해서는 내가 전세금을 집주인에게 주는 게 아닌 은행채무를 변제하는데 사용한다면 은행에 돈을 주고 등기부상의 금액을 2억에서 1억 5000만원으로 낮춘 감액등기 신청 후에 들어가야만 나중에 생길 문제를 예방할 수 있다. 무조건 전입신고와 확정일자만 받으면 전세금을 보호받는 것으로 알고 있는 사람이 많은데 이는 엄청 잘못된 지식이다.

★ 등기부등본은 등기소에서 발급받을 수 있지만 지금은 누구나 '대법원 인터넷등기소'를 클릭하면 500원에 발급 받을 수 있다. 경매정보는 '대법원 법원경매정보'(www.courtauction.go.kr)에서 무료로 제공한다.

3 부록

경매 권리분석 다이어그램

  이제는 경매 권리분석을 10분 만에 파악해보자. 이는 내가 18년 동안 경매를 권리분석하면서 터득한 모든 노하우를 집약한 결과물이다. 18년이라는 긴 시간을 10분으로 요약한다고 하면 의심할 수도 있으나 어떤 경매고수라도 이 범주에서 벗어나지는 못한다.

  각 항목을 읽으면서 '예, 아니오'로 대답을 하며 따라가면 경매 권리분석을 단숨에 파악할 수 있다.

  이 권리분석 다이어그램은 현재 진행 중인 부동산경매의 권리분석을 90% 할 수 있는 프로그램이다. 공부한다는 마음으로 경매 사건 하나를 뽑아 반복적으로 권리분석을 해보면 쉽게 이해할 수 있다.

❶ 대법원 경매정보 (www.courtauction.go.kr)를 클릭한다. →예→ ❷ '경매공고'는 그냥 살펴보는 수준으로 하고 '경매물건'을 클릭해 원하는 부동산경매 소재지의 법원을 선택한다. 서울 송파구의 잠실 부동산을 원한다면 '동부지방법원'을 클릭한다. →예→ ❸ 사건번호, 용도, 물건소재지. 감정평가액(부동산의 감정가격, 시작가격), 담당경매계 등을 살펴보고 마음에 드는 부동산의 사건번호를 클릭한다. →예→

❿ 확정일자와 배당요구종기일 안에 배당요구를 했다.
➡ 안심하고 참여해도 된다. 단, 낙찰금액이 입차금보다 많아야 한다. ←예← ❿ 확정일자가 있으며 이 역시 앞선다. ←예← ❾ 전입신고일이 앞선다. ←예← ❽ 등기부등본을 발급받아 등기부 다이어그램 분석을 한다. 갑구의 '접수기일'과 을구의 '접수기일'보다 앞선 세입자의 전입일자가 있는가?

↓아니오
모두 뒤에 있으면 입찰해도 아무런 문제가 없다.

'을' 접수기입보다 확정일자가 뒤에 있다. | 확정일자가 없다.

↓예 ↓예

확정일자보다 앞선 '을' 금액과 입차금액이 낙찰금액 안에 포함된다. | 입찰 불가 : 임차금 전액을 물어주어야 한다.

↓예 ↓아니오

입찰해도 된다. 단, 전문가의 도움이 필요하. | 포함되지 않은 금액만큼 물어주어야 한다. 전문가의 도움이 필요하다.

→ 예 → ❹ 사건내역, 기일내역, 사진, 지도, 송달내역 등을 살펴본다. 여기까지는 부동산을 홈쇼핑한다고 생각하자. 마음에 안 들면 다른 물건을 살펴보면 된다. 마음에 드는 부동산이 있는가? → 예 → ❺ '물건상세검색'에서 '매각물건명세서'와 '현황조사서'를 각각 클릭한 후 권리분석을 준비한다. → 예 → ❻ '매각물건명세서'와 '현황조사서'에 유치권, 지상권, 그 외에 법률적으로 모르는 'OO권'이 기재되어 있는가? → 예 → 법률전문가를 찾아가 상담하거나 특별한 사정이 없으면 다른 경매부동산을 찾는다.

↓ 아니오

세입자가 있는가?

← 예 ← ❼ 세입자의 전입일자, 확정일자, 배당요구종기일, 임차금을 메모한다. 없는 부분이 있으면 없다고 적는다. ← 예 ← 이제부터 제일 중요하며 가장 많이 나오는 형태. 경매 권리분석의 90%라고 보면 된다.

↓ 아니오

소유자만 거주하거나 빈 공란으로 되어 있으면 경매에 참여해도 아무런 문제가 없다. 단 등기부등본을 발급 받아 등기부 다이어그램 분석을 한후 입찰한다.

4 부록

경매 절차 다이어그램

입찰법정에서 경매가 진행되면 어떠한 방식으로 시작해서 어떻게 끝나는지 알아야 한다. 알고 시작하는 것과 모르는 것은 다르다. 이제 그 순서도를 살펴보자.

법원경매의 강제집행은 TV나 영화에서 보는 것처럼 그렇게 자주 일어나는 일은 아니다. 보통 10건의 경매사건 중에서 2건 정도 발생한다. 대부분은 합의에 의해 이사비용으로 100여만원을 지급하면 마무리가 된다. 또는 서로 협의해 소유권 이전 후 1~2개월의 시간을 주기도 한다. 단 소유권 이전 후 6개월 이내에 인도명령신청을 해야 하며 이 기간이 지나면 별도로 명도소송을 걸어야 한다. 그렇게 되지 않도록 주의를 기울여라.

❶ 경매법정에서 호명해 1등으로 낙찰 받았는가?

→ 예 → ❷ 법정에서 발급해주는 영수증을 받아 집으로 돌아온다.

→ 예 → ❸ 7일이 지나면 매각허가 결정이 난다. 이 결정은 우편으로 보내주지 않는다. 대법원 경매정보'(www.courtauction.go.kr)에 들어가 사건번호를 클릭한 후 기일내역에 들어가면 매각 불·허가 결정이 나타난다. 매각불허가결정이 나면 매각불허가에 대한 이의를 제기하거나 또는 법원에 찾아가 입찰보증금 10%를 환급받는다.

아니오 ↓
법원에 제출한 입찰보증금 10%가 들어 있는 봉투를 돌려받고 집으로 돌아온다.

↓ 예
❹ 다시 7일이 지나면 형식적인 항고기일이 지나고

← 예 ─ 그 다음날부터 낙찰자는 경매 잔대금 납부(10%를 뺀 나머지 90% 잔금)를 할 수 있다. 또는 집에서 기다리면 "언제까지 잔대금을 납부하라"는 일자를 적은 등기우편이 온다. 통상 낙찰된 날로부터 30일 이내이다.

← 예
잔금 납입 후 곧바로 소유권이전등기신청을 할 수 있으며, 집주인(세입자)에게 집에서 나가달라는 인도명령신청을 할 수 있다.

↓ 예

인도명령신청 후 15일 정도 지나면 인도명령결정문이 등기우편으로 송달된다. 이때 집주인(세입자)과 집을 비워주는 일정에 협의한다. 그들이 이사 간 후 입주하면 경매의 모든 과정이 종결된다.
만일 집주인(세입자)이 이사를 거부하면 인도명령결정문을 가지고 해당 법원 경매계를 찾아가 송달 및 확정증명원을 발급받는다. 그런 다음 집행관 사무실을 방문해 강제집행신청서를 작성한 뒤 집행비용예납과 함께 제출한다(비용은 대략 50만원 정도 예납하는 것이 좋다). 그 후 집행관사무실에서 집행일자를 통보하면 그 날짜에 강제집행을 실시한다.

5
부록

한눈에 보는 경매의 모든 것
경매 성공 8계명

❶ 자신이 가장 잘 아는 주변 부동산부터 먼저 살피라

서울 구로동의 이조은씨, 작은 트럭으로 식·부자재를 도매로 사서 상가에 납품하는 일을 하다가 허리를 다쳤다. 몇 개월 누워 있다가 신문에 난 법원경매공고를 보았다. 자신의 집 인근에 경매부동산이 시세보다 저렴하게 나온 것을 보고 경매에 참여했고, 지금은 많은 돈을 모았다. 내 주변, 내가 잘 아는 지역의 부동산을 먼저 공략하라.

❷ 주식 정보에 늘 가까이 있으라

경매를 하는 사람은 주식의 흐름을 눈여겨봐야 한다. 경제의 흐름을 이해하라는 말이다. 항상 주식의 등·급락을 살펴보며 그 이유에 관심을 가져야 한다. 주식의 흐름과 부동산 시세의 흐름은 거의 동일하다.

부동산 시세의 바로미터가 주식이다. 주식의 상투와 부동산의 상투는 동일하다. 이를 알아야 경매 입찰 시 입찰가격을 정할 수 있다. 고가 낙찰이 어느 때는 통하고 어느 때는 독이 되는가를 알아야 한다.

❸ 자신의 자금 상태를 가장 먼저 파악하라

경매잔대금을 대출 받아 산 부동산이 급등했다는 소문을 믿고 무리한 대출로 낙찰 받는 사람이 늘고 있다. 이렇게 고가로 낙찰 받은 집은 1년도 안 되어 다시 경매에 나오는 사례가 많다. 입찰가, 대출금, 잔금, 등기비용, 집행비용, 수리비 등을 잘 감안하여 내 능력에 맞는 물건에 입찰가를 정하고 참여해야 실수가 없다.

❹ 서두르지 말라

급하게 생각하지 말라. 흔히 경매브로커가 가장 잘 하는 말이 있다. "이런 부동산 다시는 살 수 없습니다. 이번에 무조건 사야 합니다. 일단 낙찰 받고 봅시다."

부동산에는 반드시 임자가 있다. 공을 들여 천천히 하다 보면 언젠가는 되는 게 경매이다. 서둘러서 실수하는 것은 안 사느니만 못하다. 차라리 떨어지거나 입찰을 포기하더라도 서둘러 권리분석하고 서둘러 판단하고 어떻게 되겠지 하는 마음을 절대 가져서는 안 된다. 한 번의 실수가 100번의 낙찰보다 못하다는 것을 마음속 깊이 각인하여 입찰하라.

❺ **쉐프의 마음을 배우라**

매일 음식의 소스를 만들며 저울로 무게를 재는 최고의 쉐프에게 기자가 물었다. "매일 하는 음식인데 꼭 저울로 재면서 해야 합니까?" "물론 저는 감(感)을 믿습니다. 하지만 더욱 중요한 건 예전의 맛을 위한 확인입니다." 경매에서 권리분석은 확인의 연속 과정이다. 알아도 물어보고 확인하고 다시 확인하여 입찰에 응해야 한다. 내 권리분석이 무조건 옳다고 판단하지 말고 책이나 지인, 인터넷에서 다시 확인하고 살펴보라.

❻ **입찰표 제출은 권총에서 방아쇠를 당기는 일**

입찰표를 작성하고 투명 입찰통 안에 넣는 순간은 총알이 권총에서 떠나는 순간과도 같다. 다시 돌이킬 수 없다. 그러므로 입찰표 작성은 최소한 3번 이상 확인해야 한다. 입찰봉투의 사건번호, 입찰표의 사건번호를 각각 기존 사건번호와 구분하여 확인을 거듭한다. 사건번호를 잘못 기재하여 사고가 생긴 것을 수없이 봐왔다. 입찰금액 역시 확인이 중요하다. 특히 보증금액란보다는 입찰금액란의 숫자는 손으로 찍으며 세어보듯이 확인을 해야 한다. 입찰금액을 잘못 적어 보증금을 포기한 사례는 신문지상에도 끊임없이 오르는 기사거리이다. 입찰보증금을 넣는 것도 되도록이면 수표 한 장으로 처리하는 것이 좋다.

❼ 두 개의 화살을 가진 자가 한 개의 화살을 가진 자를 이길 수 없다

전쟁터에서 두 개의 화살을 가진 자와 한 개의 화살을 가진 자가 싸우면 누구 이길까? 두 개의 화살을 가진 자는 이번에 실수하면 나머지 한 개가 더 있다고 방심하지만 한 개의 화살을 가진 자는 한 번에 모든 에너지를 쏟아부어야 하기에 최선을 다한다. 입찰물건 선정에서 10개 중에 5개를 고르고 5개 중에 3개, 그리고 나머지 한 개를 골라 최선을 다해 입찰에 응한다. 낙찰에 우연도 있을 수 있지만 90%는 노력이다. 한 개의 물건에 최선을 다하라. 그리고 안 되면 또 다시 물건을 찾아 매진하라.

❽ 시나리오를 쓸 줄 알아야 한다

영화를 찍기에 앞서 감독은 시나리오를 완성하고 사전 콘티를 짠다. 경매를 시작하기 전에 처음부터 끝날 때까지의 시나리오를 짤 줄 알아야 한다. '낙찰 후 잔금 대출은 어떻게 받고, 소유권이전 후 세입자를 만나면 어떤 식으로 이야기하고, 언제까지 명도를 마치며, 집 수리를 어떻게 하고, 언제 입주한다.' 이런 시나리오를 짤 수 있어야 한다. 만약 막히는 부분이 있으면 지인이나 컨설턴트에게 상세히 물어본 후 경매에 임해야 한다. 문제는 내가 모르는 상태에서는 다른 사람의 이야기를 들어도 그 말이 정확한지를 알지 못한다는 점이다. 곧 내 스스로 알아야 상대방의 말도 알 수 있다.

6
부록

한눈에 보는 명도의 모든 것
명도 성공 6계명

❶ 명도의 시작은 물건 분석이 출발점이다

흔히 명도는 잔금납부 후 또는 낙찰을 받자 마자 시작한다고 하지만 사실은 물건 분석 때부터 명도는 시작된다. 경매물건 분석 시 향후 명도는 어떻게 할 것인가를 예상하고 입찰에 응해야 한다. 명도가 수월할 것인가 또는 복잡할 것인가를 예상하면서 명도는 시작된다.

❷ 입찰가격에 명도비용이 포함되어야 한다

입찰금액을 적을 때 최저입찰가격에서 얼마를 쓸 것인가를 산정할 때는 반드시 낙찰 후 명도비용이 얼마나 소요될 것인가를 대략 가늠하여 입찰가에 포함해야 한다. 물건분석 시에 명도의 난해도를 그린다면, 입찰가에서는 구체적인 명도금액의 제시가 이루어져야 한다.

❸ 본격적 명도의 시작은 '인도명령신청'이다

본격적인 명도는 대금납부 후 무조건 인도명령신청서를 작성해 법원에 제출하는 것부터 시작된다. 대금납부 전에 집주인이나 세입자와 모두 합의가 되어 이사할 날짜까지 잡았다고 해도, 대금납부 후 무조건 인도명령신청서를 법원에 제출해야 한다. 이사 약속을 받았는데 왜 돈과 시간 낭비하면서 인도명령서를 제출해야 하는지 반문할 것이다. 그러나 나중에 결정문을 찢어버리는 일이 있어도 제출하라. 완벽한 명도의 시작이기 때문이다.

❹ 명도는 시작부터 끝까지 모두 돈이다

낙찰 후 낙찰 받은 집에 찾아가 소유자 혹은 세입자를 만나 이야기를 해보자. 말이야 이 얘기 저 얘기 많지만 결국은 "얼마 달라, 얼마 줄게"가 이야기의 포인트이다. 한 푼도 안 들이고 명도를 하려고 생각하지 말자. 물론 할 수도 있다. 하지만 사람은 반드시 그 이상의 대가를 치르게 한다. 명도비용을 미리 예상하고 적당한 합의점을 찾는 것이 명도의 관건이다. 법원 집행관실에 납부할 비용을 당신에게 줄테니 그 돈 받고 나가달라는 부탁이 가장 이상적인 명도이다.

❺ 명도에서 낙찰자는 죄인이다

낙찰자는 '갑'이고 집주인이나 세입자는 '을'이 맞다. 하지만 명도 과정에서는 낙찰자는 철저히 '을'의 입장이 되어야 한다. 늘 죄송하고 미안하고 어떻게 방법을 찾아보자는 등 저자세로 나가야 한다. 열쇠를 받기 전까지 낙찰자는 최대한 을의 입장에서 조용히, 깨끗하게, 안전하게 처신해야 한다. 낙찰자는 경매부동산을 인수하고, 세입자 등을 내보내는 일이 최대 목표이다. 점유자가 내 부동산에서 나가게 하기 위해서는 최대한 예의를 지켜야 한다.

❻ 명도의 변수는 하늘의 날씨보다도 더 복잡하다

누군가는 '명도 ○일 완성' 하며 언제까지 열쇠를 넘겨주겠다며 장담하는 경우가 많다. 물론 형식상으로 따지면 인도명령 며칠, 집행접수 며칠, 강제집행 며칠하고 계산할 수 있다. 하지만 10건이면 1건 정도만 그렇게 된다. 명도란 사람을 내보내는 일이기 때문에 변수가 무궁무진이다. 언제 무슨 일이 튀어나와 순식간에 일을 그르칠 수 있다. 충분한 시간적 여유를 갖고 차분히 당근과 채찍을 쓰면서 무리 없이 진행해야 한다.

7
부록

가상입찰

1. 수능을 앞둔 수험생의 마음으로 임하자

입찰금만 들어가지 않았을 뿐 경매를 진짜로 한다고 생각하고 임해야 한다. 가상입찰에서 대충하는 사람은 결코 실제 입찰에서 낙찰될 수 없다. 수험생의 마음으로 하나하나 생각하며 완벽을 추구하라.

2. 컴퓨터는 경매 과외 선생님

컴퓨터를 다루지 못하면 경매를 자신의 힘으로 할 수 없다. 컴퓨터는 무조건 배워야 한다. 물건검색, 진행사항, 시세파악, 주변상황(로드뷰 검색), 등기부등본, 항공사진 등 컴퓨터 없이 경매를 한다는 것은 상상할 수 없다. 컴맹이라 해도 조금만 배우면 누구나 할 수 있다.

3. 물건 선정

　마음에 드는 경매부동산을 고르는 방법부터 배워야 한다. '대법원 경매 사이트'를 참고로 물건을 고를 것인가 아니면 사설경매 사이트에서 고를 것인가 판단하여 물건을 선택하는 연습부터 한다. 먼저 마음에 드는 부동산을 10개 정도 고르고, 그중에서 다시 5개, 최종적으로 1개를 고른다.

4. 현장방문

　처음 또는 오랜만에 입찰에 참가하는 사람은 반드시 경매물건 현황서를 최소한 10개 정도 뽑은 후 현장을 방문한다. 인근 부동산 중개소에 들러 이야기하는 습관을 들이라. 몇 백 개의 물건을 보고 나면 마음이 달라지는 것을 느낄 수 있다.

5. 권리분석은 수학 공부하듯이

　여기서 자신의 실력이 나온다. 많은 물건을 권리분석하다 보면 경매라는 재테크시장에서 자신의 위치를 가늠할 수 있다. 무엇을 질문하고 어떤 부분이 부족한지를 알게 되는 것이다. 항상 쉬운 것부터 권리분석을 하자. [부록 3]의 '권리분석 다이어그램'을 공부하면 속도가 향상될 것이다.

6. 가상 입찰가를 적으라

가상입찰의 핵심은 '경매입찰가격을 얼마를 적을 것이냐?'이다. 입찰금액을 산정하는 방법(등기비용, 명도비용, 기타 필요비용 산출)을 익힌 후 금액을 예상하여 적는다. 이때는 반드시 10원 단위까지 생각하고 적는다.

7. 법원 방문

법원에 실제로 방문하여 입찰표를 받고 입찰표를 쓴다. 쓰다가 모르는 것이 있으면 법원 직원에게 질문하면 된다. 친절하게 안내해준다. 사건번호, 보증금, 입찰금액까지 소홀히 생각하지 말고 확인에 확인을 거듭하며 완벽하게 적자. 이 부분은 매우 중요하다. 이 사항을 수없이 반복하는 것은 군인으로 치자면 전투연습과 똑같다. 사사롭게 들릴지 모르겠지만 꼭 연습하라.

8. 여러 개의 물건을 선정하라

가상입찰에서는 1개의 경매계에서 최소한 3-5개 이상의 물건을 선정해서 진행하도록 하다.

9. 복습하라

바둑에 복기(復棋)가 있듯이 가상경매에도 복습이 필요하다. 예상 입찰가와 낙찰가에 심한 차이가 있다면 '왜 내가 떨어졌는지' 철저히 분석하라. 또한 왜 낙찰자는 그 금액을 적었는지 스스로 파악해보자. 그리고 낙찰금액의 수지타산을 맞추어보자. 등기비용을 치르고 명도비용을 주고도 그 낙찰금액이 합리적인지 계산해보자. 내 입찰금액이 왜 잘못됐는지 파악하고, 가장 이상적인 낙찰가가 얼마인지 살펴보자. 경매에서의 모든 비밀은 여기에서 다 풀린다.

10. 100건의 가상입찰에 도전하라

　100개 정도 가상입찰을 하여 10개가 낙찰가와 근접했거나 낙찰됐다면 이미 당신은 프로이다. 그 마음 그대로 흔들리지 않고 실전에 임한다면 입찰 성공은 당신 것이다.